S0-BEZ-984

JUL 1 5 2013

LA
BIBLIA
DE LA COCINA

MÁS DE **600 RECETAS** PARA ACERCARTE AL CIELO

2037 47457

S
641.59
B5825

everest

Dirección editorial: Raquel López Varela
Coordinación editorial: Ángeles Llamazares Álvarez

Fotografías: Imagen MAS: 2, 40, 45, 57, 66, 75, 111, 128, 153, 194, 253, 266, 277, 288, 293, 310, 315, 325, 337, 353, 371, 399, 417, 422, 435, 453, 485, 501, 537, 560, 573, 613, 637, 658; Trece por dieciocho: 85, 99, 137, 173, 233, 241, 331, 425, 515, 529, 553; Mikel Alonso: 6, 29, 51, 305, 389; Agustín Sagasti: 121, 161, 577; Agustín Berrueta: 23, 271; Fernando Ramajo: 9

Diseño de interior y cubierta: Maite Rabanal
Maquetación: Javier Robles Robles

Documentación: Patricia Martínez Fernández
                Carmen García Rodríguez

Reservados todos los derechos de uso de este ejemplar. Su infracción puede ser constitutiva de delito contra la propiedad intelectual. Prohibida su reproducción total o parcial, comunicación pública, tratamiento informático o transmisión sin permiso previo y por escrito. Para fotocopiar o escanear algún fragmento, debe solicitarse autorización a EVEREST (info@everest.es), como titular de la obra, o a CEDRO (Centro Español de Derechos Reprográficos, www.cedro.org).

© EDITORIAL EVEREST, S. A.
Carretera León-La Coruña, km 5 - LEÓN
ISBN: 978-84-441-2080-5
Depósito Legal: LE: 1.494-2010
Printed in Spain - Impreso en España

EDITORIAL EVERGRÁFICAS, S. L.
Carretera León-La Coruña, km 5
LEÓN (ESPAÑA)

www.everest.es
Atención al cliente: 902 123 400

APERITIVOS

buñuelos de bacalao

400 g (14 oz) de bacalao seco
3 cs de harina
4 huevos crudos
1/2 l (17 fl oz) de aceite
Sal

- Poner el bacalao en remojo aproximadamente 24 h. Quitar la piel y las espinas, desmenuzándolo bien.
- Batir las yemas de los huevos en una fuente, añadir la harina, el bacalao y sal. Mezclar bien y agregar las claras batidas a punto de nieve. Echar esta mezcla a una sartén, con abundante aceite caliente. Freír y escurrir bien antes de servir.

Se pueden elaborar con una batidora. La crema fina que se obtiene con ella se irá friendo en pequeñas porciones.

buñuelos de gambas

100 g (3,5 oz) de harina
10 g (0,35 oz) de levadura prensada
1/2 l (17 fl oz) (o más) de leche
150 g (5 oz) de gambas
1/2 ct de sal
1/2 l (17 fl oz) de aceite

- Disolver la levadura en 3 cs de leche templada. Mezclar seguidamente con la harina, la sal y la leche restante; batir bien para
que la pasta no forme grumos.

- Dejar fermentar la masa en un sitio templado durante 2 h
aproximadamente.

- Una vez fermentada, envolver cada gamba, cocida y pelada,
en una porción de esta masa, y freír una a una en abundante
aceite muy caliente.

calamares fritos

1/2 kg (17 oz) de calamares
Pan rallado
Harina
Limón
Ajo
Aceite
Sal

- Limpiar, lavar y secar con un trapo los calamares. Cortar formando tiras y anillas de 1 cm (0,4 pulgadas) de ancho.
- Pelar y picar los dientes de ajo y machacar en un mortero. Sazonar con ellos los calamares mientras se revuelven.
- En un plato, mezclar pan rallado y harina (que supere un poco en cantidad al pan rallado), y pasar por ellos los calamares.
- Envolver bien los calamares en la mezcla anterior, sacudir y echar sal.
- Freír los calamares en una sartén con aceite caliente, intentando que queden bien hechos por dentro y de color dorado por fuera.
- Escurrir utilizando un colador y servir acompañados de unos gajos de limón.

Si los calamares son de tamaño pequeño, se pueden freír 30 min después de sazonarlos; si son grandes, pueden guardarse 1 ó 2 días en el frigorífico cubiertos de leche para que estén más tiernos.

champiñones al ajillo

1 kg (2,2 lb) de champiñones pequeños
3 dientes de ajo
1 cs de perejil picado
El zumo de 1/2 limón
Aceite
Sal

- Limpiar los champiñones bajo un chorro de agua fría y echar en un recipiente con agua fresca y zumo de limón. Lavar bien y secar rápidamente. Filetear.

- Poner una cazuela con aceite al fuego. Al empezarse a calentar, echar los champiñones, la sal y los dientes de ajo muy picados. Poner a fuego lento durante 10 min y más vivo otros 5 min. Mover los champiñones de vez en cuando para que se hagan por igual.

- Al servir, espolvorear con algo de perejil picado finamente con una tijera (puede suprimirse). Servir muy calientes a continuación.

champiñones rellenos

16 champiñones silvestres grandes
50 g (1,8 oz) de panceta
4 cs de caldo de carne
2 cs de perejil picado
2 dientes de ajo
1 huevo

2 cs de miga de pan
1 cs de finas hierbas
  (romero, tomillo...)
1 cs de aceite de oliva
Mantequilla

- Limpiar los champiñones y separar el sombrero del pie. Picar los pies finamente y poner los sombreros de las setas en un cazo con agua salada puesto al fuego; dar un hervor.

- Engrasar una bandeja de horno con mantequilla y echar el caldo de carne en ella.

- Precalentar el horno a 200 °C (400 °F).

- Trocear la panceta y freír un poco en una cazuela con mantequilla caliente.

- Machacar los ajos en el mortero e incorporar a la cazuela de la panceta, con las setas picadas, el perejil, las finas hierbas y las migas de pan.

- Agregar la nata líquida y el huevo a esta mezcla, batidos aparte; salpimentar todo junto.

- Colocar los champiñones en la bandeja de horno, dejando el hueco del pie en la parte de arriba. Rellenar con la mezcla que acabamos de hacer.

- Mojar ligeramente con aceite y meter al horno. Hornear 30 minutos.

En el primer momento en el que se mete la bandeja con los champiñones al horno, es conveniente cubrir con papel de aluminio para que no se resequen demasiado.

croquetas de marisco

3/4 l (26,5 fl oz) de leche
3/4 l (26,5 fl oz) de caldo de marisco
100 g (3,5 oz) de mantequilla
100 g (3,5 oz) de harina
2 huevos
Picadillo de mariscos
Nuez moscada
Pimienta
Sal
Pan rallado
Aceite

- Derretir la mantequilla en un cazo al fuego y añadir la harina de golpe. Batir bien e incorporar la mitad de la leche caliente poco a poco, luego el caldo de la cocción del marisco y, por último, el resto de la leche.

- Hacer un picadillo con restos de marisco (centollas, cigalas, mejillones, almejas, etc.). Cuando ya esté bien espesa la besamel, incorporar el picadillo, sazonar con sal, pimienta y nuez moscada. Una vez cocida la masa, depositar en una fuente o en la superficie de trabajo untada de grasa y dejar enfriar.

- Formar las croquetas, rebozar en huevo y pan rallado y freír en abundante aceite caliente.

croquetas de pollo

1 pechuga de pollo
1/4 l (9 fl oz) de leche
40 g (1,4 oz) de mantequilla
3 cs de harina
1 huevo
Pan rallado
Aceite
Sal

- Freír la pechuga de pollo en una sartén con aceite caliente, y una vez hecha, picar en trozos pequeños.

- En otro recipiente, poner la mantequilla, y cuando esté derretida, añadir lentamente la harina removiendo sin parar.

- Agregar la leche a esta mezcla muy despacio, sin dejar de remover con una cuchara de madera.

- Cocer durante 10 min, salar e incorporar la pechuga de pollo picada.

- Pasar la masa resultante a una fuente y dejar enfriar.

- Tomar un poco de masa, dar forma y pasar por el pan rallado, por el huevo batido y otra vez por el pan rallado.

- Freír en aceite muy caliente.

empanadillas de atún

1 paquete de obleas
1 lata de atún
1 cebolla grande
1 lata de pimientos rojos
Aceite
Sal

- Sofreír la cebolla muy picada, los pimientos y el atún desmenuzado en una sartén. Espolvorear con sal y machacar todo muy bien con la cuchara de madera.

- Con esta mezcla, una vez fría, rellenar las obleas y freír en abundante aceite caliente.

- Servir adornadas con salsa.

empanadillas de espinacas

1/2 l (17 fl oz) de leche
1/2 kg (17 oz) de manteca de cerdo
1/4 kg (9 oz) de levadura
Harina (la que admita)
Para el relleno:
1/2 dl (1,7 fl oz) de aceite
1 kg (2,2 lb) de espinacas
100 g (3,5 oz) de pasas
100 g (3,5 oz) de piñones (pelados)

- Escaldar las espinacas limpias, con agua hirviendo; escurrir bien y freír en el 1/2 dl (1,7 fl oz) de aceite. Agregar las pasas y los piñones cuando ya estén fritas las espinacas, dejándolas freír un poco más. Una vez hechas, reservar.

- Para preparar la masa, diluir la levadura en la leche templada y añadir harina hasta hacer una pasta compacta y unida. Cuando la masa esté fina y no se pegue en las manos, extender sobre la superficie de trabajo, agregándole la manteca y trabajándola un poco. Dejar reposar entre 1 y 2 h.

- Estirar la masa sobre la mesa espolvoreada de harina, dejándola con un grosor de 0,5 cm (0,02 pulgadas) y cortando discos del tamaño que se quiera. Encima de cada uno de ellos, colocar una ración de relleno. Doblar uniendo sus bordes y cocer en un horno caliente.

espárragos a la crema de perifollo

3/4 kg (26,5 oz) de espárragos verdes
100 g (3,5 oz) de perifollo
2 yemas de huevo
1 ct de mantequilla
El zumo de 1/2 limón
5 cs de aceite de soja
1 pizca de azúcar

8 tomates pequeños y dulces
Nuez moscada recién molida
Pimienta
Pimienta de Cayena
Sal

- Pelar la parte baja de los espárragos y cortar la parte final.
- Poner a hervir agua abundante con mantequilla, azúcar y sal en una cazuela.
- Echar los espárragos en esta agua y dejar cocer suavemente, sin llegar a hervir, durante 15 ó 20 min, hasta que estén hechos al dente.
- Mientras tanto, lavar el perifollo y despojarlo de los tallos, reservando unas hojitas para más tarde.
- Pasar el resto del perifollo, junto a la yema, el zumo de limón y el aceite de soja, por la trituradora, hasta obtener una salsa.
- Echar la nuez moscada, la pimienta, la sal y la pimienta de Cayena.
- Extraer los espárragos del caldo, dejar escurrir y distribuir por los cuatro platos.
- Verter la salsa de perifollo en forma de cinta sobre ellos.
- Adornar el plato con los tomates pequeños y las hojitas de perifollo reservadas al principio.

espárragos con queso y nuez moscada

3 manojos de espárragos
1 huevo duro
1/4 l (9 fl oz) de leche
25 g (0,9 oz) de queso rallado
25 g (0,9 oz) de harina
50 g (1,8 oz) de mantequilla
Pimienta blanca en polvo
Nuez moscada
Sal

- Pelar y cortar los espárragos a igual medida y hervir en una cazuela con agua y sal durante 20 min.

- Elaborar una salsa blanca con la leche, parte de la mantequilla, la harina, sal, pimienta y un poquito de nuez moscada rallada, dejándola 20 min a fuego bajo. Separar la yema de la clara del huevo duro, pasando esta por el colador y añadiéndola a la salsa blanca.

- Cuando los espárragos estén cocidos, colocar en una fuente. A continuación, echar la salsa sobre ellos y, después, una capa de queso rallado y la mantequilla restante en trozos. Introducir la fuente en el horno hasta que se dore el plato.

fritos de acelgas

1 kg (2,2 lb) de acelgas
100 g (3,5 oz) de magro de tocino
1 chorizo
1 cebolla
1 diente de ajo
1 huevo
2 cs de harina
1 vaso de leche
1 cs de levadura
Sal
Pimienta

- Cocer las acelgas enteras. Escurrir y separar los tallos, picar las hojas y rehogar con la cebolla, el ajo y el magro de tocino cortado y el chorizo en cuadraditos.

- Hacer una pasta mezclando el huevo, la harina, la sal y la pimienta e incorporar la leche poco a poco, o bien todo junto en la batidora. Añadir la levadura.

- Introducir los tallos en esta masa, impregnar bien de masa y freír. Si queda demasiado suelta, añadir algo más de harina y, si no, agua.

- Presentar en una fuente redonda con la verdura en el centro y los tallos alrededor.

fritos de patata a la antigua

1 kg (2,2 lb) de patatas
1/4 kg (9 oz) de manteca
2 huevos
Sal

- Cocer en agua las patatas, pelar y triturar en el pasapurés; añadir un trozo de manteca fresca, sal y los huevos; batir y mezclar todo bien.
- Hacer pequeñas porciones con la pasta; depositar en una sartén con manteca y freír hasta que estén doradas.

gambas a la plancha

1/2 kg (17 oz) de gambas
2 cs de aceite de oliva
Sal

- Lavar y escurrir las gambas; salar y colocar bien ordenadas sobre una plancha o sartén caliente. Echar sal, rociar con un poco de aceite y dar la vuelta a los 2 min para que no se pasen demasiado. Dejar 1 min y servir de inmediato con el jugo que han soltado.

Se comen tal cual, sin ningún tipo de salsa.

gambas al ajillo

1/2 kg (17 oz) de gambas
4 ajos
Aceite
Sal
Perejil picado

- Pelar las gambas, dejando exclusivamente la cola.
- Poner una cazuela de barro con aceite sobre el fuego y dorar unos ajos picados. Echar las colas de gambas y dejar hacer brevemente. Dar un toque de sal y perejil picado y servir inmediatamente.

gambas a la gabardina

1/4 kg (9 oz) de gambas   *Harina*
Sifón o 1 cerveza   *Azafrán*
Aceite de oliva   *Levadura*
Sal

- Pelar las gambas (no precisan ser lavadas) y dejar solo un poco de caparazón al final de la cola. Salar ligeramente.
- Preparar la masa, echar la harina en un recipiente y echar sifón poco a poco, dando vueltas con una cuchara de madera o con un batidor de varillas hasta conseguir una masa ligera. Añadir un poco de sal, un poco de azafrán en polvo y la levadura.
- En una sartén, poner aceite abundante y, cuando esté caliente, tomar las gambas por la cola, de una en una, y untar el cuerpo en la masa, dejando la cola sin cubrir; freír varias a la vez.
- Una vez fritas, sacar con la espumadera y servir en seguida.

gambas con salsa picante

800 g (28 oz) de gambas grandes
1/2 taza grande de aceite
Sal fina
1 taza grande de salsa picante

- Lavar en agua fría las gambas y salar; cocinar a la parrilla y regar con el aceite.
- Cuando estén hechas, pasar a una fuente y servir con la salsa picante.

gambas rebozadas

1/2 kg (17 oz) de gambas
150 g (5 oz) de harina
1 huevo
Vinagre
Aceite
Sal

- Pelar las gambas, quitar la cáscara y la cabeza, dejando solo la cola.
- En un tazón, disponer harina, agua, vinagre y sal y batir hasta lograr una crema espesa; añadir una clara a punto de nieve.
- Rebozar las gambas cogiéndolas por la cola y metiéndolas en la taza. Freír en abundante aceite caliente y, a medio dorar, sacar, escurrir y servir.

gratinado de champiñones con jamón y escalonia

800 g (28 oz) de champiñones frescos
200 g (7 oz) de requesón
100 g (3,5 oz) de jamón
100 g (3,5 oz) de escalonias
2 yemas
2 cs de cebollino picado
2 cs de mantequilla
Nuez moscada
Pimienta
Sal

- Pelar y picar las escalonias.

- En una sartén puesta al fuego, echar la mantequilla para que se derrita y freír la escalonia en ella ligeramente.

- Limpiar los champiñones y cortarlos en rodajas. Echar también en la sartén, igual que el jamón, cortado en cuadraditos. Salpimentar y dejar freír. Recoger el jugo que sueltan y dejar reducir hasta quedar en 3 cs.

- Precalentar el horno y preparar una fuente para gratinar.

- En un recipiente, batir las yemas y mezclar con el requesón, echándoles sal, pimienta y nuez moscada al gusto.

- Añadir el jamón, la escalonia y las 3 cs de jugo concentrado a la mezcla del requesón. Colocar los champiñones en la fuente para gratinar y recubrir con la mezcla del requesón.

- Meter en el horno y gratinar 6 min.

- Finalmente, adornar con el cebollino picado y servir.

minicruasanes rellenos

1/4 kg (9 oz) de masa para cruasanes
Parmesano rallado
1 loncha de jamón ahumado
6 aceitunas verdes rellenas de pimiento
Papel de repostería

- Precalentar el horno a 200 °C (400 °F) y forrar la bandeja con papel de repostería.
- Estirar la masa y separar unos trozos de otros, dividiéndolos en 12 partes.
- Picar las aceitunas y distribuir sobre 4 trozos de la masa.
- Picar la loncha de jamón y extender sobre otros 4 pedazos.
- Por último, extender el parmesano rallado sobre los 4 minicruasanes restantes.
- Empezando por el lado ancho, enrollar los minicruasanes y colocar en la bandeja de hornear.
- Dejar en la parte central del horno, a 180 °C (350 °F), entre 12 y 15 min.

Los ingredientes de esta receta están indicados para obtener 12 unidades.

nachos con guacamole

Para preparar los nachos:
300 ml (10,6 fl oz) de agua
400 g (14 oz) de harina de maíz
100 g (3,5 oz) de harina de trigo
1 ct de sal
150 g (5 oz) de mantequilla
Aceite

- Mezclar las dos harinas y añadirle la sal y también la mantequilla ya templada. Sumarle el agua lentamente y formar una mezcla consistenete mientras se amasa.

- Una vez que ya está lista la masa, estirarla hasta que esté fina y cortarla en triángulos. Freírlos hasta que estén bien dorados y escurrirlos bien.

Para preparar el guacamole:
2 aguacates maduros
1 cebolla
1 diente de ajo
1 cs de zumo de limón
1 cs de aceite
Sal
Pimienta
Tabasco

- Frotar el interior de un recipiente con el diente de ajo. Partir los aguacates y vaciar la pulpa en el recipiente. Picar la cebolla e incorporarla. Aplastar la mezcla hasta lograr una papilla.

- Añadir el zumo de limón y el aceite. Unir todo muy bien.

- Sazonar con la sal, la pimienta y el tabasco mezclando de nuevo y conservar en el frigorífico hasta su uso.

pan con tomate y jamón

1 pan de payés
4 tomates rojos muy maduros
8 lonchas de buen jamón
1 vaso pequeño de aceite fino
Sal fina

- Partir el pan en rebanadas y dividir cada tomate a la mitad. Frotar las rebanadas de pan con los tomates procurando que queden bien impregnadas de su jugo y pulpa; echar aceite y sal en cada una de ellas.

- Colocar las rebanadas en una fuente y, sobre ellas, las lonchas de jamón.

rollitos de cecina rellenos de *foie*

Cecina en lonchas finas
Foie *de pato*
Dulce de membrillo
Aceite
Perejil

- Untar las lonchas de cecina con *foie* y membrillo. Enrollar y regar con un chorrito de aceite. Adornar con perejil.

rollitos de jamón, queso y salchichas

8 lonchas de jamón cocido
8 lonchas de queso
8 salchichas Frankfurt
50 g (1,8 oz) de harina
1 huevo
1 vaso de leche
Aceite

- Extender 1 loncha de jamón, sobre ella 1 loncha de queso y en el centro, la salchicha de Frankfurt, enrollándolo todo y cerrándolo con dos palillos.

- Batir el huevo, la leche y la harina hasta formar una pasta. Pasar los rollitos por esta pasta.

- Freír en aceite bien caliente, dándoles la vuelta frecuentemente.

- Dejar escurrir la grasa sobre un papel y servir calientes.

rollitos de primavera

1 paquete congelado de hojas de pasta para rollitos
Aceite
Para el relleno:
150 g (5 oz) de carne picada
100 g (3,5 oz) de germen de soja
Cebolla
Jerez
Azúcar
Sal
Pimienta
Harina
1 diente de ajo
2 cs de salsa de soja
100 g (3,5 oz) de lechuga
50 g (1,8 oz) de gambas

La pasta para hacer rollitos de primavera se puede adquirir en multitud de establecimientos. No obstante, también es posible elaborarla utilizando 1/4 kg (9 oz) de harina, 2 huevos, sal y 15 cl (5 fl oz) de agua. Se hacen láminas de pasta y, tras rellenarlas, se fríen igualmente en aceite abundante.

- Dejar descongelar las hojas de pasta.

- Pelar y picar un diente de ajo.

- Calentar el aceite en una sartén y dorar en él los trocitos de ajo.

- Agregar la carne picada al ajo. Dejar freír durante un breve espacio de tiempo, y, posteriormente, echar las gambas y el germen de soja. Freír todo junto durante unos minutos.

- Limpiar la lechuga y la cebolla. Cortar la lechuga en tiritas finas y la cebolla en rodajas e incorporar a la carne picada.

- Batir el jerez, la salsa de soja, el azúcar, la sal y la pimienta y echar también en la sartén. Remover todo bien y dejar enfriar el relleno.

- En una cazuela grande o en la freidora, calentar una abundante cantidad de aceite a 175 °C (350 °F).

- Poner 2 cs del relleno sobre cada hoja de pasta, doblar sus extremos y enrollar.

- Cerrar cada rollito y pegar sus bordes superiores con la ayuda de una pequeña cantidad de harina mezclada con agua.

- Freír 2 ó 3 rollitos de primavera de cada tanda. Esperar hasta que se doren y estén crujientes.

- Por último, colocar sobre un papel absorbente para que escurra el aceite sobrante.

- Servir calientes.

terrina de queso fresco a las finas hierbas con patatas

1/2 kg (17 oz) de queso fresco
125 g (4,4 oz) de nata líquida
100 g (3,5 oz) de rábanos tiernos
1/2 kg (17 oz) de patatas pequeñas
8 láminas de gelatina blanca
8 rábanos rojos
El zumo de 1 limón

Cebollino
Pimienta blanca
Perifollo
Sal
Comino
Perejil

- Reblandecer las láminas de gelatina en agua.

- En un recipiente puesto al fuego, calentar la nata líquida y disolver la gelatina en ella.

- Agregar el queso a la nata con gelatina poco a poco y mezclar bien.

- Lavar y picar los rábanos, el cebollino y el perifollo. Añadir a la crema de queso. Echar el zumo de limón, la pimienta blanca y la sal a la crema de queso.

- Verter esta mezcla en un recipiente, tapar e introducir en el frigorífico 3 h.

- Colocar una cazuela con agua y comino al fuego. Lavar las patatas y echar a cocer en dicha cazuela. Cuando estén hechas, sacar del agua y reservar.

- Servir en platos individuales un trozo de la gelatina de queso, acompañado de patatas y adornado con perejil.

rollitos de salmón

400 g (14 oz) de salmón ahumado en filetes
1/4 kg (9 oz) de queso blando para untar
2 hojas de lechuga
1 pepinillo
4 aceitunas
Perejil picado

- Cortar los filetes de salmón por la mitad.
- Picar finamente la lechuga, el pepinillo y las aceitunas.
- Añadir algún recorte de salmón.
- Mezclar el picadillo con el queso.
- Colocar un montoncito de queso en el centro de cada filete.
- Espolvorear con un poco de perejil.
- Enrollar los filetes.
- Colocar en una fuente de servir.

terrina de tomates con rodaballo

2 kg (4,4 lb) de tomates
300 g (10,6 oz) de filetes de rodaballo
10 láminas de gelatina blanca
1 limón
1/8 l (4,2 fl oz) de caldo de ave
2 cl (0,7 fl oz) de vino blanco seco
3 hojas de estragón
40 g (1,4 oz) de zanahorias
30 g (1 oz) de apio
30 g (1 oz) de puerros
Pimienta

Los tomates deben estar bien maduros.

El puré de tomate no debe removerse demasiado, ya que el zumo resultante de pasarlo por el colador debe ser claro, y de ese modo podría enturbiarse.

Para cortar la gelatina de tomate, se recomienda utilizar un cuchillo cuyo filo haya sido previamente pasado por agua.

- Exprimir el limón y picar unas pocas hojas de estragón.
- Colocar los filetes de rodaballo en un plato y aderezar con sal, azúcar, el zumo de limón y las hojas de estragón picadas finamente. Tapar e introducir en el frigorífico 24 h para que maceren.
- Lavar, limpiar y trocear los tomates en un recipiente; echar también el vinagre y algunas hojas de estragón, sal, el vino blanco seco, pimienta y el caldo de ave.
- Pasar todo ello por la batidora hasta que adquiera consistencia de puré y colar. Obtener de ello 1/2 l (17 fl oz) de zumo de tomate.
- Deshacer las láminas de gelatina en agua y echar en el recipiente del zumo de tomate. Mezclar despacio y dejar aparte.
- Limpiar las zanahorias, el apio y el puerro y cortar en trozos pequeños.
- Colocar un cazo con agua y sal a calentar y agregar las verduras troceadas cuando hierva, dejándolas al fuego durante 1 min.
- Echar una fina capa de gelatina de tomate en un recipiente hondo y meter 20 min al frigorífico para que cuaje.
- Cortar el rodaballo en filetes muy finos.
- Rellenar el recipiente con fondo de gelatina con capas alternas de verduras picadas y lonchas de rodaballo y terminar por cubrir con el resto de la gelatina de tomate.
- Finalmente, introducir de nuevo en el frigorífico 5 h.

won-ton frito

Won-ton:
2 cs de aceite vegetal
1/2 cebolla
2 dientes de ajo
1 ct de jengibre
120 g (4,2 oz) de champiñones
Aceite
Sal
32 láminas de masa preparada para won-ton
Salsa:
4 cs de aceite
4 cebollas
2 ají picante rojo y 2 ají verde
6 cs de salsa de soja
2 cs de vinagre blanco
2 cs de mirin
1 pizca de azúcar

Para preparar los *won-ton*:

- Calentar el aceite en un *wok* o sartén.
- Picar la cebolla y el ajo, trocear los champiñones y rallar el jengibre.
- Agregar la cebolla, el ajo y el jengibre a la sartén. Saltear 2 min. Añadir los champiñones y saltear 2 min más. Echar sal y dejar enfriar.
- Armar los *won-ton* a razón de 1 ct del relleno por lámina.
- Juntar las esquinas y apretar hasta cerrar el *won-ton*.
- Calentar abundante aceite en una olla grande y freírlos en tandas.

Para preparar la salsa:

- Calentar el aceite vegetal. Cortar las cebollas en juliana. Desprender las semillas de los ajíes y cortarlos en tiras finas. Colocar la cebolla y los ajíes en un recipiente, y verter el aceite despacio por encima. Añadir y mezclar el resto de los ingredientes de la salsa.
- Poner los *won-ton* en una fuente y servir con la salsa aparte.

SALSAS

ajada

1 1/2 vaso de aceite
5 dientes de ajo
1 cs de pimentón
1 cs de vinagre

- En una sartén, dorar los ajos en el aceite, luego retirar, separar la sartén del fuego y echar el pimentón y el vinagre, sin dejar quemar el pimentón.

- Servir en salsera o mezclada con las verduras o pescados.

mojo picón

5 ñoras o pimientos secos
6 dientes de ajo
1 ct de comino
2 rebanadas de pan frito
1/2 ct de azafrán en polvo
1 pizca de pimentón picante
200 ml (6,7 fl oz) de aceite de oliva
6 cs de vinagre
Una pizca de sal

- Colocar todos los ingredientes en un recipiente y batirlos con la batidora hasta que logremos una salsa homogénea.
- Verter el mojo en una cazuela y hervir durante 1 min.
- Conservar en el frigorífico hasta su consumo.

romesco

3 pimientos de romesco *remojados durante 1 h en agua caliente, despepitados y picados*
1 guindilla picada
Aceite de oliva virgen
2 tomates
6 dientes de ajo picados
24 almendras tostadas y peladas
24 avellanas tostadas
2 ramitas de perejil picado
2 rebanadas de pan frito
2 ct de vinagre de vino
Sal

- Saltear la guindilla y los pimientos en un poco de aceite.

- Asar al horno los tomates durante 10 min y luego dejar enfriar.

- En el mortero, machacar la guindilla, los pimientos y los ajos, y agregar los frutos secos, el perejil y el pan frito hasta lograr una mezcla homogénea. Añadir los tomates limpios, luego el vinagre, 2 ó 3 cs de aceite y la sal al gusto. El resultado será líquido pero espeso.

salsa a la mostaza

1 ct de mostaza
1/2 vaso pequeño de vinagre
Un poco de pimienta blanca en polvo
2 cs de salsa de tomate

1/2 vaso de aceite
1 pimiento rojo de lata
Perejil fresco
Sal

- En un tazón, o recipiente similar, echar el aceite y el vinagre con la mostaza, un poco de sal y un pellizco de pimienta, batiéndolo bien durante 5 ó 10 min hasta que espese un poco. A continuación, añadir la salsa de tomate y el pimiento limpio de semillas y picado finamente, lo mismo que el perejil.

- Mezclar todo bien y servir la salsa fría, preferentemente con pescados cocidos o asados a la parrilla.

salsa agridulce

15 g (0,5 oz) de azúcar
2 cs de vinagre
1 cs de tomate concentrado
1 cs de salsa de soja
3 cs de zumo de naranja
1 ct de maicena
4 cs de agua fría

- Poner el azúcar, el vinagre, el concentrado de tomate, la salsa de soja y el zumo de naranja en un cazo.

- Diluir la maicena con el agua fría en una taza.

- Mezclar ambos, poner en el fuego suave a que dé un hervor y servir caliente.

salsa alioli

2 yemas de huevo
6 dientes de ajo
3 cs de zumo de limón
Aceite de oliva
Sal

- Pelar los dientes de ajo, picar en un mortero y machacar bien.
- Añadir a las yemas y remover lentamente para que se unan; mientras tanto, echar aceite poco a poco.
- Añadir el zumo de limón y una pizca de sal al gusto a esta salsa.

salsa bearnesa

4 yemas de huevo
1/2 kg (17 oz) de mantequilla
200 ml (6,7 fl oz) de vino blanco
1 rama pequeña de estragón

- Poner el vino y unas hojas de estragón al fuego. Dejar reducir a la mitad. Entonces, retirar el estragón y picarlo.
- Por otro lado, diluir la mantequilla en el fuego y retirar la espuma. Poner un recipiente al baño María y batir las yemas con el vino, la sal y la pimienta en él.
- Cuando todo esté bien mezclado, añadir poco a poco la mantequilla fundida y el estragón picado.

salsa besamel

1 cs de mantequilla
2 cs de harina
1/2 l (17 fl oz) de leche
Sal

- Calentar la leche hasta que comience a hervir.
- En un cazo al fuego, echar la mantequilla, deshacer y agregar la harina. Dejar cocer durante 3 ó 4 min; esto es muy importante para que la besamel no tenga sabor a harina. Mientras cuece, remover constantemente con una cuchara de palo, tratando de que no se dore. A continuación, separar del fuego, vertiendo la leche caliente poco a poco. Mover rápidamente con el batidor para refinar. Cuando esté bien mezclada y sin grumos, sazonar con sal y volver a poner al fuego, dejándola cocer durante 15 min.

salsa de queso y nueces

200 g (7 oz) de gorgonzola extragraso
1 diente de ajo
4 cs rasas de nuez molida
1/4 kg (9 oz) de nata
Sal
1 ramillete de perejil
Zumo de limón
Pimienta negra recién molida

- Poner a calentar la nata en una cazuela.
- Trocear el gorgonzola en pequeñas porciones y agregar a la nata. Para que se funda bien, poner a fuego medio, dejándolo cocer 3 min aproximadamente. Remover cada cierto tiempo.
- En cuanto se haya fundido el queso, mezclar las nueces.
- Incorporar la pimienta y la sal a la salsa.
- Pelar el diente de ajo, prensar y echar también en la cazuela.
- Ajustar el sabor de la salsa con el zumo de limón.
- Lavar y secar el perejil, separando las hojas de los tallos. Picar muy fino y espolvorear sobre la salsa.
- Servir la salsa con verduras cocidas o con pasta.

salsa de tomate

1/2 kg (17 oz) de tomates maduros
6 almendras tostadas
1 cs de vinagre
2 dientes de ajo medianos
1 cs de aceite
1 cs de perejil fresco picado
Sal fina
Azúcar

- Pelar los tomates y reducir a puré con el tenedor. A continuación, echar en una sartén y añadir los dientes de ajo y las almendras (ambos picados), el perejil, el vinagre, el aceite, sal y azúcar. Hacer la salsa poco a poco a fuego bajo.

salsa de yogur

1 yogur natural
2 cs de aceite de oliva
1/4 de cs de mostaza
1/2 de cs de vinagre de manzana

- En un recipiente, echar el aceite, la mostaza y el vinagre y batir bien.
- Añadir el yogur a esta mezcla y volver a batir hasta lograr una salsa homogénea.

salsa española

1/2 kg (17 oz) de carne de morcillo
50 g (1,8 oz) de manteca de cerdo
40 g (1,4 oz) de harina
1/2 cebolla
1 zanahoria
Laurel
Pimienta en grano
Clavo
3 vasos grandes de agua

- Poner la manteca con la cebolla cortada en trozos finos al fuego, dejar ablandar y añadir la carne cortada en trozos; dorar un poco y añadir 1 vaso grande de agua.

- Dejar cocer todo hasta que el caldo se haya consumido. Cuando el jugo esté dorado y un poco oscuro, añadir 2 vasos de agua y dejar cocer todo muy despacio para que vaya tomando color, moviendo la cazuela de vez en cuando.

- Incorporar la zanahoria, el clavo, 1/2 hoja de laurel y unos granos de pimienta. Espumar y dejar cocer hasta que la carne esté tierna. Sazonar con sal, retirar y pasar el jugo por el colador chino.

- Tostar la harina, añadir a la salsa y dejar hervir un poco hasta que ligue.

La carne se puede aprovechar para un relleno o se puede servir con su propia salsa.

salsa fría
al ajo y a las hierbas

1 ramillete de diferentes hierbas
  (cebollino, albahaca, eneldo y perejil)
4 dientes de ajo
1 yogur griego
1 cs de vinagre de vino blanco
3 cs de aceite de oliva
3 cs de pan rallado
1 yema de huevo
Pimienta negra recién molida
Nuez moscada
Sal

- Pelar los dientes de ajo. Lavar las hierbas brevemente bajo el grifo, secar y separar las hojas de los tallos.

- Triturar las hierbas y los dientes de ajo en la batidora, con la yema de huevo, el aceite de oliva y el yogur griego.

- Pasar por un colador el puré y condimentar con abundante pimienta, nuez moscada, sal y vinagre de vino blanco.

- Por último, agregar el pan rallado y dejar en reposo 5 min. Después, dar unas vueltas y probar, retocando los condimentos si fuera necesario.

- Meter en el frigorífico hasta el momento de servir.

Esta salsa es el acompañamiento ideal para las patatas asadas en su piel, las carnes de volatería o hervidas, los huevos duros, etc.

salsa *harissa*

100 g (3,5 oz) de guindillas rojas secas
6 dientes de ajo pelados
4 cs de aceite de oliva
1 ct de semillas de cilantro molidas
1 ct de comino molido
Sal

- Abrir las guindillas y quitarles el rabo y las semillas.
- Poner las guindillas en remojo en agua caliente durante 30 min. Escurrirlas y picarlas con el resto de los ingredientes hasta obtener una pasta. Conservar en un tarro hermético y dejar reposar unas horas antes de servir.

salsa holandesa

2 yemas de huevo
50 g (1,8 oz) de mantequilla
Sal
Pimienta blanca
Vinagre de vino blanco
Unas gotas de zumo de limón

- Fundir la mantequilla sin que llegue a hervir. Reservar.
- Poner las yemas, el vinagre y las gotas de zumo de limón en un recipiente al baño María.
- Batir hasta que empiece a espumar.
- Añadir la mantequilla lentamente sin dejar de batir.
- Sumarle sal y una pizca de pimienta blanca.

salsa mayonesa

300 ml de aceite de girasol
2 yemas de huevo
1/2 limón o vinagre
Sal

- Cascar los huevos y echar las yemas en un bol. Añadir vinagre y sal y batir.
- Agregar el aceite despacio cuando la mezcla vaya espesando.
- Tapar y guardar en frío.

salsa pesto

8 cs de hojas frescas de albahaca
8 cs de parmesano rallado
8 cs de aceite de oliva virgen
4 cs de piñones pelados

- Triturar las hojas de albahaca, el parmesano y los piñones en la batidora. Agregar el aceite lentamente hasta lograr la consistencia deseada.

salsa picante

1 vaso pequeño de vinagre
1 ramita de tomillo
1/2 hoja de laurel
1 diente de ajo
1 chalota o un poco de cebolla picada
Un pellizco de pimienta blanca
1 cucharón lleno de caldo de carne (o de cubitos)
1 1/2 cs de harina
30 g (1 oz) de mantequilla
Unas ramitas de perejil fresco

- Verter el vinagre, el tomillo, el laurel, el ajo, la chalota o la cebolla y la pimienta en un recipiente al fuego. Dejar cocer hasta reducir casi todo el vinagre. Incorporar el caldo entonces, hervir 2 min y pasar a continuación por el colador chino.

- En una cacerola, derretir la mantequilla y diluir la harina en ella; añadir el preparado anterior a esta mezcla.

- Batir con el tenedor para que se ligue, incorporando el perejil picado; probar si está convenientemente sazonado y dejar que hierva 2 min más.

Esta salsa se utiliza como acompañamiento de ensaladas de verduras y hortalizas hervidas, pudines, pescados hervidos y mariscos.

salsa rosa

Mayonesa
1 cs de brandy
3 cs soperas de kétchup
1 cs de zumo de naranja
3 cs de nata líquida
Pimienta
Sal

- Mezclar la mayonesa con las 3 cs de kétchup, las 3 cs de nata líquida, 1 cs de *brandy*, 1 cs de zumo de naranja, la sal y la pimienta.
- Batir sin parar hasta conseguir una salsa fina y suave.

salsa tártara

1 taza de mayonesa
1 cs de alcaparras
1 cs de pepinillos en vinagre
Perejil
1 cs de cebolleta fresca

- Picar las alcaparras. Colocar la mayonesa, las alcaparras, los pepinillos y la cebolleta y batir. Picar el perejil y añadirlo.

salsa verde

2 cs de pan rallado
2 cs de vinagre de vino
1/8 l (4,2 fl oz) de aceite de oliva
2 cs de alcaparras
1 manojo de perejil
2 filetes de anchoas
1 manojo de albahaca
1 diente de ajo
Pimienta negra
Sal

- Mezclar el pan rallado con el vinagre y un poco de sal.

- Pelar y picar el ajo finamente, igual que las alcaparras, las hojas de albahaca y perejil y las anchoas.

- Unir estas verduras picadas a la pasta de pan e incorporar el aceite lentamente.

- Cuando todo esté bien mezclado, sazonar con pimienta al gusto.

salsa vinagreta

15 cs de aceite de oliva
5 cs de vinagre
1 pimiento verde
1 pimiento rojo
1 cebolleta
2 huevos cocidos
Perejil
Sal
Ajo

- Batir el aceite, el vinagre y la sal hasta que alcancen una consistencia cremosa.

- Sobre esto, picar la cebolleta, los pimientos, los huevos, el ajo y el perejil en trocitos muy menudos y mezclar bien.

- Comprobar la sal.

salsa vizcaína

1 kg (2,2 lb) de cebolla
8 pimientos choriceros
2 dientes de ajo
100 g (3,5 oz) de zanahorias
1 l (34 fl oz) de caldo de vacuno o de caldo de pescado

- Rehidratar los pimientos, dejándolos en agua. Pochar la cebo-lla hasta que esté ligeramente dorada, añadir los pimientos y sofreir ligeramente. Ligar todo con harina y mojar con el caldo que hayamos elegido. Dejar hervir unos minutos. Triturar y colar.

tapenade

1 diente de ajo
100 g (3,5 oz) de aceitunas negras
1 1/2 ct de tomillo
1 1/2 ct de romero
1 ct de alcaparras
1 anchoa
Aceite de oliva

- Triturar los ingredientes en un mortero y ligarlo vertiendo un hilo de aceite lentamente.

tzatziki (salsa griega y turca)

1 pepino
1 ó 2 yogures
1 diente de ajo
2 ct de hoja de menta fresca
2 cs de aceite de oliva
Sal
Pimienta

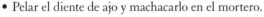

- Pelar el diente de ajo y machacarlo en el mortero.
- Pelar el pepino, rallarlo y ponerlo en un colador para que suelte el agua.
- Poner el pepino, los ajos, el aceite, la sal, una pizca de pimienta y las hojas de menta picadas en un recipiente y reservar.
- Batir el yogur, y volcarlo en el recipiente que contiene los otros ingredientes hasta cubrirlos. Mezclar todo.
- Poner en un recipiente tapado en el frigorífico un mínimo de 2 h antes de servir.

SOPAS, CREMAS, PURÉS Y LEGUMBRES

ajoblanco con uvas

20 almendras
1 racimo de uvas
Agua
Pan
2 dientes de ajo
1 vaso pequeño de vinagre
1 dl (3,4 fl oz) de aceite
Sal

- Remojar las almendras en agua hirviendo hasta que suelten la piel. Pelar y machacar en el mortero, con los ajos y 1 ct de sal.

- Añadir miga de pan previamente remojada, machacar todo de nuevo hasta que quede bien mezclado, y agregar el aceite, poco a poco, hasta que se forme una pasta parecida a la mayonesa. Verter un vaso pequeño de vinagre y seguir revolviendo todo un momento.

- Pasar la preparación a una sopera y añadir agua fría poco a poco para diluir.

- Poner, por último, las uvas limpias y desgranadas, y unos pedacitos de corteza de pan.

alubias blancas con almejas

200 g (7 oz) de alubias blancas (clase especial para fabada)
1/4 kg (9 oz) de almejas
1 vaso pequeño de vino blanco
1 cs de harina
1/2 hoja de laurel
1 rama de perejil
1 diente de ajo
Un poco de pimentón
Azafrán
Perejil
Aceite
Sal

- Después de tener las alubias en remojo, escurrir, pasar a una cacerola y añadir la cebolla picada, ajo, perejil, laurel, pimentón y un chorro de aceite crudo; cubrir con agua fría y cocer lentamente, procurando tenerlas siempre cubiertas de agua para que no suelten la piel. Una vez cocidas, sazonar con sal y azafrán pulverizado retirando el laurel.

- Aparte, preparar las almejas a la marinera de la siguiente forma: poner la sartén con el aceite y los ajos al fuego. Al empezar a dorarse, añadir la harina y freír un poco. Añadir las almejas, el vino y el pimentón. Dejar cocer a fuego fuerte hasta que se abran y la salsa ligue. Rociar con perejil picado.

- Una vez preparadas las almejas, incorporar a las alubias. Cocer lentamente durante 10 min más y dejar reposar.

caldo de gallina

1/2 gallina
1 rama de canela
1 hoja de laurel
1 rama de azafrán
1 clavo
Perejil
Sal

SOPAS, CREMAS, PURÉS Y LEGUMBRES

- Unir la canela, el azafrán, el clavo y el perejil en un manojo y envolver en una gasa.

- En una cazuela, echar agua abundante, sal y la hoja de laurel y poner al fuego.

- Limpiar la gallina y cortar en trozos. Introducir en la cazuela con el envoltorio de especias. Tapar y dejar al fuego 1 h.

- Pasado ese tiempo, sacar la carne y las especias de la cazuela y colar el caldo.

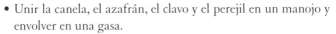

Es recomendable introducir el caldo en el frigorífico para que la grasa suba hasta la superficie. Si hay demasiada, se puede quitar con una cuchara.

cocido a la portuguesa

1/2 kg (17 oz) de morcillo
150 g (5 oz) de morcilla
1 pollo
150 g (5 oz) de butifarra
1/4 kg (9 oz) de judías verdes
400 g (14 oz) de batata
350 g (12,3 oz) de arroz
3 nabos
Sal
Pimienta
150 g (5 oz) de tocino
150 g (5 oz) de chorizo
1 oreja de cerdo
2 huesos de caña

- Limpiar los huesos. Introducir el tocino, las carnes y los huesos en una olla con abundante agua fría y calentar.

- Cuando hierva, retirar y sacar la espuma. Añadir sal y pimienta y cocer con la olla tapada durante 40 min.

- Finalmente, poner el pollo y cocinar hasta que la carne esté tierna. En ese momento, sacar la olla del fuego y reservar. Agregar los embutidos y cocer durante 15 min. Posteriormente, añadir las verduras y dejar 20 min más de cocción.

- Sacar parte del caldo y preparar el arroz con ese caldo.

- Disponer el arroz con los embutidos en una fuente y agregar zanahorias. Colocar el resto de los ingredientes en otra fuente y, finalmente, el caldo en una sopera.

cocido madrileño

1/4 kg (9 oz) de garbanzos
300 g (10,6 oz) de morcillo de vaca
1/4 de gallina
100 g (3,5 oz) de tocino blanco o entreverado
100 g (3,5 oz) de morcilla de cebolla
100 g (3,5 oz) de chorizo
50 g (1,8 oz) de punta de jamón serrano
4 huesos de tuétano de 5 cm (1,97 pulgadas) aproximadamente
1 kg (2,2 lb) de repollo
4 patatas medianas
2 zanahorias
1 cebolla
1 nabo
1 diente de ajo
2 tomates
Aceite de oliva
100 g (3,5 oz) de fideos
Sal
Para el relleno:
2 huevos
75 g (2,6 oz) de pan
2 dientes de ajo
2 cs de perejil
Aceite de oliva
Sal

- Remojar los garbanzos la noche anterior en agua templada con un poco de sal. A la mañana siguiente, sacar y escurrir. Colocar en una cazuela grande las carnes, el tocino, los huesos lavados y el jamón, y cubrir con 4 l (8,8 lb) de agua, aproximadamente. Poner la cazuela al fuego y, cuando rompa a hervir, quitar la espuma y agregar los garbanzos. Al segundo hervor, añadir la zanahoria, la cebolla y el nabo. Cocer a fuego lento durante 3 h o más, hasta que los garbanzos estén tiernos. 20 min antes del final, incorporar las patatas peladas y cortadas por la mitad. Probar y rectificar de sal. Al mismo tiempo, en otro puchero, cocer el repollo picado durante 30 min. Escurrir y rehogarlo con el ajo. Cocer el chorizo y la morcilla en un recipiente aparte.

- Para hacer el relleno, rallar el pan y picar el perejil. Batir los huevos y amasarlos con el pan rallado, los ajos muy picaditos, el perejil y sal. Formar unas croquetas con ello y freírlas en abundante aceite caliente. Cuando se vaya a servir el cocido, introducirlas en el caldo y dar un hervor.

- Cocer los fideos en el caldo durante 5 min. Servir la sopa con fideos.

- Rehogar el repollo y cortar el nabo en rodajas. Presentar los garbanzos en una fuente con el repollo, la zanahoria, el nabo y el relleno. Pelar, picar y freír unos tomates. Poner el tomate frito en una salsera.

- Trocear las carnes. Emplatar las carnes troceadas, el tocino, los huesos y el chorizo y la morcilla. Servir.

cocido montañés

100 g (3,5 oz) de alubias blancas
1 morcilla de tripa de cerdo
100 g (3,5 oz) de chorizo (de cocido)
1 hueso de codillo
100 g (3,5 oz) de tocino
100 g (3,5 oz) de costilla adobada
2 patatas
1 nabo de mesa
1 berza fina
Sal

- Limpiar bien la costilla y el hueso de codillo.
- Cocer las alubias durante 1 h en agua fría junto al hueso de codillo y la costilla, y salar.
- Preparar y picar la berza, pelar y trocear las patatas y partir el nabo en pequeños trozos.
- Añadir la berza y las patatas a la mezcla de alubias, hueso y costilla. Cuando empiece a hervir, agregar el nabo, el tocino y el chorizo y cocer todo junto a fuego lento para evitar que se pegue y para que la berza tome todo el jugo del resto de los ingredientes.
- Lavar la morcilla y pinchar con un tenedor, para que no reviente posteriormente.
- Tras comprobar que la berza está bien cocida, incorporar la morcilla al guiso y dejar cocer durante un buen rato, volteándola para que termine de hacerse si fuera necesario.

El cocido montañés gana en sabor si se sirve al día siguiente de su preparación. Los ingredientes derivados del cerdo pueden servirse todos juntos o por separado, extrayéndose del guiso y cortándose en trozos a gusto del consumidor.

consomé frío

300 g (10,6 oz) de carne picada de ternera
1 1/2 l (51 fl oz) de caldo de carne
1 pie de ternera
1 tomate
1 zanahoria
1/2 pimiento verde
2 ramas de apio
4 cs de jerez seco
1 cs de perifollo picado

- Cortar el pie de ternera en 4 trozos. Echar en una cazuela puesta al fuego con el caldo de carne y la carne picada. Dejar cocer 45 min.

- Escaldar el tomate en un recipiente con agua hirviendo durante unos instantes, para así poder pelarlo con facilidad.

- Limpiar el resto de las verduras (pimiento, zanahoria y apio) y cortar en tiras. Hacer trocitos el tomate.

- Extraer la carne y los trozos de pie de ternera del caldo y pasar por un colador fino, echándolo de nuevo en una cazuela puesta al fuego.

- Cuando el caldo hierva, añadir el pimiento, el apio y la zanahoria, para que se cuezan durante 10 min.

- Casi al final de la cocción, agregar el tomate y las cucharadas de jerez.

- Una vez retirado del fuego, verter en un recipiente e introducir en el frigorífico 2 h.

- Servir cuando esté bien frío y adornar con el perifollo picado.

crema árabe de garbanzos

200 g (7 oz) de garbanzos
4 cs de Tahin
2 cs de aceite de oliva
4 dientes de ajo
El zumo de 1 ó 2 limones
Sal

- Poner los garbanzos en remojo durante toda la noche.

- Depositar en un colador y dejar escurrir. Desechar el agua del remojo.

- Posteriormente, echar los garbanzos en una olla con agua. Poner a cocer durante 1 h, a temperatura media y cubiertos con una tapadera hasta que estén blandos.

- Pelar los dientes de ajo. Introducir junto a los garbanzos y un poco de agua de la cocción en el robot de cocina. Triturar todo ello hasta obtener una pasta gruesa.

- Agregar el *Tahin*, la sal y el zumo de limón y remover bien, para que quede cremoso. En el caso de que la crema quedase algo espesa, añadir un poco de agua de la cocción.

- Verter la crema sobre una bandeja. Dejar caer unas gotitas de aceite de oliva sobre ella.

SOPAS, CREMAS, PURÉS Y LEGUMBRES

Es conveniente colocar la crema en la bandeja antes de servir, puesto que se seca con rapidez en la superficie.
El *Tahin* es una pasta de sésamo que se puede adquirir en cualquier tienda de dietética.

crema de aguacates y aceitunas

150 g (5 oz) de aceitunas negras sin hueso
1/8 l (4,2 fl oz) de aceite de oliva
2 yemas
1 aguacate maduro
El zumo de 1 limón
2 dientes de ajo
Pimienta blanca
1 ramillete de albahaca
Sal

- Colocar las yemas de huevo en un recipiente. Batir con las varillas de la batidora mientras se les echa el aceite y el zumo de limón.

- Pelar, deshuesar y triturar el aguacate.

- Pelar y picar los 2 dientes de ajo, con las aceitunas y las hojas de albahaca.

- Finalmente, mezclar todo: el aguacate triturado, la salsa de huevo y los ajos, aceitunas y albahaca picados y sazonar al gusto con sal y pimienta.

crema de mejillones
al perfume de azafrán

600 g (21,2 oz) de mejillones de buena calidad
1 l (34 fl oz) de caldo de pescado obtenido con 1 kg (2,2 lb) de
   pescado para caldos y 200 g (7 oz) de mirepoix
1 dl (3,4 fl oz) de vermut
1 cs de harina
1/4 l (9 fl oz) de nata
70 g (2,4 oz) de mantequilla
50 g (1,8 oz) de blanco de puerros
3 yemas de huevo
1 diente de ajo
1 bouquet garni
1 patata
1 cebolla pequeña
2 papeles de azafrán en hebra

- Hacer el caldo de pescado. Colar. Limpiar los mejillones y cocer para que se abran; retirar la carne y reservar.

- En una cacerola, poner la mantequilla y rehogar la cebolla, el diente de ajo, la patata cortada en láminas, el puerro y el *bouquet garni*, añadiendo en el último momento la harina; mojar con el caldo de pescado y cocer durante 15 min; pasar la salsa por la batidora y colar.

- Poner a punto de esta forma: en un recipiente, mezclar el vermut, las 3 yemas, el azafrán triturado y la nata; añadir esta mezcla a la crema caliente y darle su punto sin que llegue a hervir, moviéndola sin parar; sazonar con sal y pimienta, volver a pasar por un colador más fino y servir con los mejillones y hojas de perejil.

crema de patatas
y nata con tropezones

400 g (14 oz) de patatas
200 g (7 oz) de nata líquida
50 g (1,8 oz) de panceta
150 g (5 oz) de higaditos de ave
1 l (34 fl oz) de caldo de carne
1 cebolla
1 cs de mejorana picada
Mantequilla
Pimienta
Sal

SOPAS, CREMAS, PURÉS Y LEGUMBRES

- Pelar y trocear las patatas y la cebolla.

- En un recipiente puesto al fuego con un poco de mantequilla, freír la cebolla ligeramente, añadiéndole el caldo de carne y las patatas posteriormente. Dejar cocer todo junto durante 20 min.

- Una vez hecho, triturar con la batidora y dar un hervor, tras agregar 125 g (4,4 oz) de nata y sazonar con sal y pimienta.

- Montar los otros 75 g (2,6 oz) de nata líquida con las varillas de la batidora y e incorporar lentamente a la mezcla anterior.

- Trocear la panceta y freír un poco en una sartén sin necesidad de aceite. Mientras tanto, freír los higaditos, también cortados en rodajas finas en otra sartén, en este caso, con mantequilla caliente.

- Presentar en recipientes individuales, con la crema de patatas mezclada con trocitos de panceta e higaditos de ave, y adornados con un poco de mejorana picada.

crema fría búlgara de yogur

1/2 kg (17 oz) de yogur
1 pepino
1/4 l (9 fl oz) de agua
3 cs de aceite de oliva
2 dientes de ajo
1 cs de vinagre de vino
Nueces machacadas
1 cs de eneldo picado
Pimienta blanca
Sal

- Limpiar y rallar el pepino. Pelar y machacar los dientes de ajo en el mortero, sazonándolos ligeramente.

- En un recipiente, echar el agua, el vinagre y el yogur y mezclar bien con las varillas de la batidora.

- A esta crema, incorporar el ajo machacado y el aceite, poco a poco y sin dejar de remover.

- Finalmente, añadir el pepino rallado y aderezar al gusto con pimienta y eneldo.

- Servir la crema fría y adornada con trocitos de nuez.

cuscús de cordero

200 ml (6,7 fl oz) de aceite
2 tomates maduros
2 zanahorias
Azafrán
2 calabacines
200 g (7 oz) de calabaza roja
1 cebolla
8 guindillas picantes o de Cayena
200 ml (6,7 fl oz) de leche
150 g (5 oz) de mantequilla
2 nabos
1 kg (2,2 lb) de pierna de cordero en trozos
5 g (0,17 oz) de pimienta negra
150 g (5 oz) de repollo
50 g (1,8 oz) de cilantro fresco
450 g (16 oz) de cuscús
200 g (7 oz) de garbanzos

- Poner los garbanzos en remojo el día anterior.

- Picar la cebolla y pelar y picar el tomate. Rehogar la carne en la olla exprés con la cebolla, el tomate y sazonar con azafrán, la pimienta negra y sal.

- Cubrir con agua y cocer 10 min para que la carne se ablande.

- Cocer los garbanzos.

- Una vez cocidos los garbanzos, reservarlos con su agua. Pelar los nabos y las zanahorias. En una olla para cocer al vapor, verter la carne con todo su jugo y añadir el repollo en un trozo, los nabos y las zanahorias. Añadir la ramita de cilantro. Cubrir con agua y ponerlo a cocer.

- Poner el cuscús en una bandeja y mojarlo en agua durante 10 min, escurrirlo y pasarlo a la parte superior de la olla. Cocer al vapor.

- Después de 15 min, volcar el cuscús en una bandeja grande y mover suavemente con una espátula. Incorporar un poco de leche y un poco de mantequilla y terminar de moverlo con las palmas de las manos. Depositar el cuscús en la olla para continuar su cocción al vapor.

- Pasados 10 min, repetir la operación. Rectificar la sal. 10 min después, repetir lo mismo e incorporar al caldo la calabaza entera sin su cáscara y los calabacines limpios y enteros. Retirar la ramita de cilantro.

- Continuar la cocción otros 10 ó 15 min y airear el cuscús nuevamente. Añadir los garbanzos ya cocidos con su agua, la que pida el caldo. Airear por última vez el cuscús y retirar un poco de caldo para hacer la salsa picante.

- Para elaborar la salsa picante: poner a cocer el caldo que hemos retirado del cuscús con las guindillas picantes.

- Colocar el cuscús en una bandeja grande, bañarlo ligeramente con el caldo y formar una corona. Disponer en el centro la carne, después los garbanzos y por último la verdura.

- Servir acompañado por un recipiente con la salsa picante y otro con caldo del cuscús.

fabada asturiana

300 g (10,6 fl oz) de fabes *(alubias blancas)*
100 g (3,5 oz) de punta de jamón
1/2 oreja de cerdo
Aceite
2 morcillas
200 g (7 oz) de tocino entreverado
1 chorizo
1 cebollita
Ajos
Sal
1/2 ct de pimentón

- Poner las *fabes* en remojo durante toda la noche anterior.

- Escurrir, colocar en una olla y sumergir en agua fría.

- Pelar y cortar la cebolla y los ajos y añadir a las *fabes* con el aceite y el pimentón en crudo.

- Acto seguido, añadir la punta de jamón, la oreja de cerdo y el chorizo al conjunto.

- Cubrir la olla con una tapadera y dejar cocer a medio fuego.

- Cuando hayan pasado 30 min, agregar el tocino, y dejar cocer todo junto.

- Aproximadamente 15 min antes de que finalice la cocción, meter las morcillas.

- Finalmente, echar sal al gusto.

- Servir en una fuente honda, sin demasiado caldo y con los embutidos troceados.

falafel

1/2 kg (17 oz) de garbanzos cocidos
1 cebolla
1 ramita de perejil
2 dientes de ajo
1 ct de cominos
1 ct de cilantro molido
1/2 ct de cúrcuma
Aceite para freír

- Escurrir bien los garbanzos y poner en la batidora con la cebolla, el perejil, los dientes de ajo y las especias. Batir bien hasta obtener una masa.

- Dejar reposar 1 h como mínimo, mejor hasta el día siguiente.

- Hacer unas bolas un poco más grandes que una nuez. Rebozar en harina y freír en abundante aceite caliente.

feijoada

2 cs de aceite vegetal
1 cebolla grande
4 dientes de ajo
4 tazas de alubias negras
1/2 kg (17 oz) de tocino salado
1 kg (2,2 lb) de embutido
1 kg (2,2 lb) de lonchas de jamón ahumado
1 kg (2,2 lb) de carne
1/2 ct de sal
4 hojas de laurel
1 naranja fresca
3 l (6,6 lb) de agua
6 naranjas

- Dejar las alubias en remojo durante la noche. Cortar la cebolla. Hervir el tocino y cortarlo en pequeños dados. Cortar la carne en pequeños dados. Lavar la naranja fresca y cortarla por la mitad. Pelar y cortar las otras 6 naranjas. Machacar los 4 dientes de ajo.

- En una sartén grande, dorar la cebolla y el ajo durante 1 min, añadir las alubias, el tocino, los embutidos, jamón ahumado, la carne, sal, pimienta negra, el laurel y las dos mitades de 1 naranja.

- Tapar y, a fuego lento durante 2 h o hasta que las alubias estén blandas, remover de vez en cuando y añadir más agua si lo pide. Servir con unas rodajas de naranja.

fideos chinos
con cebolleta al jengibre

300 g (10,6 oz) de fideos chinos de huevo secos
16 cebolletas
4 cs de salsa de ostras
4 cs de aceite de maíz
2 trozos de raíz de jengibre de 5 cm (1,97 pulgadas) c/u
Sal

- Limpiar y cortar en tiras las cebolletas y la raíz de jengibre.

- En una cazuela con abundante agua caliente y un poco de sal, cocer los fideos durante 4 min.

- En un wok o una sartén honda puesta al fuego, echar aceite de maíz y freír ligeramente la raíz de jengibre. A continuación, añadir las tiras de cebolleta y sazonar.

- Cuando la cebolleta haya calentado, quitar la sartén del fuego y añadir los fideos escurridos y la salsa de ostras, mezclándolo todo bien.

- Echar en un recipiente y servir.

fondue china

200 g (7 oz) de gambas crudas
200 g (7 oz) de calamares
200 g (7 oz) de merluza
200 g (7 oz) de filete de buey
150 g (5 oz) de brócoli
100 g (3,5 oz) de soja
100 g (3,5 oz) de champiñones
4 terrones de azúcar

2 pimientos rojos
1 caja de leche de coco
8 cm 3 de salsa satay
2 cs de curry
4 cs de jengibre
1 cs de aceite de sésamo
   o ajonjolí
Sal y pimienta

SOPAS, CREMAS, PURÉS Y LEGUMBRES

- Hervir 2 l (68 fl oz) de agua en una olla grande.
- Machacar el azúcar. Picar los pimientos. Apagar el fuego e incorporar la leche de coco, el *satay*, el *curry*, el aceite de sésamo, el azúcar y los pimientos.
- Dejar reposar durante 30 min.
- Pelar las gambas y cortarlas en láminas. Cortar los calamares, la merluza y el buey también en láminas. Colocar estas en un plato cubierto por papel *film*. Colocarlo en el frigorífico.
- Trocear el brócoli en ramos pequeños.
- Lavar la soja y los champiñones.
- Precalentar el caldo que quedó reposando y salpimentar.
- Colocarlo en un cazo e incorporar el brócoli, la soja y los champiñones.
- Conservar caliente sobre la mesa. Disponer los alimentos en fuentes. Tomar el alimento deseado y colocar en el caldo hasta que adquieran el grado de cocción deseado. Untar con las salsas, si se desea.

fondue de queso

1/4 kg (9 oz) de emmental
1/4 kg (9 oz) de gruyer
1 diente de ajo pelado
2 tazas de vino blanco seco
3 cs de kirsch *o* whisky
1 ct de almidón de maíz
Pimienta
Pan fresco con la corteza

- Rallar los quesos en forma gruesa.

- Pinchar el ajo con un tenedor y frotar el recipiente especial para *fondue*.

- Disolver el almidón de maíz con el *kirsch* o el *whisky*.

- Poner el vino en el recipiente y calentar sobre una llama regular hasta que haga espuma, pero que no hierva.

- Agregar el queso, poca cantidad por vez, mientras se revuelve con una cuchara de madera. No añadir más queso hasta que el anterior esté derretido.

- Revolver con energía mientras la salsa espesa, sin dejar que hierva. Agregar la mezcla de *kirsch* o *whisky* y almidón de maíz y revolver hasta que esté integrado.

- Mantener la *fondue* sobre una llama mínima. Pinchar pan y remojar en el queso derretido. Regular la llama durante el proceso.

gazpacho

3 tomates maduros
1 pepino
2 pimientos verdes
1 cebolla
2 rebanadas de pan tostado
1 cs de aceite de oliva
1 cs de vinagre
1 vaso de agua
Perejil picado
Sal

- Pelar y trocear el pepino.

- Escaldar los tomates para poder pelarlos mejor, despepitar y picar en pequeños pedazos.

- Picar también los pimientos y la cebolla, y añadirlos a los tomates y el pepino troceados. Agregar también el pan tostado cortados en trocitos.

- Salar y poner a macerar en una mezcla de agua, vinagre y aceite durante 2 h.

- A continuación, batir e introducir en el frigorífico.

- Servir bien frío, decorándolo con perejil picado.

gazpacho de sandía

1/2 kg (17 oz) de sandía
1/2 kg (17 oz) de tomates de ensalada maduros
1 pimiento verde
1 diente de ajo
4 cs de aceite de oliva extra virgen
2 cs de vinagre de jerez
1/2 l (17 fl oz) de agua helada
1/4 de miga de pan
Sal
10 tomates
Para la guarnición:
Sandía
Pimiento verde
Jamón serrano
Tomate

- Quitar la piel y las pepitas a la sandía y trocearla. Lavar los tomates y el pimiento verde, y cortarlos en pequeños trozos. Dejar macerando la sandía, los tomates, el pimiento verde y el diente de ajo en la nevera durante 1 h.

- Una vez fríos y macerados, sumarle el aceite de oliva, el agua y la miga de pan remojada en esa agua y un poco de vinagre de jerez. Triturar.

- A continuación, pasar por el colador chino.

- Para hacer la guarnición, cortar la sandía, el pimiento verde y el tomate en cuadraditos, y hacer tiras el jamón serrano.

- Rectificar el gazpacho de sal y servir muy frío. Colocar la guarnición en una pequeña brocheta.

habas al *tombet*

1 kg (2,2 lb) de habas tiernas desgranadas
1 lechuga grande
4 dientes de ajo tiernos
1 rebanada de pan atrasado
Un chorro de vinagre
Pimienta blanca en polvo
1 ct de pimentón rojo dulce
3 cs de aceite
1 vaso pequeño de agua
Sal

- Picar la lechuga, bien lavada, y mezclar con las habas ya desgranadas.
- Freír los ajos con el aceite en una cazuela de barro al fuego, retirándolos en cuanto estén dorados. Introducir en el mortero y majar bien con el pan (tostado o frito) hasta tener una pasta.
- Diluir con el chorro de vinagre y el agua.
- Rehogar las habas con la lechuga en la cazuela donde se habían freído los ajos, añadir el majado y el pimentón y dejar hacer hasta que esté todo tierno; sazonar con sal y pimienta y servir.

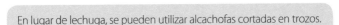
En lugar de lechuga, se pueden utilizar alcachofas cortadas en trozos.

harira

1 vaso pequeño de aceite
200 g (7 oz) de apio
1/4 kg (9 oz) de carne magra de ternera en trocitos
1 cebolla picada
200 g (7 oz) de cilantro fresco
1 puñado de fideos finos
2 puñados de garbanzos
1 vaso pequeño de harina
2 huevos
25 cs de zumo de limón
200 g (7 oz) de perejil fresco
15 g (0,5 oz) de pimienta negra molida
5 g (0,17 oz) de sal
1 kg (2,2 lb) de tomate natural triturado

- Poner los garbanzos en remojo la noche anterior. Cortar la carne en dados. Picar la cebolla finamente. Picar el perejil, el cilantro y el apio. Poner la carne, la cebolla, el perejil, el cilantro y el apio y 1 vaso pequeño de aceite en una cacerola. Finalmente, verter en la cacerola los garbanzos sin piel.

- Añadir 1,5 l (34 fl oz) de agua. Cuando los garbanzos estén tiernos, añadir el tomate y dejar hervir.

- Diluir la harina en agua. Hacia el final, agregar los fideos finos y la harina.

- Remover para que no se hagan grumos.

- Una vez cocida la harina, incorporar los huevos batidos con el limón y cocer para que el huevo cuaje.

hummus

400 g (14 oz) de garbanzos cocidos
2 dientes de ajo
3 cs de pasta de sésamo o ajonjolí
Comino
Sal
Pimienta negra
El zumo de 1/2 limón, aproximadamente
3 cs de aceite de oliva

- Mezclar los ingredientes en un recipiente y batir con la batidora.
- Si se desea más cremoso, echar un poco de agua de la cocción.
- Al servir, se puede adornar con un poco de pimentón dulce (o picante), semillas de sésamo y un chorrito de aceite de oliva.

lentejas
al estilo de la abuela

300 g (10,6 oz) de lentejas
1/2 cebolla
4 zanahorias
1 rama de apio
1 diente de ajo
Aceite de oliva
Sal
Pimienta

- Dejar las lentejas en remojo durante la noche anterior en un recipiente con agua fría.

- Al día siguiente, picar finamente la 1/2 cebolla, con el apio y las zanahorias previamente raspadas. Rehogar este picadillo en aceite y añadir las lentejas escurridas y el diente de ajo entero.

- Agregar 2 l (68 fl oz) de agua hirviendo y dejar cocer lentamente durante 2 h. Sazonar con sal y pimienta.

lentejas con calabaza

400 g (14 oz) de lentejas secas
1 cabeza de ajos y 2 dientes de ajo más
2 cebollas
2 tomates frescos
1 hoja de laurel
2 pimientos verdes
1 cs de pimentón rojo dulce
400 g (14 oz) de calabaza
Vinagre
Sal
2 rodajas de pan frito
Unas hebras de azafrán
4 cs de aceite

- Poner las lentejas en remojo la víspera. Al día siguiente, cocer en agua fría con la cabeza de ajos tostados al horno, una cebolla pelada y cortada en dos, un tomate picado, el laurel, uno de los pimientos verdes troceado y sin pepitas, el pimentón, sal y parte del aceite.

- En el aceite restante, freír la otra cebolla, pelada y picada, el otro tomate (también trinchado), el pimiento verde y, cuando esté bien rehogado, añadir a las lentejas.

- Majar los 2 dientes de ajo con las hebras de azafrán y el pan frito y añadir también al guiso. Aproximadamente 20 min antes de terminar su cocción, incorporar la calabaza, pelada y troceada.

- Antes de servir, añadir un vaso pequeño de vinagre.

migas extremeñas

1/2 kg (17 oz) de pan del día anterior
50 g (1,8 oz) de tocino
1 taza de agua
1 chorizo
Aceite de oliva
1 cabeza de ajo
Sal

- Cortar el pan en rebanadas finas. Colocar en un recipiente y echar el agua con un poco de sal. Dejar reposar 2 h.

- Trocear el tocino y el chorizo.

- Freír los trozos de chorizo y de tocino en una sartén puesta al fuego con aceite. Una vez fritos, poner en un recipiente aparte y reservar.

- En la misma sartén, dorar el ajo y echar el pan empapado en agua para que adquiera parte de la grasa que soltaron el tocino y el chorizo.

- Desmigar el pan impregnado de grasa en una fuente y mezclar con el chorizo y el tocino que se habían dejado aparte.

- Servir muy caliente.

olla gitana

1/4 kg (9 oz) de garbanzos
1/4 kg (9 oz) de judías verdes
1/4 kg (9 oz) de calabaza
3 peras
1 cebolla mediana
Tomates
1 diente de ajo
10 almendras tostadas

1 rebanada de pan
1 ct de pimentón
1 dl (3,4 fl oz) de aceite
    de oliva
2 cs de vinagre
2 1/2 l (85 fl oz) de agua
Azafrán
Sal y pimienta

- Poner los garbanzos a remojar la víspera; al día siguiente, colocar una olla al fuego con agua y, cuando rompa a hervir, añadir los garbanzos. Cocer a fuego lento durante 1h.

- Mientras, preparar la calabaza, cortando su pulpa en dados; despuntar las judías y cortar en pedazos; pelar las peras; pelar y picar los tomates; preparar las almendras y los ajos.

- Pasada 1 h de cocción de los garbanzos, añadir la calabaza, las peras y las judías verdes. Sazonar y mantener la cocción a fuego bajo.

- En una sartén, calentar aceite, freír una rebanada de pan y 2 dientes de ajo; reservar. En el mismo aceite, freír la cebolla; cuando comience a dorarse, añadir el tomate al frito; por último, y con cuidado, el pimentón.

- En un mortero, majar el pan frito, el ajo frito y las almendras, hasta conseguir una pasta fina. Diluir el machacado en el vinagre y añadir a la olla.

- Sazonar con el azafrán y agregar el sofrito anteriormente mencionado. Remover y prolongar la cocción durante unos minutos.

potaje de vigilia

200 g (7 oz) de garbanzos
1/2 kg (17 oz) de patatas
1 cebolla
2 dientes de ajo
4 cs de arroz
100 g (3,5 oz) de bacalao
1 vaso de aceite
1 cs de pimentón
Acelgas, espinacas o grelos
Sal

- Poner los garbanzos en remojo el día anterior. Cocer en una olla grande con abundante agua.

- Cuando estén a media cocción, agregar las patatas peladas y muy picadas, el arroz y la verdura, lavada y troceada muy menuda, y el bacalao, desalado y en pedacitos pequeños.

- En una sartén con aceite, dorar la cebolla y los ajos, retirar del fuego cuando esté tierna la cebolla y agregar el pimentón.

- Volcar luego el *rustido* sobre el potaje y dejar cocer hasta que las patatas estén casi deshechas.

pote asturiano

650 g (23 oz) de berzas
150 g (5 oz) de fabes (alubias blancas)
350 g (12,3 oz) de patatas
2 chorizos
150 g (5 oz) de lacón desalado
50 g (1,8 oz) de tocino
100 g (3,5 oz) de costilla de cerdo
Aceite
Sal

- Poner las *fabes* en remojo el día anterior. Picar la berza muy menuda y poner a cocer en una olla con agua y sal. Pasados unos momentos de hervor, sacar la berza y, quitándole el agua primero, poner de nuevo a cocer en otra agua con los chorizos, el lacón, previamente desalado, la costilla, el tocino y las patatas.

- Cocer las *fabes* y, cuando estén cocidas, juntar con el potaje de berza. Continuar con la cocción y, si es necesario, salar nuevamente. Procurar que no quede ni muy espeso ni muy caldoso.

pote gallego

1/2 kg (17 oz) de morcillo de vaca
1/2 kg (17 oz) de berza
300 g (10,6 oz) de alubias blancas
1/4 kg (9 oz) de jamón serrano
150 g (5 oz) de patatas
150 g (5 oz) de chorizo
150 g (5 oz) de tocino fresco
150 g (5 oz) de morcilla
1 ct de bicarbonato
Sal

- Poner las alubias en remojo el día antes por la noche, en agua fría con 1 ct de bicarbonato.

- En una olla grande con agua, echar la morcilla, el chorizo, la carne, el jamón y el tocino. Poner al fuego 2 h. Durante ese tiempo, retirar la espuma que flota en la superficie de vez en cuando con una espumadera.

- Calentar agua en otras dos cazuelas; en una, cocer las alubias durante 1 1/2 h y en la otra, la berza, durante 40 min.

- Cuando la berza y las alubias estén hechas, escurrir y echar en la olla de la carne, con las patatas, peladas y troceadas. Dejar cocer todo junto durante otros 20 min.

- Servir en una cazuela de barro.

psarosoupa
(sopa de pescado griega)

2 kg de pargo rojo limpio
2 cebollas medianas
4 tomates frescos
1/2 kg de zanahorias
5 ó 6 tallos de apio, con hojas
1/2 kg de calabacines pequeños
1 kg de patatas medianas
1 taza pequeña de aceite de oliva
2 cs de zumo de limón
sal marina
agua
1 taza pequeña de arroz
Para la salsa *avgolemeno*:
1 taza pequeña de aceite de oliva virgen extra
4 cs de zumo de limón

- Raspar las escamas del pescado. Cortar las aletas y la cabeza y desecharlas. Lavar bien el pescado para eliminar cualquier resto.

- En una olla para la sopa, llevar a ebullición 4 1/2 tazas pequeñas de aceite y agua a fuego medio. Añadir las cebollas finamente cortadas, las zanahorias y los tomates (ambos cortados en trozos grandes) y el apio picado; cubrir y hervir durante 15 min. Añadir las patatas, cortadas longitudinalmente en 6 rodajas cada una, y los calabacines, y seguir hirviendo, en la olla cubierta, durante 20 min. Añadir el pescado, tapar y seguir hirviendo durante 25 min. Retirar del fuego y deja reposar durante 10 min.

- Para la salsa, utilizar la licuadora. Echar el aceite de oliva virgen extra y el zumo de limón y batir a una potencia alta hasta que haya espesado (alrededor de 5 s).

- Con mucho cuidado, retirar el pescado y 3/4 de las verduras de la olla, utilizando una espátula con ranuras; colocar en un plato de servir. Verter la salsa sobre el pescado y las verduras. Cubrir y reservar.

- Verter el resto del caldo con las verduras en la licuadora (sin llenar el recipiente más de la mitad), y mezclar a una potencia elevada durante 7 s hasta obtener la consistencia de un puré. Verter en otra olla de sopa o en un bol grande. Seguir el mismo proceso hasta que todo el caldo y las verduras formen un puré. Si se utiliza un bol grande, enjugar la olla y verter allí la sopa.

- Añadir 8 1/2 tazas pequeñas de agua a la sopa y llevar a ebullición. Añadir el arroz y cubrir.

- Disminuir la temperatura a media-baja y dejar cocer durante 20 min. Retirar del fuego y añadir 2 cs de zumo de limón.

- Servir el pescado y las verduras en un plato y la sopa en una sopera o en unos cuencos individuales.

- Presentar con pimienta y gajos de limón, para aumentar el sabor. Añadir la salsa avgolemeno.

puré de lentejas

100 g (3,5 oz) de arroz
1/2 kg (17 oz) de lentejas
1 cubito de caldo de pollo
Cebolla
Sal

- Poner a cocer las lentejas y el arroz en agua fría durante 1 h. Echar además 2 cs de aceite y un pedazo de cebolla.

- Cuando se haya cocido, triturar todo con la batidora o el pasapurés.

- Colocar el puré en el fuego de nuevo y agregar el cubito de caldo de pollo disuelto en una pequeña cantidad de agua caliente, para mejorar su sabor.

- Hervir todo durante unos cuantos minutos más y salar al gusto.

- Servir el puré en una sopera, decorado con pedacitos de pan frito.

puré francés de verduras

150 g (5 oz) de guisantes
100 g (3,5 oz) de mantequilla
3 patatas
3 zanahorias
1 1/2 l (51 fl oz) de caldo de carne
2 puerros
1 rama de apio
1 colinabo
Perifollo picado

- Limpiar las zanahorias, las patatas, los puerros y el colinabo. Pelar y cortar en trozos no muy pequeños.

- En un recipiente puesto al fuego, echar un poco de mantequilla y, cuando caliente, rehogar las verduras troceadas en ella.

- En el mismo recipiente, echar el caldo y la rama de apio y llevar a ebullición.

- Pasados 30 min de cocción, agregar los guisantes, dejando que hiervan con el resto de los ingredientes durante 10 min.

- Una vez esté todo bien cocido, retirar del fuego y hacer puré con la batidora.

- Finalmente, incorporar la mantequilla que quedaba y mezclar hasta formar una crema fina.

- Presentar adornado con el perifollo picado.

salmorejo

1/2 kg (17 oz) de miga de pan del día anterior tipo pan de pueblo
200 ml (7 fl oz) de aceite de oliva virgen
1/2 kg (17 oz) de tomates maduros
2 dientes de ajo
2 huevos
Sal
Vinagre (mejor de vino blanco, aunque no es imprescindible)

- Remojar el pan en agua y escurrir para que suelte el agua.
- Poner el pan en un vaso de batidora con el aceite, los tomates troceados, los ajos, la sal y un poco de vinagre y batir a velocidad media-alta durante 5 min hasta formar una pasta homogénea.
- Probar de sabor y rectificar a nuestro gusto.
- Cocer los huevos hasta que estén duros. Trocearlos o picarlos.
- Servir adornando por encima con el huevo duro troceado o picado.

sopa bullabesa

200 g (7 oz) de merluza
200 g (7 oz) de dorada
200 g (7 oz) de rodaballo
200 g (7 oz) de salmonetes
100 g (3,5 oz) de lubina
100 g (3,5 oz) de lenguado
200 g (7 oz) de langostas
4 patatas pequeñas o 2 medianas
200 g (7 oz) de tomates
2 cebollas medianas
5 dientes de ajo
1 vaso casi lleno de aceite
Un ramillete de hierbas compuesto por tomillo, laurel,
* perejil e hinojo*
2 granos de pimienta
Un poco de azafrán en hebra
Sal
4 rebanadas de pan
1 chorrito de ajenjo
2 l (68 fl oz) de agua

- Poner a calentar una cazuela con agua, y cuando esta rompa a hervir, echar la patata, la cebolla y los tomates y, a continuación, los pescados limpios y cortados en 4 trozos. Seguidamente, añadir el aceite y el ramillete de hierbas aromáticas con la pimienta, 4 dientes de ajo, sal y unas briznas de azafrán.

- Después de dejar cocer 30 min; colar, vertiendo el caldo en una sopera y los pescados, rodeados de las hierbas, en una fuente. En otra fuente, colocar unas rebanadas de pan frito frotadas con ajo.

sopa de ajo

1 dl (3,4 fl oz) de aceite
1 cabeza de ajo
1 cebolla
1 tomate
Verduras (acelgas, espinacas, berros...)
1 ct de pimentón
Huevos
Pan

- En el aceite, freír los dientes de ajo y reservar; en ese mismo aceite, sofreír una cebolla tierna, un tomate pequeño trinchado y las verduras (acelgas, espinacas, berros). Una vez rehogados estos elementos, añadir 1 ct de pimentón dulce y añadir agua en cantidad suficiente. Agregar los ajos, machacados y diluidos en algo de agua caliente; sazonar el caldo y dejar cocer.

- En el último momento, 3 min antes de concluir la elaboración, escalfar en el caldo 1 huevo por comensal. Concluida la sopa, verter sobre rebanadas de pan, tostadas o fritas, y servir.

sopa de aleta de tiburón

50 g (1,8 oz) de fibras de aletas de tiburón limpias y secas.
1 filete de pechuga de pollo en tiritas
2 setas chinas
1 yema de bambú
1 cs de maicena
1 cs de salsa de soja
1 l (2,2 lb) de caldo de gallina
Sal
Pimienta
Ajinomoto
Jengibre bien picado
1 ct de café

- Dejar en remojo las aletas de tiburón 2 días antes y las setas chinas, 24 h antes. Hacer tiras los filetes de pollo. Picar bien el jengibre.

- Hacer un caldo echando todos los ingredientes, excepto la maicena y el *ajinomoto*.

- Cocerlo durante 1 h como mínimo.

- Diluir la maicena en agua fría. Añadir la maicena y el *ajinomoto* a la sopa. Servir.

sopa de almendras

100 g (3,5 oz) de almendras sin tostar
Unos granos de pimienta
Unos cominos
Un poco de azafrán
Unas ramas de perejil fresco
Ajo
4 rebanadas de pan para hacer la sopa
6 cs de aceite
Sal

- En una sartén con aceite, freír las almendras, el perejil y el ajo picados y las rebanadas de pan. Una vez frito, retirar el pan y reservar.

- Pasar el resto al mortero y machacar con el azafrán, los cominos y la pimienta. Diluir con un poco de agua, sazonar con sal y pasar a una cazuela. Cocer a fuego lento durante 5 min y añadir las rebanadas de pan, que deberán ser muy finas.

- Tapar y dejar reposar 5 min antes de servir.

sopa de arroz
con tiras de verdura y setas

150 g (5 oz) de arroz
150 g (5 oz) de champiñones
1 puerro mediano
1 zanahoria mediana
1 l (34 fl oz) de caldo de verduras (cubito)
Nuez moscada recién molida
Sal
Zumo de limón
Pimienta blanca recién molida

- Hervir el caldo, agregar el arroz y dejar cocer cubierto con una tapadera y a fuego medio durante 10 min.

- Limpiar el puerro, seccionar a lo largo, lavar cuidadosamente y cortar en aros muy finos.

- Pelar la zanahoria. Lavar y rallar en la parte más gruesa del rallador.

- Limpiar los champiñones, lavar con una rápida pasada bajo el grifo y laminar con el cortador de huevos.

- De inmediato, echar el zumo de limón sobre ellos, para evitar que se ennegrezcan.

- Agregar los aros de puerro, la ralladura de zanahoria y los champiñones laminados a la sopa.

- Poner todo junto a cocer durante 10 min más a fuego lento.

- Finalmente, añadir la nuez moscada, la sal y la pimienta blanca.

sopa de cebolla

1 kg (2,2 lb) de cebollas
1 vaso de aceite de oliva
2 l (68 fl oz) de caldo
150 g (5 oz) de queso rallado
Rebanadas finas de pan tostado
Pimienta
Sal
Tomillo

- Pelar y picar las cebollas en láminas.

- Rehogar en una sartén con aceite y pimienta.

- Posteriormente, dejar cocer lentamente hasta que adquieran una textura transparente.

- Aparte, poner en una cazuela los 2 l (68 fl oz) de caldo, con el tomillo, la sal y el resto de la pimienta.

- Incorporar la cebolla a la mezcla anterior y poner a hervir todo junto durante 25 min a fuego suave.

- Poner en recipientes individuales, colocando sobre la sopa unas rebanadas de pan tostado espolvoreadas con queso.

- Por último, gratinar la sopa en el horno y servir caliente.

sopa de guisantes con menta

150 g (5 oz) de guisantes
0,6 l (21,2 fl oz) de caldo de carne
100 g (3,5 oz) de nata líquida
3 1/2 cs de mantequilla
1/2 cs de hojas de menta picadas
1 cs de puerro picado
1 cs de harina
1 cs de cebolla picada
1 cs de nabo picado
Sal

- En un recipiente puesto al fuego con la mantequilla, echar la cebolla, el nabo y el puerro picados. Rehogar unos instantes y añadir la harina.

- Agregar a esto 1/2 l (17 fl oz) de caldo, sazonar y batir con las varillas de la batidora, evitando que se formen grumos. Dejar al fuego 20 min.

- En un cazo, verter el resto del caldo y, cuando esté bien caliente, cocer los guisantes en él durante 8 min.

- Colar el caldo hasta que quede limpio y triturar bien los guisantes, hasta que adquieran consistencia de puré.

- Incorporar la nata líquida y 1/2 cs de mantequilla al puré de guisantes y al caldo. Llevar a ebullición.

- Presentar la sopa en platos individuales y espolvorear con la menta picada.

Este plato puede servirse frío o caliente.

sopa de hinojo
con tiras de jamón

600 g (21,2 oz) de hinojo
1/4 kg (9 oz) de jamón cocido en lonchas gruesas
El zumo de 1/2 limón
1 l (34 fl oz) de caldo de verdura (cubito)
2 cs de mantequilla
Pimienta blanca recién molida
1 ct de semilla de hinojo

- Lavar el hinojo, despojar de las hojas y reservar estas.
- Partir el bulbo por la mitad y cortar en tiras finas.
- Calentar la mantequilla en un cazo. Tostar la semilla de hinojo en él sin perder tiempo.
- Agregar el hinojo, sofreír brevemente y añadir el caldo de verdura.
- Dejar alcanzar el primer hervor y seguir hirviendo durante otros 15 min.
- Finalmente, incorporar el zumo de limón, la pimienta y la sal.
- Preparar el jamón cocido despojándolo de su parte grasa, cortar a lo largo y hacer tiras delgadas.
- Añadir el jamón a la sopa.
- Picar las hojas verdes del hinojo muy finas y dejar caer sobre la sopa antes de servir.

SOPAS, CREMAS, PURÉS Y LEGUMBRES

sopa de marisco

150 g (5 oz) de pan
4 cs de cebolla picada
1 cs de perejil picado
1 diente de ajo
2 huevos cocidos
1 cs de pimentón
Pimienta
Agua de la cocción del marisco
Algo de marisco desmenuzado
Aceite

- Hacer esta sopa cuando se haya cocido algún marisco, sea del tipo que sea. Colar el agua y reservar para hacer la sopa. Dejar también unas patas o unas almejas para poder desmenuzar y añadir al caldo.

- Cortar el pan en cuadraditos, dorar en el aceite y reservar. En el aceite sobrante, estofar la cebolla muy picadita; cuando esté blanda, añadir el perejil y el diente de ajo. Sazonar con pimienta y agregar el pimentón.

- Verter este *rustido* sobre el agua de cocción de los mariscos y dejar que dé un hervor.

- En una sopera, disponer los picatostes de pan frito, los huevos duros picados y el marisco desmenuzado, volcar encima el caldo hirviendo y dejar reposar unos minutos antes de servir.

sopa de pasta

100 g (3,5 oz) de pasta (fideos, estrellas, etc.)
2 l (68 fl oz) de agua
1 trozo de panceta de 75 g (2,6 oz)
1 chorizo
Sal

- Poner a cocer la panceta y el chorizo en una olla.
- Dejar 1 h, hasta que esté blando el tocino.
- Entonces, añadir el chorizo y la pasta y dejar cocer hasta que esta esté un poco deshecha.
- Rectificar la sal, si es necesario.

sopa de pescado

1 kg (2,2 lb) de mejillones
1 kg (2,2 lb) de vieiras
1/2 kg (17 oz) de almejas
1 kg (2,2 lb) de cangrejos
1/2 kg (17 oz) de chipirones
2 puñados de arroz
2 cebollas
2 pimientos verdes
2 dientes de ajo

- Poner las cebollas, los pimientos y los dientes de ajo picados en una cazuela con aceite caliente.

- Una vez hechos, sin llegar a dorarse, añadir el arroz, rehogar, añadir agua y continuar con la cocción.

- Abrir las almejas, las vieiras y los mejillones en un recipiente con un poco de agua.

- Quitar las conchas, colar el líquido de la cocción y reservar.

- Agregar el arroz, los chipirones troceados, los cangrejos y el jugo de la cocción anterior.

- Cocer el arroz hasta que esté hecho, y por último, añadir las almejas, las vieiras y los mejillones antes de servir.

sopa de pollo
con fideos orientales

1 pollo
100 g (3,5 oz) de fideos orientales
100 g (3,5 oz) de brotes de soja
1 manojo de verduras para caldo
1 cebolla
1 l (34 fl oz) de agua
1 ct de harina de fécula
1 cs de cilantro picado
Pimienta blanca y sal

- Cortar la carne en trocitos pequeños. Trocear el pollo y separar la piel y los huesos de la carne.

- En un recipiente con agua puesta a calentar, echar la piel y los huesos del pollo con la verdura, salpimentar y dejar cocer 1 h.

- Salar la carne picada, mezclar con la harina de fécula y dar forma hasta lograr bolitas pequeñas.

- Quitar el exceso de grasa al caldo resultado de la cocción anterior y colar hasta quedar completamente limpio de impurezas.

- Volver a poner a hervir este caldo, ahora acompañado de las bolitas de pollo, y dejar al fuego durante aproximadamente 5 min. Pasado ese tiempo, sacar la carne y dejar aparte.

- Pelar la cebolla y cortar en rodajitas.

- Trocear los fideos e incorporar a la sopa. Echar los brotes de soja y la cebolla en la sopa. Dejar cocer un poco.

- Finalmente, añadir de nuevo las bolitas de carne y el cilantro picado. Cuando las bolitas de pollo estén bien calientes, servir.

sopa de setas con nata

700 g (24,6 oz) de setas
1/2 kg (17 oz) de nata líquida
1 1/2 l (51 fl oz) de caldo de ave
1 cebollita francesa
1 manojo de cebollas tiernas
1 manojo de cebollinos
5 cs de aceite de pepita de uva
Pimienta blanca
Sal

- Limpiar las cebollas tiernas y cortar en rodajas. Limpiar las setas y cortar en trocitos.

- En un recipiente puesto al fuego, calentar 3 cs de aceite y echar las rodajas de cebolla y 1/2 kg (17 oz) de setas. Dejar rehogar.

- Seguidamente, agregar 1/4 kg (9 oz) de nata líquida, sal, pimienta y el caldo. Dejar hacerse durante 15 min.

- Triturar bien la cebolla y las setas y colar todo hasta que solo quede el caldo. Reservar.

- Poner al fuego una sartén con el resto del aceite.

- Pelar y picar la cebollita francesa y, cuando esté caliente el aceite, freír en la sartén, con las setas que quedaban. Salpimentar al gusto.

- Batir la nata restante y agregar al caldo que se mantenía aparte, mezclándolo con las varillas de la batidora hasta que adquiera una consistencia espumosa.

- Repartir las setas en platos hondos, completar con la sopa y adornar con cebollino picado.

sopa juliana

2 puerros
1 cebolla
2 zanahorias
1 tomate
1 rama de apio
1 patata
1 cubito de caldo
Aceite de oliva
Sal

- Lavar todas las verduras y cortar en trozos muy pequeños, incluyendo la patata.

- Poner una cazuela al fuego con aceite y, cuando esté caliente, rehogar las verduras y dejar tapadas y a fuego lento unos minutos.

- Echar aproximadamente 2 l (68 fl oz) de agua en un recipiente, añadir el cubito de caldo y llevar a ebullición.

- Echar sobre las verduras rehogadas.

- Dejar cocer durante 10 min, removiendo de vez en cuando con una cuchara de madera.

- Probar y rectificar de sal, si es necesario.

sopa *miso*

3 cs de miso
2 cs de alga wakame
125 g (4,4 oz) de tofu
1 cebollino
1/2 l (17 fl oz) de caldo dashi *o caldo de pescado*

- Hidratar las algas *wakame* en un recipiente con agua durante 15 min.
- Escurrir y trocear.
- Cortar el tofu en dados de 1 cm (0,4 pulgadas) de lado, y el cebollino, en rodajas finas.
- Calentar el caldo sin dejarlo hervir.
- Añadir el *miso* al caldo y dar vueltas hasta que se disuelva bien. Echar las algas, el tofu y, finalmente, el cebollino como adorno.

sopa picante de gambas
(kung tom yam)

450 g (16 oz) de gambas crudas
1 cubito de caldo de ave
1 bastoncito de cidronela
El zumo de 1/2 limón verde
1 zanahoria
150 g (5 oz) de fideos chinos
1 pimiento
1 cs de salsa de soja
Algunas hojas de cilantro fresco

- Pelar y reservar las gambas crudas. Partir el batoncito de cidronela en dos y machacarlo.

- Colocar las cáscaras en una cacerola con 1 l (34 fl oz) de agua y añadir el cubito de caldo de ave y la cidronela.

- Dejar macerar durante 10 min y pasar por el cedazo.

- Pelar y cortar la zanahoria en finas láminas. Volver a verter el caldo en una cacerola y poner las gambas, la zanahoria y los fideos a hervir durante 6 u 8 min. Añadir el zumo de limón verde y la salsa de soja.

- Servir caliente, con una rodaja fina de pimiento rojo y hojas de cilantro fresco.

vichysoisse

3 puerros grandes
4 patatas medianas
1 cebolla mediana
100 ml (3,5 fl oz) de caldo vegetal
100 ml (3,5 fl oz) de leche
100 ml (3,5 fl oz) de nata para cocinar

1 ct rasa de sal
1 ct de pimienta negra
  recién molida
2 cs de mantequilla
2 cs de cebollino picado
  o perejil para decorar

- Poner un cazo con capacidad para 2 l (68 fl oz) a fuego medio, con la mantequilla; mientras se deshace, separar las partes blancas del puerro, y hacer un corte longitudinal empezando a 10 cm (4 pulgadas) de la raíz y acabando en el otro extremo, seccionando la parte alta del tallo en dos mitades. Desechar las raíces y lavar bien con agua fría.

- Cortar a lo ancho en tiras de 1/2 cm (0,2 pulgadas) e incorporar a la mantequilla.

- Cortar la cebolla también en trozos pequeños y añadir al cazo. Saltear todo junto intermitentemente.

- Pelar las patatas y partirlas en trozos no muy grandes. Cuando el puerro y la cebolla estén blandos y bien pochados, echar toda la patata al cazo y rehogar el conjunto durante 5 min aproximadamente.

- Cubrir las verduras con el agua y la leche. Reducir el fuego al mínimo cuando empiece a hervir; cocer durante 15 min aproximadamente.

- Cuando la patata esté ablandada, pasar el contenido del cazo a una batidora y triturar bien. Introducir esta mezcla en la nevera para servirla fría.

- Añadir la nata cuando se vaya a consumir. Adornar con el perejil picado.

ARROCES, PASTA Y PATATAS

arroz a banda

400 g (14 oz) de arroz
4 ñoras grandes
1/2 kg (3,3 lb) de morralla
Unas hebras de azafrán
1/2 l (51 fl oz) de agua
650 g (23 oz) de tomate natural
Ajos
Sal
Aceite

- Para elaborar el fondo (caldo), freír los ajos y el tomate con el azafrán.

- Hervir agua; freír también las ñoras y añadir; además, poner el pescado y dejar hervir durante 15 min. Transcurrido este tiempo, colar todo para extraer el caldo.

- En una paellera, sofreír el arroz con el aceite y echar el caldo obtenido; dejar a fuego fuerte durante 10 min; comprobar la sal y dejar cocer el arroz.

arroz a la marinera

1/4 kg (9 oz) de arroz
1/4 kg (9 oz) de rape
1/4 kg (9 oz) de mejillones
100 g (3,5 oz) de gambas
1/4 kg (9 oz) de almejas
2 tomates
1 cebolla
1 rama de perejil
2 dientes de ajo
1 pimiento morrón
Aceite
Azafrán
Vino
Sal

- Sofreír la cebolla picada en una cazuela con aceite.

- A continuación, añadir los tomates, pelados y cortados en trozos pequeños. Dejar rehogar y agregar el ajo machacado, el perejil, el azafrán, el vino y un poco de sal. Tapar y dejar al fuego 15 min.

- Cortar el pimiento en tiras y freír en una sartén con aceite bien caliente.

- Añadir el pimiento frito, el rape troceado, el arroz y doble medida de agua que de arroz a la cazuela. Cocer durante 10 min.

- Seguidamente, incorporar los mejillones, las almejas y las gambas peladas. Añadir sal y dejar 5 min más al fuego.

- Servir bien caliente.

arroz al horno

1/4 kg (9 oz) de garbanzos
400 g (14 oz) de arroz
2 patatas medianas
3 tomates
1 pimiento rojo
1 cabeza de ajos
1/4 kg (9 oz) de morcilla de carne
1 dl (3,4 fl oz) de aceite
Azafrán
Sal

- Poner los garbanzos en remojo durante 12 h; después, cocer solo con agua hasta que estén tiernos. Al final de la cocción, sazonar con sal y una pizca de azafrán.

- Aparte, en una sartén, hacer un sofrito de tomate con 2 dientes de ajo. A continuación, añadir unas rodajas de patata y tomate, unas tiras de pimiento rojo y 1 cabeza de ajos.

- Sofreír todo bien y agregar el arroz sin dejar de remover (la proporción adecuada es de 5 partes de arroz por 9 de agua).

- Trasladar el conjunto a una cazuela de barro y añadir los garbanzos y el caldo muy caliente; mezclar todo bien y rectificar la sal y el azafrán.

- Para finalizar, disponer todo armoniosamente, la cabeza de ajos en el centro y a su alrededor las rodajas de tomate alternando con las rodajas de morcilla y las tiras de pimiento. Hornear a 200 ºC aproximadamente durante 15 ó 20 min.

arroz *basmati* con verduras

2 *vasos de arroz* basmati
2 *vasos de caldo de verdura o agua*
1 *pimientos verdes*
1 *pimiento rojo*
2 *calabacines*
1 *berenjena*
1 *diente de ajo*
Aceite de oliva virgen
Sal

- Lavar y trocear todas las verduras. Picar el ajo muy fino. Poner a pochar el diente de ajo y añadir el resto de verduras.

- Salar ligeramente y dejar cocer a fuego lento, poco a poco. Cuando la verdura esté casi lista, añadir el arroz y rehogar bien. Hervir el caldo de verdura o el agua, y, cuando empiece la ebullición, incorporarlo al arroz en la misma proporción.

arroz blanco
con huevos y tomate

2 vasos de arroz
4 huevos
4 dientes de ajo
Perejil
Aceite
Sal

Para la salsa de tomate:
1 kg (2,2 lb) de tomates
1/2 cebolla
Aceite
Azúcar

- Poner un poco de aceite en una cazuela al fuego, añadir el ajo muy picadito y el arroz. Rehogar un momento sin dejar de remover.

- Añadir 4 vasos de agua y un poquito más, tomando como medida el mismo recipiente utilizado para medir el arroz.

- Poner sal, añadir perejil picado y tapar la cazuela hasta que el agua empiece a hervir.

- Quitar la tapa cuando hierva y bajar el fuego. Dejar cocer lentamente durante 18 min.

- Hacer la salsa de tomate, poniendo un poco de aceite en una sartén al fuego. Cuando esté caliente, echar la cebolla picada y, un poco antes de que se dore, echar los tomates pelados y picados.

- Dejar cocer hasta que el tomate esté hecho, poner sal y un poquito de azúcar para eliminar la acidez. Si se desea, pasar por el pasapurés.

- Cuando el arroz esté prácticamente hecho, retirar del fuego, tapar la cacerola (mejor con un paño de cocina limpio) y dejar reposar.

- Freír los huevos.

- Poner el arroz en un molde de rosca, volcar sobre una fuente de servir y colocar alrededor los huevos fritos y la salsa de tomate en el centro.

arroz caldoso con navajas

1/2 kg (17 oz) de navajas
2 tazas de arroz bomba
1 diente de ajo
1 trozo de puerro
1/2 cebolleta
1/2 pimiento rojo
1/2 bote de tomate triturado
Azafrán
1/2 vaso de vino blanco
1 l (34 fl oz) de caldo de pescado
Aceite de oliva
Sal

- Lavar bien las navajas con agua fría y sal.

- Echar un chorrito de aceite en la paellera y poner las navajas en ella para que se abran. Quitar del fuego cuando se hayan abierto y reservar la carne.

- En la misma paellera, añadir un poco más de aceite, picar todas las verduras en trozos pequeños y hacer el sofrito. Cuando esté todo bien pochado, echar el vino blanco, dejar evaporar el alcohol y añadir el arroz. Dar algunas vueltas al arroz.

- 30 min después, añadir la carne de las navajas. Dejar cocer 2 min más y reposar otros 5 min. Servir.

arroz chino con verduras

150 g (5 oz) de arroz de cocción rápida
5 cs de salsa de soja
Aceite de soja
Jerez
1/4 l (9 fl oz) de caldo de verduras (cubito)
4 cebollas tiernas
2 dientes de ajo
2 zanahorias medianas
Sal
Pimienta negra recién molida
Una pizca de pimienta de Cayena
150 g (5 oz) de gérmenes de salsa de soja, frescos o en conserva

- En una olla, poner a hervir el caldo de verdura, añadir el arroz de cocción rápida y esperar aproximadamente 5 min hasta que este se hinche.

- Lavar los gérmenes de soja y, posteriormente, escurrir bien.

- Pelar las zanahorias y, con el rallador de verduras, reducir a rodajas finas.

- Limpiar, lavar y cortar las cebollas en aros finos.

- Poner el aceite de soja a calentar en una sartén ancha o en un *wok*. Glasear aquí las cebollas, las zanahorias y los gérmenes de soja durante 10 min y remover todo cada cierto tiempo.

- Pelar los dientes de ajo, prensar y agregar a la sartén, regar después con el jerez y la salsa de soja. Posteriormente, echar abundante pimienta negra, sal y pimienta de Cayena.

- Finalmente, incorporar el arroz. Calentar durante un corto espacio de tiempo con la verdura y servir al momento.

arroz con almejas

1/4 kg (9 oz) de arroz
1/2 kg (17 oz) de almejas
1 vaso pequeño de vino blanco
1/2 cebolla
1 tomate
Aceite
Azafrán
Sal

- Poner las almejas en vino con sal y cocer hasta que se abran. Reservar las almejas y el caldo por separado.

- En una cazuela con aceite caliente, echar la cebolla picadita y dejar freír hasta que empiece a dorarse.

- Entonces, añadir el tomate pelado y sin semillas. Dejar sofreír.

- Echar el arroz y rehogar removiéndolo un poco.

- Añadir el caldo que soltaron las almejas muy caliente, y completar con agua hasta obtener el doble de volumen de líquido que de arroz.

- Poner el azafrán molido, rectificar la sal y dejar cocer.

- Antes de servir, añadir las almejas.

arroz con chipirones y ajos tiernos

600 g (21,2 oz) de arroz
400 g (14 oz) de chipirones
400 g (14 oz) de ajos tiernos
3 ñoras
3 tomates naturales
Aceite de oliva
Pescados para el fondo (gallineta, cintas, serranos, etc.)
Azafrán
Ajos secos

- Freír los ajos y el tomate, y echar a un recipiente donde estará cociendo el agua; incorporar el azafrán y las ñoras previamente fritas; por último, los pescados; llevar a ebullición y mantener durante 15 min. Transcurrido ese tiempo, retirar del fuego y colar el caldo.

- En una cazuela de barro, rehogar el arroz y los chipirones en 8 cs de aceite; después, añadir el caldo hasta que cubra el conjunto. Poner a fuego fuerte durante 10 min. Comprobar el gusto de sal, y, en su caso, rectificar. Bajar a fuego lento y cocer durante 7 min más.

arroz con congrio

150g (5 oz) de judías verdes
150 g (5 oz) de judiones de la variedad denominada garrofó
150 g (5 oz) de la variedad denominada ferradura *o* tavella
   (pueden sustituirse por guisantes y alcachofas tiernas)
4 ajos tiernos
2 tomates maduros
1 pimiento rojo
Aceite de oliva
Azafrán
Sal
1/4 kg (9 oz) de arroz
1 kg (2,2 lb) de congrio

- Limpiar el congrio y separar la cabeza y la cola, pues esta tiene muchas espinas; del centro, hacer unas tajadas regulares. Con la cabeza y cola, elaborar un caldo para cocer el arroz.

- Sofreír las verduras hasta que queden tiernas, agregar el tomate y el caldo de cocción al sofrito. Prolongar esta durante 20 min.

- Añadir el arroz e incorporar los trozos de congrio y el pimiento rojo en 6 pedazos. Rectificar la sal y añadir el azafrán. Prolongar la cocción durante 25 ó 30 min, vigilando el fuego y bajando su intensidad si es preciso, pues el arroz debe servirse ligeramente caldoso.

arroz con especias al zumo de limón

1/4 kg (9 oz) de arroz largo
El zumo de 1 limón
2 l (68 fl oz) de agua
4 cs de aceite
4 cs de nueces picadas
2 cs de cilantro picado
2 cs de cacahuetes picados
1 ct de cúrcuma
1 ct de mostaza negra en grano
Sal

- Cocer el arroz en un recipiente con agua salada durante 12 ó 15 min. Escurrir bien y reservar.

- Colocar una sartén con aceite al fuego y freír la cúrcuma, las nueces, los cacahuetes y la mostaza en ella.

- Sobre estas especias, agregar el arroz, mezclar con ellas y mantener al fuego hasta que adquiera un tono dorado.

- Finalmente, rociar con el zumo de 1 limón y revolver para que todo el arroz se impregne con él.

- Presentar en una fuente adornado con el cilantro picado.

arroz con pata

2 patas de ternera abiertas en
   canal que pesen 3 kg (6,6 lb)
Hueso de jamón
Tomate
600 g (21,2 oz) de arroz
2 cebollas
150 g (5 oz) de chorizo
75 g (2,6 oz) de morcilla

4 dientes de ajo en láminas
300 g (10,6 oz) de garbanzos
   cocidos
6 l (204 fl oz) de agua
Aceite de oliva
Pimienta
Clavo
Azafrán y sal

- Colocar las 2 patas de ternera, abiertas en canal, con el hueso de jamón, 1/3 del tomate, las especias y el agua en una olla, durante 2 h aproximadamente.

- Una vez cocido y frío el caldo, retirar los huesos y cortar la pata en pedazos pequeños, dejándolos en un plato. Reservar el caldo sobrante aparte, que son 3 l (101 fl oz) aproximadamente, debidamente colado.

- A continuación, poner a calentar la mitad del aceite en una sartén honda y, una vez alcance la temperatura adecuada, sofreír la cebolla cortada, la mitad del tomate restante, y, finalmente, los embutidos (morcilla y chorizo), también cortados en trozos pequeños.

- Conseguido el sofrito, añadir la pata troceada y 3/4 l (26,5 fl oz) de caldo, y dejar cocer 15 min.

- En una cazuela de barro, colocar el aceite y, cuando esté caliente, incorporar los ajos; en el momento en que estos se hayan dorado, agregar el resto del tomate, dejando reducir todo el conjunto. Después, añadir los garbanzos y el arroz, realizando su sofrito.

- A continuación, incorporar el caldo reservado. Cocer 5 min y sumar las patas al guiso. Prolongar la cocción entre 15 y 20 min y, al retirar del fuego, antes de servir, dejar reposar 5 min más.

arroz frito con pollo
(Nasi goreng)

1/2 kg (17 oz) de arroz
100 g (3,5 oz) de cerdo
100 g (3,5 oz) de beicon
50 g (18,8 oz) de puerro
50 g (18,8 oz) de gambas
100 g (3,5 oz) de jamón
1 diente de ajo
1 pimiento rojo
1 ct de jengibre
Salsa de soja
Sal

- Cocer el arroz y reservar.

- Cortar el cerdo, el jamón, el beicon y el puerro en taquitos. Calentar aceite en una sartén y añadir 1 cs de jengibre. Una vez caliente, añadir en la sartén el beicon, el cerdo y parte de los puerros A continuación, agregar el jamón y las gambas. Reservar parte de las gambas, que usaremos más tarde en la decoración. Remover durante unos minutos.

- Cuando estos ingredientes estén cocinados a nuestro gusto, sacar de la sartén. Usar el líquido resultante para dorar el arroz en esa misma sartén. Después de 2 min, añadir los ingredientes ya cocinados. Remover hasta que la mezcla quede homogénea. Añadir la sal y salsa de soja a esta mezcla y remover. Dejar a fuego lento para mantener el calor.

- Mientras, en otra sartén con un poco de aceite, poner las gambas y el puerro que hemos reservado y cocinar.

- Servir el arroz con el resto de los ingredientes y usar las gambas y puerros para decorar el plato.

arroz negro

400 g (14 oz) de arroz
1 kg (2,2 lb) de sepiones de playa
1 dl (3,4 fl oz) de aceite de oliva
1 ñora
Perejil
Limón
1 cabeza de ajos
3 tomates maduros
Aceite
Alioli

- Limpiar los sepiones y poner a cocer, sin quitar la tinta, con el agua justa.

- Seguidamente, poner la paellera al fuego con el aceite. Una vez caliente, freír la ñora y retirar a un mortero. Majar muy finamente 1 cabeza de ajos, 3 tomates maduros, aceite, limón y perejil para obtener un majado de *salmorreta*.

- En el mismo aceite, echar unas cucharadas del majado y el arroz; sofreír todo un poco. Añadir los sepiones cocidos con su caldo. Sazonar con sal y azafrán y cocer entre 18 y 20 min.

- Servir acompañado de alioli.

arroz *pilaf*

3/4 l (26,5 fl oz) de caldo de carne
1/4 kg (9 oz) de arroz
60 g (2,1 oz) de pasas de Corinto
60 g (2,1 oz) de piñones
60 g (2,1 oz) de mantequilla
1 cebolla
Cilantro
Azafrán
Pimienta negra
Semillas de hinojo
Sal

- En un recipiente, llevar agua a ebullición e introducir en ella el arroz durante unos segundos. Una vez escaldado, escurrir.

- En una cazuela, poner a calentar la mantequilla.

- Pelar y cortar en trozos la cebolla. Echar en la mantequilla caliente, friéndola ligeramente.

- A continuación, agregar el resto de los ingredientes: primero el arroz y los piñones, luego el caldo y unas hebras de azafrán y finalmente, las pasas y una pizca de cilantro e hinojo.

- Salpimentar y tapar con un paño, dejando que se haga durante 20 min o hasta que el arroz esté cocido.

Este plato suele acompañar al pollo al *curry* o a la carne de cordero.

barquitos de patata

10 patatas medianas
100 g (3,5 oz) de bonito (puede ser enlatado)
2 yemas de huevo
50 g (1,8 oz) de pimientos
2 zanahorias
80 g (2,8 oz) de lengua escarlata
3 cs de vinagre
Aceite
Sal

- Seleccionar las patatas, lisas, iguales y de regular tamaño, y cocer con su piel; ya cocidas, pelar y partir por la mitad, a lo largo, haciendo una cavidad en el centro y allanando la parte de abajo, para que se sostengan en la fuente.

- Elaborar el relleno con el meollo de las patatas, el bonito, la lengua escarlata, las yemas de huevos duros, todo bien troceado y mejor revuelto, aceite y vinagre. Completar con este relleno los huecos practicados en las patatas, que toman la forma de barcos.

- Finalmente, disponer un picadillo de pimiento por encima y colocar cada barquita en una rodaja de pimiento morrón, rodeada de zanahorias cocidas y cortadas en pequeñas rodajas.

caldero murciano

800 g (28 oz) de dorada
800 g (28 oz) de gallineta
600 g (21,2 oz) de mújol
400 g (14 oz) de arroz de Calasparra
4 ñoras
4 dientes de ajo
1/4 kg (9 oz) de tomate frito
100 ml (3,5 fl,oz) de aceite de oliva
2 pizcas de hebras de azafrán
Sal

- Limpiar y trocear los pescados. Pelar los dientes de ajo. Quitar las semillas de las ñoras. Calentar el aceite en una cazuela y sofreír los ajos y las ñoras. Cuando las ñoras estén doradas, retirarlas y machacarlas en un mortero. Añadir a la cazuela el tomate frito, el pescado troceado, las ñoras machacadas y agua que cubra el preparado.

- Condimentar con sal y hebras de azafrán y dejar a fuego medio hasta que el pescado esté cocido. Retirar el pescado y reservarlo. Quitar los dientes de ajo y machacarlos en un mortero; añadir un poco de aceite y reservar.

- Pasar el caldo por un colador chino, llevarlo al fuego y, cuando alcance el punto de hervor, echar el arroz, en proporción de 1 parte de arroz por 2 de líquido. Cocer durante 20 min aproximadamente.

- Dejar reposar 5 min.

canelones con langostinos

16 canelones
200 g (7 oz) de langostinos
2 huevos crudos
1/4 l (9 fl oz) de leche
150 g (5 oz) de harina
1 taza grande de cerveza
Nuez moscada
Pimienta blanca en polvo
Sal
8 cs de aceite
4 cs de manteca de cerdo

- En una cazuela plana, hervir los canelones con agua, sal y un poco de aceite para que no se peguen, durante 12 min. Con precaución, y utilizando una espumadera, retirar los canelones de la cazuela. Introducir en una vasija con agua fría y colocar, rápidamente, encima de un trapo para escurrir el agua.

- Hacer una salsa blanca, espesa, con la leche, 2 cs de harina, 2 cs de manteca, pimienta, sal y un poco de nuez moscada rallada.

- Freír los langostinos en algo de manteca, sal y 1 cs de agua. Echar la salsa que queda después de freír en la salsa blanca, 1 huevo (clara y yema) y los langostinos pelados y cortados en trozos. Mantener 5 min al fuego, revolviéndolos constantemente. Rellenar los canelones con esta farsa. Envolver bien. Poner en un cazo el otro huevo, sal, pimienta, nuez moscada, el resto de la harina, 2 cs de manteca derretida, la cerveza y 1 taza pequeña de agua, trabajando todo junto en frío. Rebozar los canelones con esta pasta y freír en el resto del aceite muy caliente.

ceebu jen
(arroz con pescado)

1/2 kg (17 oz) de arroz
1/2 kg (17 oz) de pescado
100 g (3,5 oz) de pescado seco
Col verde
1 zanahoria
1 mandioca
1 cebolla
1 berenjena
1 limón

2 cs de aceite
1/4 l (9 fl oz) de tomate
  concentrado
100 g (3,5 oz) de sal
1/4 de diente de ajo
Pimienta
Perejil
Pimiento seco

- Moler el diente de ajo con 1/2 paquete de perejil, sal, pimienta (en grano o en polvo) y un poco de pimiento seco.

- Limpiar el pescado e introducir el relleno preparado anteriormente.

- Calentar el aceite en una olla, verter la cebolla, sal y tomate diluido en un poco de agua. 2 min después, introducir el pescado y dejar cocer a fuego lento durante 5 min aproximadamente.

- Pelar las verduras. Añadir 1 1/2 l (51 fl oz) de agua y las verduras, dejar cocer durante 1h. Cuando las verduras estén cocidas, retirarlas con el pescado y un poco de salsa. En el líquido que queda, verter el arroz limpio, cubrir y dejar cocer durante 15 min.

- Servir el arroz en un plato caliente, acompañado por las verduras y el pescado.

espaguetis con ajo y perejil

1/2 kg (17 oz) de espaguetis
5 dientes de ajo morado
Perejil
75 ml (2,6 fl oz) de aceite de oliva extra virgen
Sal
Pimienta negra en grano

- Cocer la pasta en abundante agua hirviendo ligeramente salada, dejándola al dente.

- Cortar los ajos en rodajitas. Mientras se cuece la pasta, freír los ajos en una sartén con aceite de oliva, a fuego suave, hasta que estén ligeramente dorados.

- Una vez cocida la pasta, escurrir, no por completo, en una fuente de servir. Añadir inmediatamente el sofrito de los ajos y mezclar con abundante perejil bien picado.

- Finalmente, espolvorear con pimienta negra recién molida y adornar con una ramita de perejil.

fideos de arroz con gambas

1/4 kg (9 oz) de fideos chinos (de arroz)
150 g (5 oz) de pechuga de pollo
150 g (5 oz) de gambas peladas
1/4 kg (9 oz) de champiñones en láminas
1 pimiento rojo
3 cs de aceite de oliva

- Lavar los champiñones y cortar en tiras el pollo y el pimiento. Saltear estos ingredientes en una sartén con las 3 cs de aceite durante 20 min. Añadir las gambas y saltear un rato más hasta que se vuelvan de color blanco.

- Llevar a ebullición 2 l (68 fl oz), retirar del fuego y echar los fideos, manteniéndolos en remojo entre 3 y 5 min, removiendo un poco. Escurrirlos bien, añadir a la sartén y saltear todo junto durante 2 min.

- Servir recién hecho.

fideuá al estilo de Gandía

600 g (21,2 oz) de fideos
600 g (21,2 oz) de cigalas
1/4 kg (9 oz) de gambas
200 g (7 oz) de tomate picado
2 dientes de ajo
1 1/2 dl (5 fl oz) de aceite
Unas hebras de azafrán
Una pizca de pimentón
2 l (68 fl oz) de caldo de pescado

- Colocar la paellera sobre fuego con el aceite; cuando esté bien caliente, incorporar las cigalas y las gambas, y sofreír bien; añadir el ajo, el pimentón y el tomate, continuándose el sofrito; más tarde, añadir y sofreír el rape.

- Una vez conseguido el sofrito, incorporar el caldo y dejar cocer aproximadamente 20 min; cuando haya arrancado el hervor, agregar los fideos. Cocer los fideos durante 15 min a fuego fuerte, y luego 5 min a fuego bajo.

- Antes de servir, dejar reposar, pues los fideos han de embeber todo el caldo.

gratinado de *tortellini* con verduras

1/2 kg (17 oz) de tortellini
3 huevos
1/8 l (4,2 fl oz) de leche
400 g (14 oz) de calabacines
100 g (3,5 oz) de parmesano recién rallado
3 cs de mantequilla
2 dientes de ajo
Pimienta negra recién molida, sal y nuez moscada

- Poner a cocer los *tortellini* en agua hirviendo con sal, siguiendo las instrucciones que indica el envase.

- Posteriormente, utilizar un colador para escurrir bien.

- Lavar los calabacines, despojar de la parte de la flor y rallar con el rallador de verduras, evitando que queden demasiado finos.

- Precalentar el horno a 220 °C (425 °F).

- Fundir 2 cs de mantequilla en una sartén, y rehogar las ralladuras de calabacín durante 5 min a fuego fuerte.

- Pelar y prensar el ajo. Posteriormente, agregar al calabacín. Por último, incorporar la sal.

- Engrasar un molde para suflé con la cucharada de mantequilla que ha sobrado. Repartir las ralladuras de calabacín en el fondo del molde y colocar los *tortellini* encima.

- Batir los huevos con la leche, después echar el parmesano, la pimienta, la sal y la nuez moscada.

- Extender esta mezcla de manera uniforme sobre el calabacín y la pasta.

- Gratinar todo junto durante 15 min en la bandeja central del horno, hasta que se dore bien la superficie.

hojas de parra
rellenas de arroz

1 bote de hojas de parra natural
1/2 taza de carne de cordero
1 cebolla mediana
2 cs de piñones
1 cs de uvas pasas
1 cs de hierbabuena
150 g (5 oz) de arroz

Aceite de oliva
Limón
2 huevos
El zumo de 1 limón
1 vaso de caldo de cocer el
   perejil
Pimienta y sal

- En una sartén, rehogar la cebolla picada fina e incorporar la carne. Freír a fuego fuerte durante 3 min sin dejar de mover. Añadir el arroz, remover y tapar. Dejar que se haga durante 5 min e incorporar el resto de ingredientes poco a poco, excepto las hojas de parra. Dejar cocer a fuego lento durante unos pocos minutos más. Dejar que se enfríe y, mientras tanto, secar las hojas de parra.

- Disponer las hojas de parra en una cacerola y rellenar el centro con la preparación anterior. Cerrar la hoja sin apretar demasiado, ya que el arroz se hinchará cuando cueza. Echarle el zumo del limón, 1/2 taza de aceite de oliva y agua caliente. Poner un plato sobre estos paquetitos recién hechos para que no se abran. Tapar y dejar cocer a fuego muy bajo durante 1 h. Servir frío (acompañado por yogur natural) o tibio (acompañado por la salsa de limón).

Para hacer la salsa de limón

- Mezclar los huevos batidos con el zumo del limón y añadir poco a poco el caldo caliente. Calentar durante unos minutos, removiendo hasta que espese. Servir sobre las hojas de parra tibia.

lasaña de carne

Masa para la lasaña
1 cebolla
100 g (3,5 oz) de carne de ternera picada
50 g (1,8 oz) de carne de cerdo picada
50 g (1,8 oz) de parmesano rallado
150 g (5 oz) de jamón cocido
100 g (3,5 oz) de gouda

1 huevo duro
1 tomate
1 yema
1 huevo
Perejil picado
Salsa de tomate
Pimentón y sal

Relleno de la lasaña:

- Cortar la cebolla muy fino. Picar 1 diente de ajo. Rehogar el diente de ajo y la cebolla hasta que se ponga transparente. Subir el fuego e incorporar la carne, rehogar y retirar.

- Escaldar 1 tomate, pelarlo y cortarlo en trozos. Cortar 1 huevo duro en pequeños trozos. Agregar el tomate, el huevo duro, 1 puñado de aceitunas y 1/2 ct de pimentón.

- Remojar la miga de pan en leche y escurrirla. Incorporar un trozo de la miga de pan al guiso. Batir el huevo y la yema, rallar el queso y picar el perejil; añadir todo. Salpimentar y mezclar bien todos los ingredientes.

Para armar la lasaña:

- En una fuente para horno untada con aceite de oliva, acomodar una lámina de masa de lasaña y cubrirla con una capa de jamón y otra de queso.

- Colocar otra lámina de lasaña y cubrir con el relleno de carne. Tapar nuevamente con una lámina de lasaña. Repetir hasta tener dos pisos de relleno.

- Cubrir con salsa de tomate espolvoreada con abundante parmesano rallado. Llevar a horno fuerte hasta que se dore el queso.

macarrones con besamel

50 g (1,8 oz) de mantequilla
1/2 l (17 fl oz) de leche
100 g (3,5 oz) de parmesano rallado
2 cs de harina
200 g (7 oz) de macarrones
Nuez moscada
Sal
Aceite

- Poner agua con sal en una cazuela al fuego y, cuando comience a hervir, poner a cocer los macarrones; dejar cocer sin tapadera.

- Cuando vuelvan a hervir, bajar el fuego y dejar 15 min más.

- Posteriormente, escurrir con un colador y pasar por agua fría.

- Para elaborar la besamel, echar 1 cs de aceite y la mitad de la mantequilla en una sartén, agregar la harina y remover.

- Verter la leche fría lentamente, y dejar cocer durante 10 min sin dejar de dar vueltas.

- Sazonar y poner los macarrones en una fuente resistente al calor.

- Echar la mitad de la besamel por encima, junto a una pizca de nuez moscada y la mitad del queso, ambos rallados, y dar vueltas hasta que se mezcle todo bien.

- Verter la salsa besamel sobrante sobre el conjunto, alisar a la vez con el dorso de un cuchillo.

- Espolvorear después con el queso rallado restante y añadir unos trocitos de mantequilla.

- Precalentar el horno.

- Dejar los macarrones en él, hasta que se forme una fina costra dorada sobre ellos.

noodles con *shiitake*

1 cebolla blanca
1 rama de apio verde
1 l (34 fl oz) de caldo de verduras
300 g (10,6 oz) de noodles *(el tipo a elección)*
1/4 kg (9 oz) de setas shiitake
2 cs de vinagre de arroz
3 cs de salsa de soja

- Cortar la cebolla y el apio en trozos medianos. Cocinar un fondo de verduras con ello. Saltear ligeramente con un poco de aceite y añadir el vinagre y la salsa de soja.

- Cortar las setas en cuartos y saltearlas ligeramente. Mantener el caldo de verduras cociendo y añadirle los *noodles*. Dejarlos hacerse durante 5 min.

- Servir muy caliente.

paella de bacalao

200 g (7 oz) de bacalao
100 g (3,5 oz) de alubias secas
1 dl (3,4 fl oz) de aceite puro de oliva
2 tomates maduros
1/3 l (11,3 fl oz) de agua
Azafrán
Sal

- Poner en remojo las alubias el día anterior en 2 l (68 fl oz) de agua. Cocer las alubias. Remojar el bacalao unas horas antes para desalarlo un poco. Despellejar, librar de espinas y deshacer en trozos regulares. Pelar los tomates, despepitar y picar.

- Poner la paellera al fuego con el aceite, y sofreír el bacalao y el tomate. Cuando esté bien sofrito, añadir las alubias y el caldo donde se cocieron; en este momento, avivar el fuego y rectificar sal y azafrán.

- Cuando rompa a hervir, añadir el arroz y mantener el fuego vivo los primeros 8 ó 10 min y a fuego lento los 6 u 8 min restantes.

- Este es un tipo de arroz que, siendo seco y elaborado en paellera, debe quedar meloso.

paella de marisco o «marinera»

1/4 kg (9 oz) de rape
125 g (4,4 oz) de calamares
1/4 kg (9 oz) de almejas
1/2 kg (17 oz) de mejillones
1/2 kg (17 oz) de morralla
400 g (14 oz) de arroz
4 gambas
4 cigalas
2 tomates maduros
2 dl (6,7 fl oz) de aceite
Sal
Azafrán

- Hacer un caldo de pescado, con la *morralla* y el rape.

- Cocer los mejillones al vapor y, una vez abiertos, desechar las medias conchas vacías; colar el jugo resultante y agregar al caldo.

- Hacer lo mismo con las almejas.

- Limpiar y trocear los calamares y el tomate. Con todo preparado, proceder a guisar la paella.

- Poner el recipiente al fuego con el aceite, freír las gambas y las cigalas, y reservar. A continuación, saltear los calamares, y después el tomate. Una vez todo bien sofrito, añadir el arroz y remover; seguidamente, agregar el caldo muy caliente, el azafrán y la sal. En ese momento, el fuego debe ser muy intenso y ha de mantenerse así los primeros minutos, para disminuir a medida que transcurre la cocción; colocar los mejillones, las almejas, las gambas y las cigalas de forma atractiva. Una vez terminada la cocción, dejar reposar unos minutos.

paella de pollo (o pato)

700 g (24,6 oz) de pollo
1/4 kg (9 oz) de magro de cerdo
200 g (7 oz) de judías verdes
1/4 kg (9 oz) de garrofó
100 g (3,5 oz) de tomate
400 g (14 oz) de arroz
Aceite de oliva
Azafrán
Sal
Pimentón
1 1/2 l (51 fl oz) de agua

- Calentar en la paellera el aceite y sofreír el magro y el pollo cortado a pedazos; añadir el tomate picado y sofreír lentamente; agregar el pimentón, después las judías verdes, y más tarde, el *garrofó*; sumar el agua y echar la sal necesaria.

- Mantener el fuego vivo hasta que comience la ebullición; después, rebajar la fuerza del fuego, y pasados 25 min, echar el azafrán. Calcular, dependiendo de la cantidad del pollo, que será necesaria una cocción de algo más de 30 min. Avivar el fuego e incorporar el arroz. Distribuir el arroz por toda la paellera. Los 10 min primeros de cocción del arroz, emplear fuego fuerte; más tarde, rebajar paulatinamente el calor.

- Dejar reposar 5 min antes de ser servido.

El arroz ha de quedar seco, al dente. Si, en vez de pollo, se utiliza pato, reducir bastante la cantidad de aceite. En este caso, cocinar también al horno.

paella de verduras

4 alcachofas tiernas
1/2 coliflor pequeña
Un manojo de ajos tiernos
1/2 kg (17 oz) de espinacas
1 pimiento rojo
1 pimiento verde
1 tomate
1 cebolla
1 cabeza de ajos secos
Aceite de oliva
Sal

- Freír los pimientos en aceite y reservar con el aceite.

- Matizar el caldo resultante con un majado de pimiento frito y ajos crudos. Reservar el caldo como fondo para el arroz. Lavar y trocear las verduras. Blanquear mediante una ligerísima cocción en agua hirviendo ligeramente salada.

- Secar las verduras y sofreír en el mismo aceite de los pimientos; reservar.

- Sofreír tomate y cebolla rallados, e integrar el arroz posteriormente. Añadir el caldo donde se cocieron las verduras, y ellas mismas, troceadas y doradas.

- Acabar con 10 min de cocción viva, 8 min de cocción lenta, y 1 min fuerte, aproximadamente, para que se trabe un poco.

paella valenciana

1 pollo
1 conejo
125 cl (42 fl oz) de aceite puro de oliva
3 tomates maduros
1/2 kg (17 oz) de judías tiernas o ferradura *(judía de la huerta de Valencia)*
1/4 kg (9 oz) de garrofó *(judía plana típicamente valenciana)*
1 kg (2,2 lb) de arroz
3 1/2 l (118 fl oz) de agua
Azafrán
Sal

- Poner la paellera al fuego con el aceite, y cuando esté muy caliente, echar la carne (pollo y conejo). Sofreír a fuego lento hasta que la carne esté bien dorada. Añadir el tomate (pelado y triturado) y la verdura, la *ferradura* y el *garrofó*, manteniendo el mismo fuego. Una vez bien sofrito todo, añadir el agua y una ramita de romero, y aumentar el fuego. Apenas comience a hervir, echar el arroz; poner la sal y el azafrán y retirar el romero.

- A medida que el arroz se va cociendo, ya en los minutos finales, disminuir paulatinamente el fuego y apartarlo del centro de la paellera.

- Terminada la paella, dejar reposar unos minutos, y ya está lista para su consumo.

pasta a la boloñesa

100 g (3,5 oz) de pasta/persona
Para la salsa boloñesa:
1 bote de sofrito de cebolla
1 zanahoria
1 ramita de apio
350 g (12,3 oz) de carne picada
1 vaso de vino blanco
1 lata de tomate natural
Una pizca de nuez moscada
1 cubito de caldo de carne
Aceite
Mantequilla

- Hervir la pasta en abundante agua salada hasta que esté al dente, escurrir y regar con un poco de aceite.

Para hacer la salsa boloñesa:

- Trocear la cebolla, el apio y la zanahoria. Hacer un sofrito de cebolla con un poco de mantequilla y aceite en una sartén. Cuando empiece a dorarse, agregar el apio y la zanahoria. Rehogar hasta que la verdura esté tierna. Incorporar la carne y sazonar con 1 cubito de caldo de carne.

- Dejar cocer unos minutos. Regar con el vino y dejar evaporar. Espolvorear con nuez moscada. Añadir el tomate troceado natural y dejar cocer a fuego suave 20 min aproximadamente. Mezclar la salsa con la pasta y servir.

pasta a la carbonara

1 cebolla mediana
1/2 l (17 fl oz) de leche entera
Pimienta blanca
Jamón/beicon/jamón York
4 ó 5 champiñones
2 cubitos de caldo de pollo
1/2 kg (17 oz) de pasta

- Poner la pasta a hervir con el caldo de carne hasta que esté al dente. Una vez lista, dejar escurrir.

- Cortar toda la cebolla en juliana. Rehogarla en un chorro de aceite. Cuando esté doradita, añadir jamón, beicon o jamón York. Dejar que se haga un poco con la cebolla. Cortar los champiñones grandes en láminas y rehogar con la cebolla.

- Cuando los ingredientes de la sartén están bien rehogados, añadir la pasta a la sartén y dejar rehogar un rato.

- Añadir 1/2 l (17 fl oz) de leche con un cubito de caldo desmenuzado. Añadir pimienta blanca y dejar a la leche dar unos hervores con la pasta para que haga nata. Cuando la salsa de leche tome un poco de cuerpo, retirar del fuego y dejar enfriar un poco.

- Servir con un poco de perejil espolvoreado.

pasta marinera

2 kg (4,4 lb) de mejillones
1 vaso de aceite de oliva virgen
2 dientes de ajo
Orégano
Perejil
Laurel
Romero
1/2 kg (17 oz) de tomates pelados
1/2 guindilla
600 g (21,2 oz) de pasta
Sal

- Limpiar los mejillones. Aclararlos bajo el grifo, ponerlos en una cazuela baja con agua y un poco de aceite para que se vayan abriendo sin que lleguen a cocerse. Sacarlos de sus cáscaras, colar el líquido del hervor y reservarlo.

- Pelar el ajo y triturarlo. Picar el perejil, el laurel y el romero. Sofreír en el aceite de oliva el ajo, una pizca de orégano, 1 cs de perejil, 1/2 hoja de laurel y algunas hojas de romero.

- Pelar y triturar los tomates. Añadir los tomates al sofrito y dejar cocer durante 10 min sazonando con sal y la guindilla. Añadir los mejillones cuando la salsa esté espesa, y quitar del fuego.

- Poner pasta cruda en una fuente de barro, echarle la salsa y el agua de cocer los mejillones, cubrirla herméticamente y meter en el horno a 220 °C (425 °F) durante 20 min aproximadamente. Sacar cuando ya haya absorbido el líquido.

pastel de arroz

Para la masa:
1/2 kg (17 oz) de harina
125 g (4,4 oz) de azúcar en polvo
Levadura
2 huevos
Una pizca de sal
1/4 kg (9 oz) de margarina
Para el relleno:
200 g (7 oz) de arroz largo

- Amasar la harina, los huevos, la levadura, la margarina, la sal y el azúcar en polvo. Formar una bola con la masa resultante, y dejar enfriar 30 min envuelta en papel de aluminio.

- Hervir la leche con la sal y posteriormente, agregar el arroz. Dejar hervir durante 20 min a baja temperatura en un recipiente cubierto con una tapadera.

- Extender la masa sobre la bandeja del horno y pinchar con el tenedor. Precocer en el horno a 175 ó 200 °C (345 ó 400 °F) durante 15 min. Untar la superficie con la confitura de melocotón.

- Batir las claras y la nata por separado hasta que adquieran consistencia.

- Batir el azúcar, las yemas y la margarina a punto de crema. Posteriormente, agregar la ralladura de limón, el arroz y las almendras a la leche, sin dejar de batir de abajo arriba. Después, añadir la nata, e incorporar las claras también de abajo arriba.

- Extender la masa en la bandeja del horno.

- Precalentar el horno a 175 ó 200 °C (345 ó 400 °F) y cocer el pastel en él durante 40 min.

- Como toque final, espolvorear el pastel con azúcar en polvo, formando líneas diagonales paralelas a lo largo de su superficie.

patatas a la flamenca

1 kg (2,2 lb) de patatas de tamaño
   similar entre sí
50 g (1,8 oz) de manteca de cerdo

Sal fina
Salsa fría

- Cocer las patatas con su piel en un puchero con agua ligeramente salada.
- Una vez cocidas, pelar y poner enteras en otra cacerola con la manteca; rehogar 5 min y espolvorear con sal fina.
- Servir en una fuente cubiertas con una salsa fría.

patatas a la importancia

1 kg (2,2 lb) de patatas
2 huevos
2 cs de cebolla picada
1 cs de perejil picado
2 dientes de ajo

Sal
Azafrán
Pimienta
Aceite

- Pelar las patatas y cortar en rodajas gruesas. Rebozar en harina y huevo, freír y colocar en una cazuela de barro.
- En una sartén con el aceite que sobró de freír, dorar la cebolla; cuando esté blanda, añadir el perejil picado y el ajo machacado.
- Verter el refrito sobre las patatas, salpimentar y añadir el azafrán disuelto en agua.
- Cubrir las patatas con agua o caldo y dejar cocer a fuego lento hasta que estén tiernas.
- Servir en la misma cazuela.

patatas a lo pobre

1 kg (2,2 lb) de patatas frescas
1/2 cebolla
1 pimiento rojo
1 pimiento verde
Ajo
Perejil
Vinagre
Aceite

- Cortar y freír las patatas en rodajas y, en el último momento, subir la temperatura hasta que se doren ligeramente y queden pegadas.

- Cortar la cebolla en aros finos y los pimientos, en tiras finas. A mitad de la fritura, añadir la cebolla y los pimientos.

- Elaborar un majado con el ajo, el perejil y un chorrito de vinagre. Un momento antes de retirarlas del fuego, quitar la mayoría del aceite. Añadir el majado elaborado anteriormente y darle unas vueltas.

patatas asadas

1 kg (2,2 lb) de patatas
1 cebolla
2 dientes de ajo
1 paquetito de azafrán
1 ct de pimentón
Orégano
Tomillo
Sal
Pimienta
1 vaso de aceite
1 cs de manteca

- Pelar las patatas y cortar en tacos.
- Machacar los ajos, la sal y el perejil en el mortero. Aromatizar con orégano, tomillo y romero. Añadir el azafrán, el pimentón y el vaso de aceite.
- Mezclar bien y verter sobre las patatas, colocadas en una fuente refractaria.
- Cortar la cebolla en rodajas y colocar entre las patatas. Meter a horno fuerte, dando la vuelta de vez en cuando para que no se quemen. Cuando empiecen a estar doradas, colocar la manteca en bolitas sobre ellas para que adquieran mejor color.

Pueden servirse como guarnición de asados o con huevos fritos.

patatas con bacalao

150 g (5 oz) de bacalao
2 pimientos rojos asados
1 1/2 kg (3,3 lb) de patatas
Sal
Aceite de oliva
1 cebolla
Azafrán

- Poner el bacalao en remojo el día antes por la noche y cambiar el agua varias veces para que desale bien.

- Después, escurrir y desmenuzar.

- Pelar y cortar en rodajas las patatas, y la cebolla, en aros. Hacer tiras los pimientos asados.

- Echar aceite en la cazuela de barro y poner a calentar. Añadir las rodajas de patatas, los aros de cebolla y las tiras de pimiento y rehogar.

- A continuación, verter agua sobre el sofrito y, cuando hierva, agregar el bacalao y el azafrán.

- Dejar cocer tapadas 30 min y sazonar si es necesario.

patatas con chorizo

1 kg (2,2 lb) de patatas
4 chorizos andaluces
2 tomates maduros
2 pimientos verdes frescos
1 cebolla
6 cs de aceite
Unas hebras de azafrán
1 cs de pimentón rojo dulce
Caldo de carne (puede ser de cubitos)
Sal

- En una cazuela con aceite, preparar un buen sofrito con la cebolla picada, los tomates bien aplastados y los pimientos verdes cortados en tiras y desprovistos de las pepitas.

- Pelar las patatas, cortar en cascos e incorporar al sofrito, añadiendo sal, el azafrán y el pimentón.

- Cubrir las patatas con el caldo y, a mitad de la cocción, incorporar los chorizos cortados en trozos; dejar hacer despacio hasta que estén tiernas.

patatas con rape

1 kg (2,2 lb) de patatas
400 g (14 oz) de rape en trozos
4 cs de aceite
2 cebollas
2 tomates
2 pimientos frescos verdes o rojos
Unas hebras de azafrán
1 cs de pimentón rojo dulce
El zumo de 1 limón
Sal

- Pelar las patatas y cortar en trozos. En una cazuela con aceite, preparar un sofrito con las cebollas, peladas y picadas, los tomates (pelados y trinchados) y los pimientos sin semillas ni rabo y cortados en trozos.

- Incorporar las patatas, la sal, el azafrán, el pimentón, el zumo del limón colado y agua suficiente para cubrir las patatas; dejar cocer, sin que se rompan, hasta que estén tiernas.

- Servir recién hechas.

patatas con roquefort

8 patatas
100 g (3,5 oz) de requesón
4 cs de crema de leche
60 g (2,1 oz) de roquefort
2 aguacates
40 g (1,4 oz) de caviar de salmón
El zumo de 1/2 limón

- Precalentar el horno a 220 °C (425 °F).

- Lavar y colocar las patatas sobre láminas de papel de aluminio individuales, lo suficientemente grandes como para envolverlas por completo.

- Una vez bien envueltas, introducir en el horno, poniéndolas sobre la parrilla, y hornear durante 55 min.

- Mezclar el roquefort, la crema de leche y el requesón en un recipiente, hasta conseguir una pasta homogénea.

- Pelar, deshuesar y trocear el aguacate en el vaso de la batidora y hacer puré.

- Mezclar este puré de aguacate con la pasta de queso y con el zumo de 1/2 limón.

- Extraer las patatas asadas de su envoltorio y abrir con un corte en forma de cruz.

- Rellenar ese corte con la crema de queso y aguacate y adornar con el caviar.

patatas con tomillo

1 kg (2,2 lb) de patatas nuevas (lo más iguales y redondas posible)
4 cs de mantequilla
2 cs de aceite
Un poco de tomillo
Perejil fresco
2 cebollas medianas
2 dientes de ajo
1 taza grande de caldo de carne o del puchero
Sal

- Pelar las patatas. Una vez lavadas, rehogar con la mitad de la mantequilla y el aceite en una cazuela al fuego. Echar sal e incorporar el ramillete de tomillo, agregando también el caldo. Dejar cocer poco a poco.

- Picar las cebollas peladas y freír en el resto de la mantequilla, con sal, perejil picado y los dientes de ajo cortados muy finamente. Cuando esté listo, incorporar a la cazuela principal.

- Retirar el tomillo y servir las patatas, que estarán calientes, en una fuente con su salsa.

patatas de verano

2 huevos
1/2 kg (17 oz) de patatas
Unas ramas de perejil
Aceite de oliva
El zumo de 1 limón
Sal
Una pizca de pimienta

- Cocer las patatas con su piel, pelar después de la cocción y cortar en rebanadas o rodajas.
- Todavía calientes, sazonar con la sal y la pimienta, a ser posible, recién molida.
- Colocar en una ensaladera, salpicar con perejil y rociar con el aceite de oliva y el zumo de limón.

El limón puede sustituirse por vinagre de vino.

patatas en salsa verde con almejas

1/4 kg (9 oz) de patatas
150 g (5 oz) de guisantes
150 g (5 oz) de almejas
3 dientes de ajo
1/2 cebolla
Perejil
Aceite
Sal

- Pelar, trocear y pelar las patatas.

- En una cazuela con aceite caliente, echar la cebolla y los ajos picados; una vez dorados, añadir las patatas escurridas y los guisantes.

- Rehogar y cubrir con agua.

- Salar y cocer durante 20 min, agregando el perejil a mitad de la cocción.

- Lavar las almejas en agua salada y cocer en un recipiente con un poco de agua, tapadas, hasta que se abran.

- Retirar del fuego y añadir a las patatas, con el caldo que han soltado.

- Finalmente, cocer todo junto durante 3 min.

- Echar sal al gusto y servir caliente.

patatas guisadas
con costilla de cerdo

650 g (23 oz) de costillas de cerdo adobadas (en trozos pequeños)
650 g (23 oz) de patatas
1/4 cebolla picada
2 dientes de ajo
1 hoja de laurel
1 cs de harina
1 ct de pimentón
1 vaso pequeño de vino blanco
1 pimiento
Sal

- Cortar en trozos los pimientos y picar la cebolla y el ajo.

- En una cazuela, poner el aceite a calentar, echar los pimientos y sofreír un poco. Agregar después la cebolla y el ajo y dejar pochar.

- Añadir la costilla, rehogar todo bien y dejar cocer un poco, tras incorporar el vino blanco.

- A continuación, agregar 1 cs de harina, 1 ct de pimentón, cubrir con agua y dejar cocer durante 20 min.

- Trocear las patatas y añadir a la cocción. Agregar la sal y la hoja de laurel y dejar cocer otros 25 min.

- Retirar del fuego y servir.

patatas panadera

10 patatas
2 dientes de ajo
3 cebollas
1 l (34 fl oz) de aceite de oliva
Sal
Perejil
Pimienta

- Cortar las patatas en rodajas muy finas, picar el ajo en trozos muy pequeños y la cebolla en juliana.

- Poner las patatas en una fuente de horno, cubrir con el aceite, añadir la cebolla y el ajo.

- Sazonar y cubrir con papel de aluminio. Introducir en el horno y dejar asar durante 20 min a 160 °C (320 °F).

- Antes de servir, escurrir bien el aceite y espolvorear con perejil.

patatas rellenas

16 patatas medianas
300 g (10,6 oz) de carne de ternera
1/2 lata de tomate al natural
2 cebollas medianas
2 pimientos rojos
5 dientes de ajo
Perejil fresco
1/2 cs de pan rallado
1/2 l (17 fl oz) de aceite
1/2 vaso pequeño de vino blanco seco
Sal

- Cortar la carne en trozos y sazonar con uno de los dientes de ajo machacado. Dejar reposar 15 min.

- En una cazuela al fuego con aceite caliente, rehogar la carne hasta que quede bien dorada; a continuación, añadir una cebolla pelada y picada y freír un poco, agregando el tomate y los pimientos (estos últimos picados) y removiéndolo bien. Majar en el mortero otro diente de ajo con unas ramas de perejil y desleír con un chorro de vino blanco. Verter sobre la carne. Sazonar con sal y dejar cocer, lentamente, hasta que esté tierna. Si fuese necesario, agregar un poco de agua.

Las patatas no se deben preparar hasta que la carne esté en su punto, así se evitará que se ennegrezcan.

- Cuando la carne esté hecha, separar de su salsa. Dejar hervir para que se reduzca, pero cuidar de que no se queme. Picar la carne muy menuda y agregar a la salsa, ya reducida, removiéndolo todo bien para unir ambas cosas.

- Escoger patatas lisas y de tamaño mediano. Pelar y vaciar con cuidado para que no se rompan. Con una cucharilla, rellenar con la mezcla de salsa y carne. A medida que se van rellenando, tapar el hueco con un trozo de patata de los que se han quitado al vaciar. Sazonar el resto de los trozos con ajo machacado, reservándolos.

- En una sartén al fuego con aceite caliente, rehogar las patatas (el aceite debe ser abundante) hasta dejarlas doradas por todos los lados y, a medida que se van rehogando, colocar en una cazuela. Cuando ya todas estén cocinadas, freír los trozos reservados, e incorporar a la cazuela, entre las patatas rellenas.

- Con un poco del aceite de la fritura (si está sucio, colar), preparar una salsa con el resto de la cebolla pelada y picada; cuando esté frita, añadir el pan rallado, rehogar un poco, y agregar ajo machacado en el mortero y desleído con el resto del vino blanco. Hervir durante 10 min. Al cabo de este tiempo, verter sobre las patatas, agregando agua hasta cubrir. Sazonar con sal, teniendo en cuenta que la carne ya tenía sal. Cocer hasta que estén tiernas y procurar conservar enteras. Servir en una fuente con toda su salsa.

patatas suflé

700 g (24,6 oz) de patatas
Sal
Manteca de cerdo

- Una vez peladas las patatas, cortar en rodajas finas y remojar durante 1 h en agua muy salada; secar con un paño y freír en manteca de cerdo.

- Escurrir cuando estén a medio freír y dejar enfriar del todo. Entonces, volver a poner en una gran cantidad de manteca de cerdo (o aceite) muy caliente. A medida que se van dorando, se ahuecan y toman la forma de un buñuelo.

- Servir inmediatamente para que no se bajen y pierdan vistosidad.

patatas viudas

2 kg (4,4 lb) de patatas   *2 ramitas de perejil*
1 cebolla   *1/2 cs de pimentón*
Aceite de oliva   *Sal*

- Pelar la cebolla, picar finamente y freír en una cazuela de barro con aceite caliente.

- Pelar, lavar y trocear las patatas y agregar a la cazuela de la cebolla, con el perejil picado.

- Incorporar sal y el pimentón y, sin dejar de remover, freír hasta que estén doradas.

- Bajar el fuego y echar un poco de agua. Dejar ablandar y que absorban casi todo el líquido.

pilaf de gambas al sésamo

Para preparar el *pilaf*:

1 cebolla	*4 tazas de arroz* basmati
2 puerros	*8 tazas de caldo de carne*
2 ajos	*o verdura*
1 apio	*Cúrcuma*

- Cortar el puerro fino. En primer lugar, sofreír la cebolla y el puerro; en segundo lugar, el ajo y el apio, y en tercer lugar, el arroz, removiendo unas cuantas veces.

- Echar un poco de cúrcuma y agregar el caldo; cocer a fuego medio hasta que el arroz lo haya absorbido completamente.

Para la fritura de las gambas:

12 gambas grandes
4 cs de sésamo crudo o tostado
6 cs de harina
2 ct rasa de levadura
Sal
Aceite

- Lavar las gambas y dejar escurrir. Pelarlas. Espolvorearlas con sésamo.

- Mezclar la harina, la levadura y la sal en un vaso. Espesar con agua. Rebozar las gambas en la masa de fritura.

- Sumergir las gambas en una sartén con abundante aceite caliente. Dejar que se frían hasta que se dore la masa; en ese momento, sacarlas y decorar el *pilaf* con ellas. Servir.

polenta con fontina

300 g (10,6 oz) de sémola de maíz
100 g (3,5 oz) de mantequilla
200 g (7 oz) de fontina
50 g (1,8 oz) de parmesano rallado
1 l (34 fl oz) de agua
Pimienta negra
Sal

- Echar la sémola en un recipiente puesto a calentar con agua salada. Echar lentamente y sin dejar de remover.

- Dejar al fuego 30 min para elaborar la polenta.

- Trocear el fontina e incorporar a la polenta, que continúa al fuego. Conectar otros 30 min. Después, añadir el parmesano rallado.

- Por otra parte, cortar la mantequilla en trozos, introducir en un cazo y calentar hasta que se derrita.

- Verter esta mantequilla derretida en la mezcla anterior y remover hasta conseguir una textura cremosa.

- Sazonar con un poco de pimienta y servir.

El fontina es un queso italiano semiconsistente y muy graso.

risotto a la milanesa

400 g (14 oz) de arroz de grano redondo
1 l (34 fl oz) de caldo de carne
80 g (2,8 oz) de mantequilla
50 g (1,8 oz) de parmesano rallado
50 g (1,8 oz) de médula de buey
1 cebolla
Azafrán en polvo

- Pelar y cortar la cebolla en trocitos.

- Poner el caldo de carne en un recipiente al fuego, hasta que hierva.

- Echar 1 cs de mantequilla en una cazuela y calentar hasta que se derrita. Añadir también la médula de buey.

- Agregar el arroz y la cebolla, dejando que se fría un poco. A continuación, verter parte del caldo de carne caliente en esta cazuela.

- A los 10 min de cocción, incorporar el azafrán y el resto del caldo, subir el fuego y dejar hervir 15 min o más, procurando que el arroz no se pegue.

- Una vez el arroz esté al dente, añadir 25 g (0,9 oz) de parmesano y la mantequilla que quedaba, mezclar bien y echar en platos individuales.

- Poner el resto [los otros 25 g (0,9 oz)] del parmesano en un recipiente.

- Colocar en la mesa para que los comensales se sirvan según sus gustos.

Spätzle

1/2 kg (17 oz) de harina
1/4 l (9 fl oz) de agua
Sal
4 huevos
Manteca dorada

- Mezclar la harina, la sal, los huevos y el agua en un bol hasta obtener una masa tierna y dejarla reposar 30 min.

- Hervir agua con sal en una olla grande. Pasar la pasta por el colador especial para *Spätzle* o colocarla en una tabla de madera humedecida con agua fría. Aplanar la masa y hacer tiras finas con ella.

- Poner una cazuela con agua a hervir y echar las tiras en el agua cuando esta hierva. Retirar de la olla inmediatamente cuando salgan a la superficie, y rociarlas con manteca dorada.

suflé de tallarines con pechuga de pollo

1/2 kg (17 oz) de tallarines
4 pechugas de pollo
1/4 l (9 fl oz) de leche
3 huevos
2 cs de mantequilla
80 g (2,8 oz) de queso al ajo, recién rallado
200 g (7 oz) de guisantes congelados, ya descongelados
Pimienta negra recién molida
1 ct de hierbas de la Provenza
Sal

- Poner a hervir los tallarines en agua salada hasta que estén al dente y dejar escurrir bien.

- Mientras tanto, cortar las pechugas formando tiras estrechas y saltear en la sartén utilizando solo 1 cs de mantequilla, y durante un corto espacio de tiempo.

- Condimentar las pechugas con la sal, la pimienta negra y las hierbas de la Provenza.

- Precalentar el horno a 200 °C (400 °F).

- Untar un molde para suflé con 1 cs de mantequilla.

- Mezclar las tiras de pechuga de pollo con los guisantes y los tallarines y echar en el molde.

- Batir los huevos con la leche y, posteriormente, agregar el queso al ajo. Extender esta nueva mezcla sobre la superficie del suflé.

- Colocar en la bandeja central del horno y dejar cocer 20 min.

- Finalmente, gratinar.

sushi de salmón

100 g (3,5 oz) de salmón fresco
1 paquete de arroz para sushi
*4 algas dulces (*nori)
Salsa de soja
Zumo de limón
Zumo de naranja

- Lavar el arroz varias veces, hasta que el agua quede clara.
- Poner una cazuela con agua a hervir y, cuando hierva, depositar allí el arroz, dejándolo cocer con la olla tapada durante, sucesivamente, 2 min a fuego fuerte, 5 min más a fuego medio y 15 min a fuego suave. Transcurrido este tiempo, retirar la olla del fuego, destaparla y colocarle encima un paño limpio. Dejar enfriar durante 10 min.
- Cortar el salmón en rodajas.
- Hacer 4 bolas de arroz cocido y envolverlas con las algas dulces. Hacer un hueco en el centro e introducir el salmón fresco.
- Para servirlo, acompañarlo con unos recipientes con salsa de soja, zumo de limón y de naranja.

Es muy importante no destapar la olla durante la cocción.

tallarines con espárragos verdes y salmón

1/4 kg (9 oz) de tallarines
1/2 kg (17 oz) de espárragos verdes
1/4 kg (9 oz) de salmón
200 g (7 oz) de nata
15 g (0,5 oz) de mantequilla
Perifollo picado
1 terrón de azúcar
Pimienta blanca
Sal

- Echar los espárragos, atados y situados con la puntas hacia arriba, en un cazo con agua puesto al fuego, con 2/3 de la mantequilla y el azúcar. Dejar hervir 25 min.

- Cortar las puntas de los espárragos y triturar 4 de ellas con el accesorio especial de la batidora. Reservar el resto.

- Echar en una sartén con la nata líquida, salpimentar y dejar al fuego hasta formar una salsa.

- Cocer los tallarines en una olla alta con agua salada hasta que estén al dente.

- Engrasar la rejilla de una cazuela para cocinar al vapor con mantequilla. Echar un poco de agua y poner a calentar.

- Cortar el salmón en cuadraditos y colocar en la rejilla. Cocer al vapor durante 2 min.

- Echar en una fuente los tallarines, el salmón y la salsa y mezclar bien.

- Presentar decorados con las puntas de espárragos reservadas y con el perifollo espolvoreado por encima.

tallarines con espinacas

300 g (10,6 oz) de tallarines
400 g (14 oz) de espinacas frescas
3 dientes de ajo
100 g (3,5 oz) de jamón
4 cs de aceite de oliva
Sal

- Pelar los dientes de ajo y cortarlos en láminas.
- Cocer los tallarines durante 10 min en una cazuela con abundante agua hirviendo y una pizca de sal.
- Por otra parte, lavar las espinacas y cocerlas durante 5 min en agua con sal.
- Escurrir los tallarines y pasarlos por agua fría. Escurrir las espinacas. Picar el jamón en trocitos pequeños.
- En una cazuela con aceite, saltear el ajo brevemente, añadir el jamón y rehogar.
- Agregar las espinacas y cocinar durante 2 min, removiendo constantemente.
- Mezclar con los tallarines y servir.

tortitas de arroz

200 g (7 oz) de arroz integral
100 g (3,5 oz) de margarina
50 g (1,8 oz) de parmesano rallado
2 huevos
2 cebollitas francesas
50 g (1,8 oz) de pan rallado
Cebollino picado
1/2 l (17 fl oz) de agua
Pimienta blanca
Sal

- Echar 1/2 l (17 fl oz) de agua y el arroz en la olla a presión y dejar cocer a fuego lento durante 15 min. Cuando esté hecho, colocar en otro recipiente y poner a enfriar.

- Limpiar y picar las cebollitas. Mezclar con el pan y el queso rallados, los huevos, el cebollino picado, la sal, la pimienta y el arroz, ya frío.

- Moldear la masa resultante y formar tortitas de aproximadamente 5 cm (1,97 pulgadas) de diámetro con ella.

- Ir friendo las tortitas por ambos lados (1 ó 2 min por cada lado) en una sartén puesta al fuego con la margarina.

Se sirven aderezadas con alguna salsa o como acompañamiento de otros platos.

VERDURAS

acelgas con pasas
a la malagueña

2 manojos de acelgas de aproximadamente 1 1/4 kg (2,6 lb)
2 dientes de ajo
100 g (3,5 oz) de pasas de Málaga
6 cs de aceite
Sal

- Cortar los tallos y las hojas de las acelgas, lavar con agua fresca y poner en un cazo con abundante agua hirviendo. Dar un hervor, escurrir y poner de nuevo en otra cacerola con agua hirviendo (así evitamos que amarguen). Echar un poco de aceite y sal y dejar hervir 30 ó 45 min. Cuando estén tiernas, escurrir.

- En una sartén con aceite, dorar los ajos; retirar y freír las acelgas, añadir las pasas y rehogar bien.

- Servir muy calientes.

acelgas con salsa besamel

1 vaso de leche grande
1 kg (2,2 lb) de acelgas
1/2 cebolla
50 g (1,8 oz) de mantequilla
Picatostes
2 cs grandes de harina
Sal

- Lavar las acelgas, despojar de los tallos y los hilos. Picar.
- Poner a cocer agua con sal y hervir las acelgas.
- Derretir mantequilla en una sartén. Rehogar la cebolla, picada muy finamente, y después agregar la harina poco a poco. Echar la leche después.
- Durante 5 min, poner todo junto a cocer, sazonar e incorporar las acelgas a la mezcla.
- Calentar una fuente.
- Remover la salsa y echar en la fuente. Acompañar de pedacitos de pan frito.

albóndigas de espinacas gratinadas con queso

3/4 kg (26,5 oz) de espinacas
1/4 kg (9 oz) de queso fresco
200 g (7 oz) de emmental rallado
3 yemas de huevo
Nuez moscada rallada
Pimienta blanca
3 cs de harina
Sal
Mantequilla para engrasar el molde

- Limpiar las espinacas e introducir en una cazuela puesta al fuego con agua. Al hervir, dejar escaldar durante 1 min. Escurrir, picar en trocitos pequeños y colocar en un recipiente.

- Echar el queso fresco troceado, la harina, las yemas, la nuez moscada, pimienta y sal en ese mismo recipiente y amasar bien. Con esa masa, hacer albóndigas.

- Precalentar el grill del horno.

- En un recipiente, llevar a ebullición agua con sal y echar las albóndigas, y cocer durante 2 ó 3 min.

- Engrasar una fuente de horno y colocar las albóndigas hervidas en ella; recubrir con el queso rallado y poner a gratinar durante unos instantes.

Suelen servirse como guarnición para platos de carne.

alcachofas
a la crema de la abuela

*1 kg (2,2 lb) de alcachofas peladas y cortadas en cuatro, pasadas
   por limón*
150 g (5 oz) de magro de jamón cortado en trocitos
1 cs de harina
1 vaso pequeño de vino blanco
2 dientes de ajo
1 huevo crudo
1 ct de perejil picado
Sal
Pimienta blanca
Aceite de oliva

- Echar el ajo picado, el magro de cerdo, las alcachofas, la sal y
  la pimienta en una cacerola. Rehogar bien con una cuchara de
  madera, hasta que los ingredientes estén dorados.

- Echar 1 cs de harina, el vino blanco y el agua, añadiendo esta
  de cuando en cuando hasta que la alcachofa esté tierna, teniendo mucho cuidado de que no se pegue salsa al recipiente.

- Una vez tiernas las alcachofas, incorporar el huevo batido y
  añadir el perejil.

La salsa no deberá quedar espesa.

alcachofas al horno

10 alcachofas
Aceite de oliva
Vinagre
Sal
Pimentón

- Lavar las alcachofas y abrir las hojas, eliminando las más duras. Seguidamente, remojar bien, sin escatimar, con aceite de oliva. Poner en una fuente para horno y meter en horno medio durante 1 h aproximadamente, procurando rociar de nuevo con aceite si se resecan. Voltear a media cocción.

- Preparar un aderezo en un tazón con aceite de oliva, vinagre, sal y un poquito de pimentón y remover bien. Utilizar el aliño para remojar las hojas de las alcachofas según se van consumiendo.

Pueden prepararse también en el campo, asando las alcachofas sobre brasas y volteándolas varias veces para facilitar su cocción uniforme.

alcachofas rellenas de atún

8 alcachofas
1 lata de atún en aceite
1 huevo
Aceite de oliva
1 cs de vinagre de vino
1 pimiento rojo asado o en conserva
1 limón
Perejil
Sal

- Quitar las hojas externas más duras a las alcachofas, cortar las puntas hasta donde comienza la parte más tierna de las hojas, frotar los fondos con limón y cocer durante 20 min. Escurrir.

- Lograr una mayonesa con el huevo, el aceite, el vinagre y la sal.

- Machacar el atún en el mortero y mezclar con la mayonesa.

- Rellenar las alcachofas, recubrir con el resto de la salsa y espolvorear con perejil trinchado.

berenjenas rellenas con gambas y arroz

4 berenjenas de igual tamaño
4 cs de arroz
100 g (3,5 oz) de gambas cocidas
1 ramillete de hierbas compuesto por perifollo, estragón y perejil
2 limones
2 cs de aceite
Pimienta blanca en polvo
Sal

- Preparar las berenjenas, quitándoles los extremos y cortándolas por su mitad, a lo largo. Cocer en agua salada, teniendo cuidado de que no se rompan.

- Hervir el arroz con agua y sal. Una vez hechas las berenjenas, retirar su pulpa, dejándolas en forma de cazuelas alargadas. Picar la pulpa, uniéndola al arroz cocido y escurrido, a las hierbas trituradas, al aceite y las gambas, sin cáscara, más el zumo colado de uno de los limones, sal y pimienta. Rellenar las berenjenas con esta mezcla y poner en una fuente, adornadas con rodajas de limón. Servir frío.

bolsitas marroquíes de pasta

Para la masa:
Harina para estirar la masa
1/2 ct lisa de sal
125 g (4,4 oz) de harina
25 g (0,9 oz) de margarina

Para el relleno:
200 g (7 oz) de puerros
200 g (7 oz) de apios
200 g (7 oz) de zanahoria

- Con la harina, la sal y la margarina derretida, elaborar una masa de *Strudel*. Dejar en reposo.

- Cortar el apio en trozos finos, y la zanahoria y el puerro, en tiras delgadas. Calentar la margarina y rehogar la verdura, sazonándola con sal y pimienta. Agregar las alcaparras y dejar enfriar.

- Extender la masa y estirar hasta que alcance un grosor muy fino y forme un rectángulo de 30 x 60 cm (12 x 23,6 pulgadas).

- Dividir el rectángulo de masa en 8 cuadrados de aproximadamente 15 cm (5,9 pulgadas) de lado cada uno. Untar de clara de huevo los bordes de la masa.

- En el centro de cada pedazo de masa, colocar la mitad de las verduras, apretándolas con un molde pequeño.

- Después, poner una yema en cada unidad y cubrir con las verduras restantes.

- Cerrar la masa en sentido diagonal sobre el relleno, y apretar sus bordes con un tenedor en sentido ascendente.

- Calentar aceite a 180 °C (350 °F) y freír las bolsitas hasta que la pasta se dore, aproximadamente 2 ó 3 min por cada cara.

- Servir calientes, para que conserven todo su sabor.

Los ingredientes de esta receta están indicados para obtener 8 bolsitas.

brócoli con aceite y vinagre

1 brócoli grande
1 1/2 l (51 fl oz) de agua
Sal
Aceite de buena calidad
Vinagre

- Separar el brócoli en ramilletes, como se hace con la coliflor, y lavar bien bajo el chorro del agua fría (si se desea, aumentar el plato con unas patatas peladas y troceadas).

- Poner agua al fuego en un puchero, cocer el brócoli con un poco de sal hasta que quede tierno, pero no deshecho. Escurrir bien del caldo de su cocción, servir en raciones individuales y aderezar con aceite crudo y vinagre al gusto de cada comensal.

calabacines gratinados con sésamo

3/4 kg (26,5 oz) de calabacines
1/2 kg (17 oz) de requesón
4 cs de sésamo tostado
Mantequilla para el molde
3 huevos
Pimienta negra
Sal
Nuez moscada
3 dientes de ajo

- Lavar los calabacines, despojar de la parte de la flor y hacer rodajas finas.
- Escaldar 1 ó 2 min en agua hirviendo con sal; enfriar después con agua helada y escurrir bien.
- Precalentar el horno a 220 °C (425 °F).
- Mezclar el requesón, los huevos y el sésamo tostado.
- Pelar y prensar el ajo y agregar a la mezcla. Salpimentar esta mezcla abundantemente y añadir la nuez moscada.
- Incorporar las rodajas de calabacín y mezclar todo bien.
- Engrasar un molde para suflé con la mantequilla, rellenar con la mezcla y dejar su superficie lisa.
- Poner a cocer en la bandeja central del horno 20 ó 25 min.

calabacines rellenos de almejas

4 calabacines pequeños
1/2 kg (17 oz) de almejas
50 g (1,8 oz) de mantequilla
125 cl (42,2 fl oz) de vino blanco
15 g (0,5 oz) de harina
2 ramitas de perejil picado
1 ct de cebollino picado
1 vaso pequeño de aceite de oliva
Sal

- Limpiar el calabacín, cortar en sentido longitudinal en trozos de 5 cm (1,97 pulgadas) aproximadamente, vaciar de pulpa y blanquear durante 2 min en agua caliente.

- En un recipiente, rehogar las almejas con un poco de aceite y añadir el vino blanco y el perejil; dejar sudar hasta que se abran y se desprendan del caparazón.

- Dividir el caldo resultante en 3 partes: 2 partes para el relleno y 1 parte para la salsa.

- Poner 30 g (1 oz) de mantequilla y 2/3 del caldo a fuego moderado; posteriormente, añadir las almejas y la pulpa del calabacín y remover hasta que espese. Una vez a punto, rellenar los calabacines y colocar sobre una cazuela para horno.

- Poner a horno medio durante 10 min y luego, pasar a la fuente para servir.

- Para la salsa, unir el resto de la mantequilla y la harina; mojar con el tercio de caldo reservado, poner punto de sal, cocer al menos 5 min y agregar el cebollino.

- Bañar los calabacines por encima con esta salsa y servir calientes.

cardos con anchoas

1 1/2 kg (3,3 lb) de cardos
6 filetes de anchoa
1 ramita de perejil
Aceite de oliva
Sal

- Limpiar los cardos, separando las pencas blancas de las partes verdes. Lavar con agua.

- Poner al fuego una cacerola con abundante agua y sal; en cuanto rompa a hervir, echar las pencas. Cortar las pencas en trozos de 1 cm (0,4 pulgadas) de longitud. Sacar cuando estén cocidas.

- En una sartén, tostar las anchoas con el perejil ya picado en un poco de aceite.

- Escurrir las pencas. En una cazuela de barro con un poco de aceite, echar las pencas. Acabar la cocción removiendo de vez en cuando. Echar el contenido de la sartén sobre la verdura ya cocida, con los filetes de anchoas aplastados con un tenedor y el perejil; servir muy caliente.

En vez de cardos, se pueden utilizar acelgas.

cazuela de verduras

1 kg (2,2 lb) de tomates
4 pimientos rojos
3 cebollas
1 1/2 kg (3,3 lb) de berenjenas
1/2 l (17 fl oz) de aceite de oliva
3 dientes de ajo
1 1/2 kg (3,3 lb) de calabacines
1/4 l (9 fl oz) de zumo de tomate
1/4 l (9 fl oz) de vino blanco
1 ramillete de finas hierbas: laurel, romero, tomillo, perejil

- Escaldar los tomates. Pelar y trocear.
- Pelar las cebollas y cortar en rodajas; pelar los ajos y dejar enteros.
- En una cazuela de barro con 8 cs de aceite, freír la cebolla ligeramente y, cuando esté dorada, añadir los ajos, el tomate, 1/8 de vino, el ramillete de finas hierbas y todo el zumo de tomate. Salpimentar y dejar hacer durante 10 min.
- Pelar los calabacines y las berenjenas y hacer rodajas. Limpiar los pimientos y cortar en tiras.
- Precalentar el horno a 190 °C (375 °F).
- Freír las rodajas de berenjena y calabacín en otra cazuela de barro con 8 cs de aceite aproximadamente.
- Freír el pimiento por separado en una nueva cazuela de barro con aceite.
- Reunir toda la verdura frita en la primera cazuela; verter 1/8 de vino y tapar. Luego, introducir en el horno 2 h.
- Pasado ese tiempo, colocar las verduras en una fuente de servir y llevar a la mesa.

cebollas al horno

4 cebollas medianas
1 ramita de perejil
Aceite
Vinagre
Pimienta
Sal

- Poner las cebollas enteras al horno, a 200 ºC, durante 2 h.
- Finalizada la cocción, eliminar las hojas externas y cortar los bulbos en rodajas finas. Espolvorear con el perejil trinchado. Sazonar con sal y pimienta; aderezar con la mezcla del aceite y el vinagre.

cebollas y tomates rellenos

8 cebollas
8 tomates
4 cs de harina
1/2 l (17 fl oz) de caldo (puede ser de cubitos)
1 ct de perejil picado
300 g (10,6 oz) de picadillo de carne
2 dl (6,7 fl oz) de aceite
Sal
2 huevos
2 cs de harina
1 vaso pequeño de vino blanco

- Lavar bien los tomates. Pelar; lavar las cebollas, ahuecándolas por la parte superior. Rellenar tomates y cebollas con el picadillo de carne; rebozar, por la parte del picadillo, con la harina y los huevos batidos; freír ligeramente en la mitad del aceite muy caliente, con cuidado para que no se deshagan.

- Preparar una salsa rubia de la siguiente manera: poner al fuego una sartén con el aceite y cuando esté bien caliente, freír la cebolla. Una vez frita, agregar el perejil, la sal y la harina, rehogando esta hasta que esté dorada. Añadir el vino blanco y el caldo, hervir todo poco a poco, sin dejar de revolver, con una cuchara de madera para que no se formen grumos. Añadir todo el caldo y dejar hervir la salsa aproximadamente 5 min hasta que espese.

- Una vez fritos, colocar en una tartera, y verter la salsa anterior sobre ellos.

cebollinos en salsa

1/2 kg (17 oz) de cebolletas o de cebollinos
2 ct de salsa de tomate
Aceite de oliva
Sal
1 hoja de laurel
Vinagre de vino
1 ct de azúcar

- Limpiar y lavar los cebollinos. Poner al fuego una cacerola con agua salada y la hoja de laurel. En cuanto el agua empiece a hervir, echar los cebollinos en ella y mantener unos minutos; luego, sacar y escurrir.

- En una sartén con aceite de oliva, echar los cebollinos, la salsa de tomate, el vinagre y 1/2 vaso pequeño de agua, junto a 1 ct de azúcar y la sal.

- Dejar cocer a fuego lento durante 30 min. Remover de vez en cuando.

chile con carne

1 1/4 kg (2 1/2 lb) de carne
de ternera picada
1 ct de canela en polvo
3 ct de comino en polvo
4 cs de chile en polvo
2 cs de aceite de oliva
2 cebollas grandes
4 dientes de ajo
2 tomates

4 jalapeños
1/4 de taza de puré de tomate
2 ct de orégano seco
1 lata de cerveza
1 lata de tomate
4 tazas de caldo de pollo
2 latas de alubias pintas
Cilantro
Pimienta y sal

VERDURAS

- Calentar una cacerola a fuego medio-alto y añadir aceite.

- Realizar un preparado para condimentar la carne con sal y pimienta, 1/2 ct de canela, 1 ct de comino y 2 cs de chile en polvo y sazonarla con él. Verter la carne en la cacerola. Una vez dorada la carne, retirarle la grasa y reservar.

- Picar el ajo. Bajar el fuego levemente y verter la cebolla y el ajo en la misma cacerola. Cocinar entre 6 y 8 min hasta que la cebolla y el ajo se doren un poco. Cortar los jalapeños muy finos. Añadirlos y cocinar 1 min.

- Verter el tomate y revolver. Añadir 2 ct de comino, orégano y chile en polvo. Incorporar la carne y revolver.

- Agregar la cerveza, revolver todo. Picar los tomates y añadírselos también. Remover nuevamente.

- Echar el caldo de pollo y dejar a fuego mediano durante 1 1/2 h. Quitar el agua de las latas de alubias pintas y, en los últimos 30 min de cocción, echar las alubias y dejar dar otro hervor.

- Echar por encima el cilantro picado. Servir.

col aliñada o col de verano

1 col
4 filetes de anchoas
1 cs de perejil picado

1 cs de vinagre de vino
4 cs de aceite
Pimienta y sal

- Cocer la col entera en agua salada; una vez cocida, escurrir y pasar a una fuente.
- Machacar los filetes de anchoa hasta reducir a pasta y añadir el aceite, el perejil, el vinagre, la pimienta y la sal.
- Verter la mezcla resultante sobre la col.

coles de Bruselas con nata

1/2 kg (17 oz) de coles de Bruselas
50 g (1,8 oz) de mantequilla
1/4 l (9 fl oz) de nata líquida
Nuez moscada molida

Pimienta blanca
Sal
4 cl (1,3 fl oz) de vino
de Oporto blanco

- Lavar y deshojar las coles.
- Escaldar las hojas de col en agua y sal durante 1 min; escurrir y reservar.
- Hervir la nata líquida, la mantequilla y el vino durante un instante en otro recipiente y aderezar con la nuez moscada, la sal y la pimienta.
- Finalmente, mezclar las verduras con la salsa resultante del paso anterior.

coliflor a la crema

1 coliflor de aproximadamente 1 1/4 kg (2,6 lb)
1 1/2 l (51 fl oz) de agua
3 cs de mantequilla o margarina
2 tazones de salsa besamel
2 huevos crudos
Sal

- Limpiar la coliflor. Cocer la coliflor en agua y sal.
- Una vez escurrida, colocar en una fuente de horno (apropiada para llevar después a la mesa), untada con un poco de la mantequilla y con el fondo cubierto con la salsa besamel. Añadir los 2 huevos batidos a esta salsa. Introducir la fuente en el horno con el resto de la mantequilla vertida por encima.
- Servir la coliflor cuando haya adquirido un bonito color dorado.

Esta receta se puede hacer tanto con la coliflor entera como dividida en ramos.

coliflor al ajo

1 coliflor tierna de buen tamaño
3 cs de aceite
Sal
1 cs de pimentón rojo dulce (puede ser picante)
1 cs de caldo de carne (no de cubitos)
Perejil fresco
1 ct de vinagre

- Limpiar y cortar en ramilletes la coliflor. Cocer en agua con sal hasta que esté bien cocida y escurrir.

- Poner el aceite en una cazuela y freír los dientes de ajo muy picados; cuando tomen color, añadir la coliflor y echar el pimentón, la sal, el vinagre y 1 cs de caldo sobre ella.

- Rehogar todo, moviendo la cazuela para evitar así tocar la verdura y que se estropee.

- Servir en la misma cazuela con abundante perejil picado por encima.

coliflor al horno

2 coliflores pequeñas o una coliflor de 1 kg (2,2 lb)
100 g (3,5 oz) de harina
2 ó 3 huevos
1/2 l (17 fl oz) de leche
Aceite de oliva
Sal
25 g (0,9 oz) de mantequilla

- Quitar el tronco a las coliflores, separar los ramilletes y lavar.

- Dejar cocer en agua hirviendo y sal durante 20 min. Sacar la coliflor cuando todavía esté dura y dorar en una sartén con un poco de aceite.

- En un cazo, derretir 25 g (0,9 oz) de mantequilla; luego, echar la harina y remover para deshacer los grumos; añadir, poco a poco, la leche hirviendo y un poco de sal. Cuando la besamel rompa a hervir, retirar del fuego e incorporar, una a una, las yemas.

- En una cazuela de barro con un poco de aceite, poner las coles doradas y echar la besamel encima.

- Meter la cazuela en el horno, a 200 °C durante 15 min, aproximadamente.

endibias con ostras escalfadas en crema al *curry*

1 endibia
200 g (7 oz) de crema de leche
50 g (1,8 oz) de nata líquida
16 ostras
2 plátanos
1/4 l (9 fl oz) de agua
1/4 l (9 fl oz) de vino blanco
El zumo de 1 limón
2 ct de curry
2 cl (0,7 fl oz) de vino blanco seco

- Lavar y deshojar la endibia.

- Abrir las ostras, sacar su carne y recoger el agua que sueltan. Poner esta agua en una cazuela, y, con 1/4 l (9 fl oz) de agua y 1/4 (9 fl oz) de vino blanco, llevar a ebullición; entonces, introducir las ostras para que se escalfen durante unos segundos.

- Mezclar la nata líquida, la crema de leche, el vino blanco seco, el zumo de 1 limón, el *curry* y la mostaza en un recipiente y salpimentar.

- Pelar los plátanos y cortar en trocitos, echándolos en el recipiente donde está la crema.

- Presentar en platos individuales, con las hojas de endibia en el fondo; sobre ellas, las ostras escalfadas y todo ello recubierto por la salsa al *curry*.

endibias rehogadas en crema de mostaza

8 endibias de 800 g (28 oz)
3 cs de mostaza de grano grueso
Pimienta blanca
1 ramillete de berros
Sal
3/8 l (12,6 fl oz) de vino blanco seco
1/4 kg (9 oz) de crème double

- Lavar las endibias y partir por la mitad. Cortar la parte baja de las mismas en forma de cono.

- Poner en una cazuela y verter el vino blanco sobre ellas, acompañado de 1/8 l (4,2 fl oz) de agua.

- Cubrir la cazuela y, durante 10 min, poner a cocer a fuego lento.

- Sacar las endibias utilizando una espumadera y escurrir sobre la cazuela. Después, colocar en un plato, salpimentar y cubrir con una tapadera.

- Hacer una mezcla con la mostaza, la *crème double* y el vino de la cocción. Reducir en 1/3 a fuego fuerte con la cazuela destapada. Posteriormente, condimentar con sal y pimienta.

- Incorporar las endibias de nuevo y calentar durante 5 min.

- Poner en un plato, acompañadas de la salsa.

- Finalmente, lavar los berros y, con unas tijeras de cocina, cortar sus hojas encima de las endibias y la salsa, para que caigan directamente sobre ellas.

ensalada caprichosa

3 tomates duros
2 rabanitos
1 lata de espárragos
1 latita de anchoas
1 lata de atún
100 g (3,5 oz) de aceitunas
Aceite
1 limón
3 huevos duros
1 lechuga

- Picar la lechuga a modo de serpentina y cortar los tomates, los huevos duros y los rábanos en rodajas muy finas.

- Completar la ensalada añadiendo unas aceitunas, verdes y negras, con el atún y los espárragos.

- Con un mortero, machacar las anchoas hasta convertirlas en una pasta. Agregar zumo de limón y un poco de aceite a la pasta.

- Batir estos tres ingredientes con un tenedor. Añadir a la ensalada minutos antes de servir.

ensalada con salsa *romesco*

4 patatas medianas
400 g (14 oz) de judías verdes
4 calabacines medianos
2 huevos duros
100 g (3,5 oz) de aceitunas verdes sin hueso
3 tomates verdes
1 pimiento rojo en conserva
1 cebolla
Perejil fresco
1 taza de salsa romesco
Sal
1 pepino

- Hervir las patatas sin pelar en agua y sal. Hervir también las judías verdes y los calabacines.

- Una vez todo esté convenientemente cocido, preparar para ensalada: pelar y cortar las patatas y los calabacines en rodajas. Picar las judías verdes en pequeños cubos. Cortar en rodajas los huevos duros, el pepino, los tomates, la cebolla, las aceitunas y las tiras de pimiento. Disponer todo en una fuente, esparciendo por encima el perejil picado.

- Cubrir todo con la salsa *romesco*.

ensalada de alcachofas y mejillones

24 mejillones
12 alcachofas pequeñas
3 ó 4 hojas de albahaca
2 huevos
Aceite de oliva
1 tomate maduro, escaldado y pelado
El zumo de 1 limón
Pimienta
Sal

- Abrir los mejillones al vapor. Quitar las valvas.

- Cocer las alcachofas y partir en cuartos. Colocar en una fuente, alternando alcachofas y mejillones; espolvorear con la albahaca triturada.

- Preparar una emulsión ligera con el aceite, el zumo de limón, el tomate y la pimienta; verter sobre lo anterior y sazonar.

ensalada de bacalao

1 kg (2,2 lb) de bacalao de morro, limpio de piel y espinas
2 cebollas o cebolletas
4 tomates maduros
1/4 l (9 fl oz) de aceite de oliva
100 g (3,5 oz) de aceitunas negras
100 g (3,5 oz) de aceitunas verdes
2 pimientos del tiempo (no de lata) rojos o verdes
2 dientes de ajo
2 cs de perejil fresco picado
2 cs de vinagre
Sal fina

- Poner el bacalao a remojar, sin piel ni espinas, 2 h antes. Después de bien escurrido, desmenuzar en tiras con las manos.

- Partir las cebollas o cebolletas, los tomates y los pimientos en trozos o en tiras largas; juntar en una fuente con el bacalao. Regar con el aceite, el vinagre, un poco de sal, el perejil y los dientes de ajo muy picados. Sobre ello, colocar las aceitunas verdes y negras.

- Servir muy fría.

ensalada de pepinos y queso fresco

Pepinos
Aceite
Zumo de limón
1 diente de ajo
Cebolla tierna finamente picada
Queso fresco

- Tomar pepinos tiernos y recios. Quitar las pepitas, cortar en rodajas, añadir sal y esperar a que pierdan el agua. Una vez escurridos, pasar a la ensaladera y aderezar con aceite.

- Trabajar el queso con el zumo de limón, sazonar con sal y pimienta e incorporar el diente de ajo picado y también la cebolla tierna picada. Añadir todo ello a las rodajas de pepinos y mezclar cuidadosamente.

ensalada de gambas

400 g (14 oz) de gambas
150 g (5 oz) de queso tierno
50 g (1,8 oz) de cacahuetes pelados
1 lechuga
1/2 limón
4 tomates
2 pepinos (optativo)
2 cebollas tiernas
Un manojito de perejil
1 zanahoria
1 tallo de apio
1 hoja de laurel
Pimienta en grano molida
Aceite
Sal

- Lavar las gambas y cocer durante unos minutos en agua salada aromatizada por la zanahoria, el apio, parte del perejil, hoja de laurel, cebolla y unos granos de pimienta.

- Retirar sus hojas externas a la cebolla restante, mantener durante 30 min en agua fría y luego picar finamente.

- Lavar la lechuga y, con sus hojas, formar un lecho en la fuente de servicio. Sobre ellas, colocar las gambas peladas, el queso cortado en cuadrados y los cacahuetes; espolvorear con el resto del perejil picado y decorar con rodajas de tomate, y, en su caso, de pepino, alrededor de las gambas.

- Aderezar con una emulsión de aceite, zumo de limón y una pizca de pimienta molida.

ensalada de judías verdes y ajos tiernos

1/2 kg (17 oz) de judías verdes
1 manojo de ajos tiernos
1 dl (3,4 fl oz) de aceite de oliva
El zumo de 1/2 limón
Pimienta
Sal

- Limpiar de hebras las judías, cortar en dos longitudinalmente y después en 2 ó 3 trozos.

- Cocer en agua con sal durante 10 min, para que queden al dente. Escurrir del agua caliente y refrescar en agua fría.

- Desmenuzar los ajos tiernos, ya limpios, y unir el zumo de limón y la pimienta al aceite para formar una vinagreta.

- Depositar las judías verdes en una fuente y aderezar con la vinagreta.

Se puede acompañar a las judías verdes con otras verduras similares, para dar más variedad a la ensalada.

ensalada de patatas con aguacate

1/2 kg (17 oz) de patatas
Cebollino picado
1 aguacate
1/8 l (4,2 fl oz) de agua
3 cs de mayonesa
El zumo de 1/2 limón
2 cs de yogur
2 cs de vinagre
2 cs de pipas de girasol tostadas
Pimienta negra

- Cocer las patatas.
- Pelar y deshuesar el aguacate y cortar en cuadraditos. Bañar los cuadraditos con el zumo de 1/2 limón.
- Pelar y trocear las patatas, también en cuadrados, y mezclar en un recipiente con los de aguacate.
- En un recipiente, verter 1/8 l (4,2 fl oz) de agua con el vinagre y un poco de sal y pimienta para hacer un adobo.
- Echar este adobo en el recipiente de las patatas y el aguacate troceados y dejar actuar 1 h.
- Pasado ese tiempo, hacer una pasta con la mayonesa y el yogur e integrar a la ensalada, mezclándolo bien.
- Presentar adornada con las pipas y el cebollino picado.

ensalada de tomate y orégano

Tomates
Orégano
Aceite
Limón
Sal

- Elegir unos tomates maduros y macizos, lavar y escurrir; cortar en rodajas gruesas, espolvorear con hojitas de orégano y sazonar con abundante aceite, zumo de limón y sal fina.

ensalada Hawai

La carne de 12 quisquillas cocidas
1 taza de carne de cangrejo
1 taza de carne de langosta
1 taza de apio
1 cs de zumo de limón
1 lechuga orejona
8 rebanadas de piña en almíbar
Manzanas verdes
1 melón
Sal
Pimienta

- Picar el apio. Cortar el melón en piezas y pelarlas; cortar estas, a su vez, en forma de gajos. Cortar en dados la manzana.
- Preparar una salsa con el zumo de limón, la sal y la pimienta. Mezclar los mariscos y el apio y aderezar con esta salsa. Colocar en el centro de un plato grande. Disponer alrededor las hojas de lechuga, el melón, la piña y las manzanas.

ensalada Niçoise

1/4 kg (9 oz) de judías verdes
4 tomates de ensalada
440 g (16 oz) de garbanzos cocidos
50 g (1,8 oz) de aceitunas negras
125 ml (4,4 fl oz) de salsa vinagreta
1 centro de lechuga fresca
1/4 kg (9 oz) de atún
4 huevos duros
Filetes de anchoa (opcionales)
Perejil fresco

- Dar un ligero hervor a las judías para que queden crujientes y verdes. Escurrirlas, enfriarlas con agua y volverlas a colar.

- Pelar y trocear los tomates. Escurrir los garbanzos.

- Poner las judías, los tomates, los garbanzos y las aceitunas en un recipiente.

- Verter la mitad de la salsa vinagreta y mezclar bien para que los ingredientes absorban el aderezo.

- Cortar en tiras la lechuga y distribuirla en el plato en el que va a servirse. Rociar la mezcla aderezada con el atún desmigajado y seco por encima.

- Dividir en cuatro cada uno de los huevos duros y disponerlos alrededor del plato.

- Colocar las anchoas encima y sazonar con el perejil. Verter el resto de la salsa y servir inmediatamente.

ensalada Waldorf

2 manzanas
1 taza de apio
1 1/2 taza de mayonesa
1 1/2 cs de vinagre de manzana
Sal
Pimienta
2 tazas de uvas verdes
1 1/2 de pasas negras
1 taza de nueces pecanas picadas en trocitos

- Picar las manzanas en cubitos. Picar el apio en trozos pequeños. Despepitar las uvas.

- Mezclar la manzana, el apio y las uvas en una fuente y rociar el vinagre con sal y pimienta a gusto. Vaciar e incorporar la mayonesa sobre la mezcla.

- Picar en trocitos las nueces pecanas. Reservar 1/3 de las pasas y 1/3 de las nueces pecanas y mezclar el resto con la preparación.

- Vaciar todo en una ensaladera y salpicar con las nueces pecanas y las pasas.

ensaladilla rusa

3/4 kg (26,5 oz) de patatas
200 g (7 oz) de guisantes
3 zanahorias
2 huevos
150 g (5 oz) de bonito en aceite
Mayonesa
Sal

- Lavar las patatas y poner a cocer con piel en agua con sal.
- Poner a cocer los huevos en agua fría, hasta que queden duros.
- Pelar las zanahorias y poner a cocer con los guisantes en agua con sal.
- Pelar las patatas y cortar en cuadraditos.
- Cortar las zanahorias también en cuadraditos.
- Pelar y cortar los huevos.
- Mezclar las patatas, las zanahorias, los guisantes, los huevos y el bonito con la mayonesa.
- Poner en el frigorífico a enfriar y servir fría.

La ensaladilla puede adornarse con tiras de pimientos en conserva, con aceitunas o con trozos de huevo cocido.

espárragos con besamel gratinados

12 espárragos blancos
1 l (34 fl oz) de leche
70 g (2,4 oz) de mantequilla
4 cs de harina
Sal
Nata

- En un recipiente puesto al fuego, fundir la mantequilla y, sobre ella, añadir la harina lentamente, sin dejar de remover para que no se formen grumos.

- Calentar la leche un poco y echar sobre la mezcla anterior. Seguir removiendo con una cuchara. Finalmente, salar al gusto.

- Poner los espárragos en una fuente y recubrir con la besamel que se acaba de elaborar y con un poco de nata.

- Introducir en el horno y gratinar.

espinacas a la catalana

2 kg (4,4 lb) de espinacas
150 g (5 oz) de piñones
150 g (5 oz) de uvas pasas sin rabo
175 g (6,2 oz) de mantequilla
1 1/2 l (51 fl oz) de agua
Sal

- Limpiar, picar y lavar las espinacas. A continuación, poner al fuego en una cacerola con el agua y sal. Cuando estén cocidas, escurrir hasta quitar toda el agua.

- En una sartén, al fuego, poner la mantequilla, los piñones y las pasas sin rabo.

- Freír hasta que estén dorados los piñones. Añadir las espinacas. Saltear durante 5 min, moviéndolas continuamente, para que absorban bien toda la mantequilla.

- Servir muy calientes en una fuente.

espinacas a la crema

2 yemas
3 cs de harina
1/2 l (17 fl oz) de leche
1 kg (2,2 lb) de espinacas
Sal
Pimienta
75 g (2,6 oz) de margarina

- Lavar bien las espinacas para que suelten la arena. Quitar los tallos.
- Escurrir y picar.
- Derretir la mantequilla, sin dorar, rehogando en ella la harina, y agregando leche continuamente.
- Cocer todo junto y revolver sin parar, para evitar la formación de grumos, y sazonar con sal.
- Echar las espinacas y mezclar todo sin dejar de revolver. Cocer a fuego suave durante 10 min.
- Una vez cocidas las espinacas, apartar del fuego e incorporar las 2 yemas, una tras otra. Remover la mezcla con rapidez.
- Servir en una fuente caliente.

espinacas al Sacromonte

1 1/2 kg (3,3 lb) de espinacas frescas
Sal
200 g (7 oz) de almendras sin tostar
4 cs de aceite
Unas hebras de azafrán
50 g (1,8 oz) de pasas
1 ct de vinagre
Pimienta blanca en polvo
4 rodajas de pan frito
2 dientes de ajo
2 cs de miga de pan fresco

- Lavar bien las espinacas. Pasar por agua fría; poner a cocer en abundante agua con sal, escurrir y trocear con un cuchillo.
- Rehogar las espinacas en el resto del aceite y añadir el majado del mortero y las pasas picadas. Echar sobre ellas el vinagre y un poco de pimienta.
- Servir con los panes fritos.

espinacas con langostinos

1/2 kg (17 oz) de espinacas
1/4 kg (9 oz) de langostinos
2 huevos
1 diente de ajo
Aceite
Sal

- Lavar bien las espinacas en varias aguas. Escurrir, picar muy finas y reservar.

- Lavar los langostinos y hervir durante 2 min en abundante agua con sal. Pelar y reservar.

- En el agua de haber cocido los langostinos, y un poco más, si es necesario, hervir las espinacas durante 5 min. Escurrir en un colador hasta que no suelten agua.

- Echar aceite en una sartén; cuando esté caliente, poner 1 diente de ajo picado y, al empezar a dorarse, saltear un poco los langostinos; seguidamente, incorporar las espinacas, dar a todo unas vueltas y, a continuación, añadir los huevos sazonados con un poco de sal y ligeramente batidos para cuajar el revuelto, procurando que quede jugoso.

- Servir rápidamente.

Si resulta más cómodo, las espinacas también se pueden picar después de cocidas.

gratinado de tomates

800 g (28 oz) de tomates de ensalada
150 g (5 oz) de Appenzeller recién rallado
100 g (3,5 oz) de pan rallado
3 cs de aceite de oliva
Mantequilla para el molde
Pimienta negra
3 dientes de ajo
1 ramillete de albahaca
Sal
1 ct de orégano, fresco o seco

- Escaldar, pelar y cortar en rodajas los tomates. Quitar los rabos.

- Engrasar un molde de suflé con la mantequilla; colocar las rodajas de tomate en él como si fueran tejas.

- Echar el pan rallado en un recipiente. Pelar y prensar el ajo y añadir al pan rallado.

- Mezclar el aceite de oliva y el pan rallado y agregar la pimienta, la sal y el orégano.

- Precalentar el horno a 220 °C (425 °F).

- Salpimentar los tomates. Lavar la albahaca bajo el grifo y quitar las hojitas, apartar unas pocas y espolvorear el resto sobre los tomates.

- Distribuir la mezcla de pan rallado también sobre los tomates de manera uniforme.

- Gratinar todo durante 20 min en la bandeja central del horno, hasta que el Appenzeller esté totalmente fundido y la superficie haya adquirido un tono dorado.

- Servir adornado con la albahaca que se había reservado.

guisantes con jamón

1/2 cebollita
50 g (1,8 oz) de mantequilla
200 g (7 oz) de jamón jugoso
1/2 kg (17 oz) de guisantes tiernos
Extracto de carne

- Derretir la mantequilla en una sartén y agregar la cebolla muy picadita.
- Cuando la mezcla vaya adquiriendo transparencia, echar el jamón cortado en cuadraditos, procurando que contenga algo de tocino.
- Acto seguido, añadir los guisantes.
- Tras rehogarlos, incorporar 1/2 ct de extracto de carne, disuelta en una pequeña cantidad de agua.
- Posteriormente, dejar cocer a fuego lento un mínimo de 30 min.

hervido valenciano

4 patatas medianas
4 cebollas tiernas medianas
1/2 kg (17 oz) de judías verdes (o acelgas)
1/2 l (17 fl oz) de agua
Aceite de oliva
Vinagre
Sal

- Pelar patatas y cebollas. Dar un corte a las cebollas en los extremos y despuntar las judías verdes.
- Poner a calentar el agua en un puchero. Cuando hierva, añadir un poco de sal, las cebollas y las patatas, y dejar cocer a fuego lento entre 20 y 25 min. Añadir las judías y prolongar la cocción, a fuego lento, hasta que estén tiernas.
- Servir y aderezar con aceite de oliva y vinagre al gusto.

judías verdes con jamón

1 1/2 kg (3,3 lb) de judías verdes
150 g (5 oz) de jamón
1 kg (2,2 lb) de tomates del tiempo
4 cs de aceite
1 diente de ajo
1 cebolla mediana
Perejil fresco
Sal
1 1/2 l (51 fl oz) de agua

- Lavar las judías y eliminar los hilos. Cocer en el agua con sal el tiempo necesario. Escurrir. Echar en una cazuela.

- Poner 2 cs de aceite en una sartén al fuego; cuando esté caliente, freír el jamón cortado en pequeños cubos en él. Tras freír y escurrir, incorporar a la cazuela de las judías. En el mismo aceite (añadirle la mitad restante), freír la cebolla pelada y picada muy menuda. Cuando esté dorada, agregar el tomate picado y dejar cocer hasta que se consuma todo el caldo (la salsa debe quedar espesa); después, colar con el pasapurés, añadiéndola a la cazuela de la verdura. Majar el diente de ajo y unas ramas de perejil en el mortero y echar a las judías, removiéndolo todo. Tras rectificar la sal, cocer, tapadas y muy lentamente, durante 30 min. Servir en una fuente.

judías verdes con patatas

3/4 kg (26,5 oz) de judías
3/4 kg (26,5 oz) de patatas
2 dientes de ajo
1 cebolla
4 cs de aceite
Sal
2 tomates

- Pelar y trocear las patatas. Deshebrar las judías. Partir de acuerdo a su tamaño: a la mitad si son delgadas y a lo largo si son anchas.

- Hervir en sal y abundante agua durante 30 min; a continuación, escurrir y reservar.

- En el aceite, freír la cebolla y los ajos picados, y cuando estén dorados, añadir los tomates pelados y troceados.

- Presentar las judías y las patatas en una fuente y recubrir con el sofrito de tomate.

judías verdes con tomate

1 1/2 kg (3,3 lb) de judías
1 kg (2,2 lb) de tomates
1 diente de ajo
2 huevos duros para adornar la fuente
4 cs de aceite
1 cebolla
Sal

- Limpiar las judías cortándoles las puntas y los bordes donde tienen las hebras. Cocer en agua hirviendo con sal. Poner en un escurridor para que pierdan toda el agua.

- En el aceite, rehogar la cebolla bien picada y el ajo. Añadir los tomates pelados y dejar cocer a fuego lento y tapado.

- Revolver de vez en cuando para que no se pegue (es preferible utilizar una cuchara de palo), rectificar la sal y, cuando esté hecho, pasar por la batidora.

- Calentar el tomate con las judías y servir adornado con rodajas de huevo duro.

lombarda con reinetas

2 manzanas reinetas
1 kg (2,2 lb) de lombarda
1 cs de vinagre
1 vaso pequeño de vino tinto
Aceite
Sal

- Lavar la lombarda. Quitar el tronco y la parte central y dura de las hojas y picar muy fina.

- Pelar las manzanas, partiéndolas en rodajas finísimas, y echar con la lombarda.

- Cocer en agua hirviendo con sal durante 30 min.

- Escurrir y quitar el agua.

- Poner aceite en una sartén y quemar dorando un ajo.

- Quitar del fuego, retirar el ajo y verter sobre el aceite 1 vaso pequeño de vino tinto.

- Incorporar esta mezcla a la lombarda y envolver en ella.

- Por último, agregar 1 cs de vinagre a la lombarda, remover y servir.

menestra de verduras

1 kg (2,2 lb) de guisantes
1/4 kg (9 oz) de alcachofas
1/2 kg (17 oz) de judías verdes
1/4 kg (9 oz) de zanahorias
100 g (3,5 oz) de jamón
1/2 kg (17 oz) de patatas
2 cs de harina
100 g (3,5 oz) de cebolla
5 cs de aceite de oliva
Pimienta blanca
Sal

- Desgranar los guisantes, raspar las zanahorias y cortarlas en cuadraditos; quitarles las hebras a las judías y cortarlas en trozos de 3 cm (1,18 pulgadas) aproximadamente; cortar las patatas. Poner una cacerola con agua al fuego y, cuando rompa a hervir, echar los guisantes, las zanahorias y las judías. Agregar sal y dejar cocer 30 min. Pasado este tiempo, añadir las patatas.

- Limpiar las alcachofas, cortar en cuatro pedazos, quitarles las hojas duras y poner a cocer en agua hirviendo con 1 rodaja de limón. Cuando estén tiernas, sacar y lavar en agua fría.

- Picar la cebolla muy fina. Cortar el jamón en cuadraditos. En una sartén, echar el aceite, y cuando esté caliente, añadirle la cebolla. Cuando esté muy dorada, introducir el jamón y la harina, rehogar un poco y verter el conjunto en la cacerola de las verduras. Dejar que quede un poco de agua en la que se han cocido las verduras en la cacerola.

- Añadir las alcachofas, sazonar con sal y pimienta blanca y dejar cocer suavemente durante 10 min aproximadamente.

pimientos del piquillo con bacalao

12 pimientos del piquillo
350 g (12,3 oz) de bacalao
2 cebollas
1 ajo
1 tomate

2 pimientos rojos
Harina
Huevo
Aceite

- Poner el bacalao en remojo a desalar durante 24 h.

- En una cazuela al fuego, echar agua y llevar a ebullición. Cuando hierva, retirar del fuego, poner el bacalao en el agua y dejar aproximadamente 20 min.

- Sacar del agua, quitar la piel y las espinas. Desmigar.

- Poner una cazuela al fuego con aceite y sofreír las cebollas y los ajos muy picados, muy lentamente y sin que se doren.

- Sacar la mitad y reservar en otra sartén.

- A la mitad restante, añadir el tomate, sin piel ni espinas, y los pimientos rojos bien troceados. Dejar hacer, añadir un poco de agua, cocer unos minutos y pasar por el pasapurés.

- Mezclar el bacalao desmigado con la cebolla y el ajo reservados, y dejar al fuego aproximadamente 5 min.

- Con este preparado, rellenar los pimientos.

- Pasar por harina y huevo batido y colocar en una cazuela de barro.

- Echar la salsa de tomate por encima de los pimientos.

- Poner la cazuela al fuego durante aproximadamente 10 min y servir.

Los pimientos del piquillo admiten muchos rellenos: gambas, otros mariscos, carne picada, huevos duros, etc.

pipirrana

200 g (7 oz) de bacalao seco
2 pimientos verdes
1 lechuga
2 tomates rojos
1 pepino
Aceite de oliva
Vinagre
2 dientes de ajo asados
Sal

- Escaldar y pelar los tomates. Luego, quitar las semillas y cortar en trocitos.
- Limpiar los pimientos, retirar las semillas y hacer tiras.
- Lavar y trocear la lechuga.
- Pelar y cortar el pepino en rodajas finas.
- Quitar las espinas y los restos de piel al bacalao. Desmenuzar en un recipiente con agua. Cambiar esta agua varias veces para eliminar el exceso de sal del pescado.
- Cuando el bacalao esté bien desalado, poner en una fuente con las verduras troceadas.
- Machacar los ajos en el mortero y echar sobre la fuente preparada con los demás ingredientes, acompañados de vinagre y aceite, y de sal si es necesario. Servir frío.

pisto manchego

4 pimientos verdes
4 tomates
3 calabacines
2 cebollas
Aceite
Sal

- Pelar y limpiar de semillas los tomates, pimientos, calabacines y cebollas.

- Cortar en cuadraditos.

- En una cazuela con aceite caliente, echar la cebolla y hacer durante 5 min.

- Añadir los calabacines y los pimientos.

- Finalmente, completar con el tomate y la sal y cocer durante 15 min.

porrusalda

1 manojo de puerros
400 g (14 oz) de patatas
200 g (7 oz) de zanahorias
1 cebolleta fresca
6 cs de aceite de oliva
Sal

- Cortar la cebolleta en cuadraditos. Limpiar la patata, pelarla y cortarla en trozos irregulares. Cortar la zanahoria en rodajas. Limpiar y trocear los puerros.

- Poner la cebolleta en una cazuela con aceite para cocinarla a fuego suave. Cuando esté cocinada y blandita la cebolleta, añadir la patata y la zanahoria. Rehogar el conjunto y mojar con agua o caldo justo hasta cubrir las patatas.

- Una vez que comienza a hervir, añadir los puerros y una pizca de sal, tapar la cazuela y dejar hervir a fuego suave durante 40 min. Cuando las patatas y puerros estén cocidos, sacar del fuego la cazuela, poner a punto de sal y tapar la cazuela para que el guiso repose. Servir.

Para reducir el tiempo de cocción de los puerros podemos utilizar la olla a presión, lo que disminuiría de 40 a 5 min de cocción.

puerros gratinados
con jamón cocido y queso

12 puerros gruesos
12 lonchas de jamón cocido
12 lonchas de queso
30 g (1 oz) de queso rallado
4 cs de harina
70 g (2,4 oz) de mantequilla
1 l (34 fl oz) de leche
Sal

- Cocer la parte blanca de los puerros en agua hirviendo con sal durante 30 min.

- Escurrir y dejar enfriar.

- Aparte, en un cazo, calentar la leche y reservar.

- En otro recipiente, fundir la mantequilla y echar la harina; remover a la vez con una cuchara de madera. Salar.

- Añadir la leche caliente poco a poco, sin dejar de remover, hasta que la salsa adquiera cuerpo.

- Envolver cada puerro en una loncha de jamón cocido y en otra de queso.

- Engrasar la fuente del horno y poner los puerros sobre ella, rociando la salsa besamel sobre ellos y espolvoreándolos con un poco de queso rallado.

- Gratinar en el horno entre 3 y 5 min.

ratatouille

2 cebollas
2 calabazas
2 berenjenas
3 tomates
1 pimiento colorado
1 pimiento verde
4 dientes de ajo
1 ramillete compuesto por diferentes hierbas, que se atan
Aceite de oliva virgen

- Primero, cortar las berenjenas en cuadraditos de 2 cm (0,78 pulgadas) aproximadamente; ponerlas en un colador y espolvorearlas con bastante sal. Cortar los calabacines de igual forma. Picar las cebollas en trozos pequeños. Cortar los pimientos en tiras. Pelar y cortar los ajos.

- Añadir una capa de aceite de oliva en una sartén. Echar la cebolla antes de que humee para que se fría pero no se dore. Sacar la cebolla y escurrirla; depositarla en una ensaladera. Hacer lo mismo con los pimientos y los calabacines en el mismo aceite, sucesivamente. Si se acabase el aceite, añadir otro chorro. Igual con las berenjenas; y a la ensaladera de nuevo, también el ajo picado y crudo. Poner todo lo que hay en la ensaladera de nuevo en la sartén.

- A continuación, escaldar los tomates, pelarlos, retirar la parte dura de dentro, picarlos y salarlos. Añadir a la sartén, mover muy bien todo y sumarle el ramillete de hierbas.

- Dejarlo durante 1 1/2 h. Dejar evaporar si hay mucho líquido. Salpimentar.

repollos gratinados

2 repollos tiernos
Sal
2 cs de manteca de cerdo
1 diente de ajo gordo
Perejil fresco
1 cs de pan rallado
1 cs de queso rallado

- Limpiar y cortar los repollos un poco gruesos. Lavar bien. Cocer en un puchero hondo con agua y un poco de sal. Cuando estén cocidos y bien escurridos, untar con la manteca una fuente de horno y poner la verdura en ella.

- Picar el diente de ajo y el perejil y mezclar con el pan y el queso rallado; cubrir la verdura y gratinar en el horno caliente.

- Servir cuando la superficie esté tostada.

setas con perejil y jamón

1 kg (2,2 lb) de setas frescas
150 g (5 oz) de jamón
2 dientes de ajo
40 g (1,4 oz) de pan rallado muy fino
2 cs de perejil fresco
1 taza grande de aceite
1 vaso pequeño de agua
Pimienta negra en polvo
Sal

- Cortar el jamón en trocitos un poco más gruesos que dados y freír ligeramente en algo de aceite puesto al fuego en una cazuela; añadir las setas bien limpias y enteras, o partidas si son demasiado grandes.

- Dejar en el fuego mientras el agua que sueltan se consume.

- Agregar el pan rallado a los ajos picados y al perejil. Sin tocar las setas ni con la cuchara ni con otro elemento, rehogar añadiendo el resto del aceite. Cuando ya casi estén fritas, incorporar el vaso pequeño de agua fría, sal y un poco de pimienta negra.

- Después de aproximadamente 15 min de cocción, servir.

setas fritas
con tomates en vinagreta

600 g (21,2 oz) de setas
2 tomates de ensalada
4 ó 5 dientes de ajo
Sal
3 cs de vinagre de vino tinto
8 cs de aceite de oliva
Pimienta negra
Las hojas de un ramillete de albahaca

- Escaldar los tomates, despojar de la piel y de las semillas y cortar en daditos.

- Para elaborar la vinagreta, batir el vinagre de vino tinto con la sal y disolver totalmente.

- Agregar 4 cs de aceite de oliva y la pimienta y batir con energía, hasta que alcance el punto cremoso.

- Introducir los pedacitos de tomate en la vinagreta.

- Cortar la albahaca en tiras de pequeño tamaño y echárselas por encima.

- Quitar las partes duras de las setas, lavar brevemente y secar con cuidado. Si son muy grandes, partir después.

- Calentar la otra mitad del aceite en una sartén grande y freír las setas a fuego fuerte y por ambos lados, apretándolas con la ayuda de una espumadera.

- Prensar los dientes de ajo y extender sobre las setas. Condimentar con sal y pimienta negra.

- Distribuir las setas en cuatro platos junto a 1 cs de tomate en vinagreta.

setas *shiitake* al horno

1/4 kg (9 oz) de setas shiitake *frescas*
4 dientes de ajo
1 cs de perejil
5 cs de aceite
Sal (mejor si es sal Maldon)

- Picar los dientes de ajo y majarlos con el perejil y aceite.
- Precalentar el horno a 200 °C (400 °F).
- Después, retirar el tallo de las setas y limpiarlas con un trapo sin lavarlas. Vaciar los sombreros. Regar la bandeja del horno con un chorrito de aceite. Poner las setas sobre ella.
- Rellenar los sombreros con el majado anterior.
- Hornear 10 min y sazonar fuera del horno.
- Servir calientes.

Si compramos las setas secas, hay que rehidratarlas: las tendremos que dejar en remojo con agua templada durante 1 h.

tabulé (ensalada de cuscús)

1 taza de cuscús precocido
2 cs de hierbabuena o menta fresca
1 cs de perejil o cilantro en hojas
3 tomates
1 cebolla grande
El zumo de 3 limones
1 pepino
Aceite de oliva extra virgen
Una pizca de sal
Aceitunas negras
1 cs de comino

- Echar sal y comino en 1 taza de agua y llevarla a ebullición. Tras poner el cuscús precocido dentro de un recipiente, verter la taza de agua sobre él.

- Pasados 10 min, remover el cuscús con un tenedor, de modo que quede suelto.

- Picar la hierbabuena o menta. Cortar los tomates en cuadrados pequeños. Cortar finamente la cebolla. Añadir todos los ingredientes y removerlos bien.

- Poner las aceitunas encima.

- Colocar en el frigorífico y servir cuando esté frío.

tempura
de verduras y langostinos

100 g (3,5 oz) de ramilletes de coliflor
100 g (3,5 oz) de brócoli
1 calabacín mediano
2 zanahorias
100 g (3,5 oz) de champiñones
12 langostinos pelados
1 taza de harina
Aceite de oliva
Caldo de verduras
Para el rebozado:
200 g (7 oz) de harina
1 huevo
7 cs de aceite de oliva
10 cs soperas de agua helada
1 huevo
1 cs de sal

- Limpiar y cortar las verduras regularmente en formas que sean fáciles de tomar con los palillos. Sazonar ligeramente con caldo de verduras.

- Para lograr la pasta para rebozar, verter el agua, muy fría, en un recipiente, agregar la yema del huevo y mezclar bien. Incorporar la harina y la sal batiendo rápidamente. Añadir la clara batida a punto de nieve.

- Calentar abundante aceite de oliva en una sartén honda. Pasar ligeramente verduras y langostinos por la pasta para rebozar y freírlos. Una vez dorados, retirar con una espumadera y escurrir la grasa sobrante dejándolos sobre papel absorbente.

tofu frito con salsa de soja

350 g (12,4 oz) de tofu
8 cs de harina de arroz integral
Una pizca de cilantro molido
Una pizca de cardamomo molido
2 dientes de ajo
Cebollino
Aceite de oliva
Sal
Para la salsa de soja:
Salsa de soja
Melaza

- Cortar el tofu en barritas de 1 cm (0,4 pulgadas) de grosor. Picar el ajo. Mezclar en un bol la harina, el cilantro, el cardamomo, sal y el ajo. Añadir un poco de agua y mezclar todo hasta que quede una masa homogénea.

- Rebozar las barritas de tofu en la masa e introducirlas en la sartén con abundante aceite caliente, de modo que cubra las barritas. Una vez fritas, colocarlas sobre un papel absorbente.

- Mezclar la salsa de soja con la melaza.

- Servir las barritas acompañadas de la mezcla de la salsa de soja y la melaza.

- Adornar con unas ramas de cebollino.

tomates
rellenos de carne

10 tomates iguales de carne firme
Sal
Pimienta negra en polvo
200 g (7 oz) de carne picada
100 g (3,5 oz) de tocino
2 huevos
Canela en polvo
2 cs de pan rallado

- Lavar cuidadosamente los tomates bajo el chorro de agua; partir por la mitad con cuidado de no deshacerlos, quitar las pepitas y sazonar ligeramente con sal y pimienta.

- Picar bien el tocino y juntar con la carne picada, procurando que queden bien unidos y con una consistencia fina.

- Añadir las yemas de los 2 huevos y sazonar con sal, pimienta y canela, amasando todo bien y procurando que quede bien ligado.

- Asar ligeramente los tomates. Rellenar con la mezcla obtenida.

- Una vez rellenos, untar con clara de huevo batido y pan rallado, para lo cual, el consejo es usar un pincel fino, y poner al horno hasta que estén a punto.

tortitas
de calabacín con queso

800 g (28 oz) de calabacines
4 huevos
200 g (7 oz) de emmental rallado
6 cs de harina
4 dientes de ajo
1/2 paquete de levadura en polvo
Aceite
1 ramillete de perejil
1 ct de sal

- Lavar y rallar los calabacines.

- Pelar y picar finamente los dientes de ajo, y la ramita de perejil.

- En una cazuela, cascar los huevos y mezclar con el calabacín rallado y un poco de sal.

- Sobre esta pasta, tamizar la harina y añadir el perejil, el ajo, el queso y la levadura. Remover hasta mezclar bien.

- En una sartén con aceite caliente, echar porciones de esta pasta y freír en forma de tortita.

- Servir inmediatamente, calientes y doradas por ambos lados.

wok de verduras y gambas

1 bolsa de setas variadas congeladas
1/2 paquete de gambas crudas peladas
1 puerro
1 pimiento verde
5 dientes de ajo
Salsa de soja
Salsa picante de chile
Aceite de oliva virgen

- Cortar el puerro en rodajas; el pimiento, en tiras, y los dientes de ajo, en láminas algo gruesas. Poner los ajos en el *wok* a fuego muy fuerte y después añadir un chorro de aceite. Dar vueltas y añadir las setas y las gambas.

- Cuando suelten suficiente agua, escurrirlas bien en una cazuela aparte y volver a echarlas al *wok*, añadiendo un chorro más de aceite.

- Finalmente, sumarle las verduras y saltearlas con el resto. Cuando tomen un color más vivo, añadir la salsa de soja y 2 cs de salsa picante de chile, removiendo bien todo junto.

zanahorias al vermut

1 kg (2,2 lb) de zanahorias
125 g (4,4 oz) de nata
2 cs de vermut
40 g (1,4 oz) de mantequilla
1/2 l (17 fl oz) de caldo
Nuez moscada
1 ct de azúcar
1 ct de cebollino picado
Pimienta blanca
Sal

- Poner a calentar la mantequilla con un poco de azúcar en una sartén.

- Pelar y cortar en rodajas las zanahorias. Saltear en la mantequilla dulce.

- Sobre ellas, verter el caldo, tapar y dejar a fuego suave durante 15 min. Seguidamente, destapar y dejar hacer otro poco, hasta que se evapore el caldo.

- Finalmente, agregar el vermut y la nata líquida y sazonar con sal, pimienta y una pizca de nuez moscada.

- Cuando la salsa adquiera una consistencia cremosa, retirar del fuego.

- Verter en un recipiente y adornar con el cebollino picado.

Es un buen acompañamiento para platos de carne.

MASAS Y EMPANADAS

empanada de bacalao

1 kg (2,2 lb) de bacalao
2 cebollas
2 cs de perejil picado
1 cs de salsa de tomate
1 1/2 vaso de aceite
150 g (5 oz) de pasas sin rabo
1 paquete pequeño de pimentón
1 chorizo cortado en rodajas o en pedacitos
150 g (5 oz) de pimientos morrones
1 huevo batido para untarla
Masa de empanada

- Dejar el bacalao 2 días en remojo para quitarle la sal. Cubrir de agua en una cazuela y poner al fuego. Dejar que dé un hervor. Escurrir y quitar las espinas.

- Dorar 1 rodaja de pan en el aceite y hacer un *rustido* con la cebolla picada y el perejil.

- Rehogar luego las pasas sin los rabos y añadir el pimentón y la salsa de tomate. Incorporar el bacalao y darle unas vueltas en la sartén, con el chorizo y los pimientos cortados en tiras, y el azafrán disuelto en agua.

- Estirar parte de la masa y colocarla sobre la placa del horno untada de aceite. Untar la masa con un poquito de azafrán mojado en agua y verter el relleno.

- Estirar la otra masa, mojar la parte que se va a quedar en el interior con azafrán, cubrir, retirar la que sobresalga y adornar con un tenedor.

- Con un pincel, untar con huevo batido antes de meter al horno. Dejar en el horno hasta que esté dorada (aproximadamente 45 min).

empanada de berberechos

2 kg (4,4 lb) de berberechos o 5 latas de 1/2 kg (17 oz)
2 hojas de laurel
Sal
2 cebollas grandes
100 g (3,5 oz) de jamón en taquitos
2 chorizos cortados en cuadraditos
1 1/2 vaso de aceite
1 huevo batido
Masa de empanada

- Lavar los berberechos, colocar en una tartera con abundante agua fría, sal y las hojas de laurel. Poner al fuego y dejar cocer hasta que se abran.

- Escurrir y quitar las conchas. Pasar por la sartén con una pizca de aceite para que suelten el agua.

- Freír la cebolla en aceite hasta que esté dorada. Añadir los berberechos, el jamón y el chorizo, y dar una vuelta.

- Estirar parte de la masa y colocar encima los berberechos. Tapar con la masa restante y adornar. Pintar con huevo batido y dejar en el horno hasta que esté dorada (aproximadamente 45 min).

Si se hace con berberechos de lata, han de ser al natural. Escurrir y pasar por la sartén.

empanada de bonito

1/2 kg (17 oz) de bonito en aceite (1 lata)
2 huevos cocidos
3 cebollas medianas
4 dientes de ajo
1 cs de perejil
1 1/2 vaso de aceite
Masa de empanada

- Picar las cebollas y poner a dorar en el aceite, añadir los ajos picados y el perejil. Cuando esté dorado, mezclar el bonito previamente deshecho. Dar unas vueltas en la sartén.

- Estirar parte de la masa. Colocar el bonito y espolvorear con los huevos duros picados, cubrir con el resto de la masa, adornar y pintar con huevo batido. Dejar en el horno hasta que esté dorada (aproximadamente 45 min).

También se le pueden poner unas aceitunas picadas y un tomate que se freirá con el *rustido*.

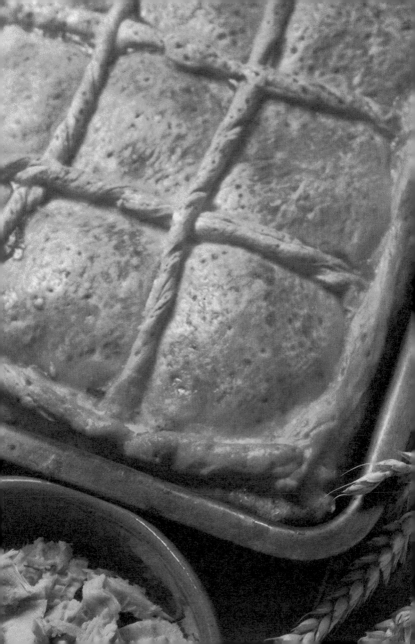

empanada de mejillones

2 kg (4,4 lb) de mejillones
2 cebollas grandes
2 pimientos verdes
4 dientes de ajo
2 cs de perejil picado
1 chorizo picado en cuadraditos
100 g (3,5 oz) de jamón serrano en tacos
1 1/2 vaso de aceite
2 hojas de laurel
Sal
1 huevo
Masa de empanada

- Cocer los mejillones en abundante agua fría con el laurel y la sal. Sacar de las conchas y escurrir bien.

- Hacer un *rustido*, poniendo a dorar la cebolla picada en el aceite, el pimiento en trocitos pequeños y el ajo y el perejil picados. Cuando el pimiento esté blando, retirar del fuego.

- Extender parte de la masa. Colocar los mejillones y, sobre ellos, el *rustido,* el jamón y el chorizo.

- Tapar con el resto de la masa, adornar y pintar con el huevo batido mezclado con agua antes de meter en el horno.

empanada de pollo

1 pollo pequeño
150 g (5 oz) de lomo
150 g (5 oz) de jamón
1/2 kg (17 oz) de tomates
1 cebolla
2 dientes de ajo
2 pimientos morrones
Aceite
Sal
Pimienta
Masa de empanada

- En una sartén, freír la cebolla picada y los ajos. Cuando esté transparente, añadir el tomate limpio y partido, sazonar con sal y dejar hacer como para salsa.

- En una tartera con aceite, dorar el pollo limpio, partido en trocitos y sazonado con la sal y la pimienta.

- Agregar el lomo partido en tiras, cubrir con la salsa de tomate y dejar hacer despacio, 30 min aproximadamente. Deshuesar el pollo en este momento.

- Espolvorear la superficie de trabajo con harina y extender la masa con el rodillo, colocar sobre un molde engrasado y verter dentro el preparado del pollo, con lonchitas de jamón y tiras de pimiento.

- Cubrir con otra capa de masa, cerrar bien los bordes y adornar con tiras o cordones de pasta.

- Hacer un agujerito en el centro para que respire la empanada durante la cocción. Pintar con huevo batido y meter a horno no excesivamente fuerte hasta que esté dorada y bien cocida.

- Sacar del horno, dejar enfriar un poco y desmoldar. Puede comerse tanto fría como caliente.

empanada
de lomo de cerdo

1 kg (2,2 lb) de lomo de cerdo
3 chorizos partidos en rodajas
3 dientes de ajo
1 cs de perejil picado
1 ct de orégano
1 cs de pimentón
2 cebollas pequeñas
2 huevos cocidos
1 cs de agua
1 vaso de aceite
100 g (3,5 oz) de jamón serrano en cuadraditos
100 g (3,5 oz) de pimiento morrón en tiras
Sal
Masa de empanada

- La víspera, cortar el lomo en trocitos. Machacar los dientes de ajo y el perejil en el mortero, añadir el orégano y 1 cs de agua, y adobar el lomo con este preparado. Reservar hasta el día siguiente.

- Hacer un *rustido* con 1 vaso de aceite y las 2 cebollas picadas. Dorar el lomo en el aceite y escurrir todo el jugo.

- Estirar la masa y colocar encima el lomo, sazonar con sal y verter el *rustido*. Añadir el chorizo, el huevo duro picado, los taquitos de jamón y el pimiento en tiras. Cubrir con el resto de la masa y adornar.

- Meter al horno 1 h hasta que esté dorada.

empanada
de sardinas y jamón

24 sardinas
4 cebollas picadas
3 dientes de ajo
1 ramita de perejil
1 tomate pelado
2 pimientos verdes
200 g (7 oz) de taquitos de jamón
Sal
Aceite de oliva
Masa de empanada

- Lavar las sardinas. Quitar la cabeza, las tripas, las escamas y la espina. Reservar.

- En una sartén con aceite de oliva, preparar un *rustido* con la cebolla, el pimiento, los ajos, el perejil y el tomate grande pelado; cuando esté bien cocido, añadir los taquitos de jamón. Rellenar las sardinas con parte de este preparado.

- Extender la masa para preparar la empanada y poner una capa del *rustido* sobre ella. Colocar las sardinas encima, cubrir con el resto del sofrito y tapar con la otra lámina de masa; cerrar los bordes, dejar un orificio en el centro y meter al horno 30 min hasta que está dorada.

- Antes de retirar, pintar con un poco de grasa del *rustido* y verter lo que quede en el agujero del centro moviendo la empanadera para todos los lados para que se empape bien el pan con la grasa.

empanada de *zorza*

1/2 kg (17 oz) de masa de empanada
1 kg (2,2 lb) de zorza
2 huevos cocidos
2 chorizos
1 lata de pimientos morrones
50 g (1,8 oz) de grasa de cerdo
1 huevo

- En una sartén, calentar la grasa de cerdo y pasar en ella la *zorza*. Agregar los chorizos cortados en rodajas y el huevo cocido picado.

- Sobre papel untado de grasa y espolvoreado de harina, colocar una lámina de masa de empanada, disponer el relleno, extender bien y colocar pequeñas tiras de pimientos morrones de lata o pimiento rojo asado y sin piel encima.

- Cubrir luego con otra capa de masa, enrollar los bordes y hacer un agujero en el centro para que respire. Pintar con huevo batido mezclado con 1 cs de agua y meter al horno 45 min. La masa debe quedar muy fina.

kebab de pollo

4 panes de pita
1/2 kg (17 oz) de pechuga de pollo
Un manojo de lechugas variadas

Para la marinada:
2 dientes de ajo
1/4 l (9 fl oz) de aceite
   de oliva
2 cs de vinagre
1/2 limón
2 ct de pimentón dulce
Sal

Para la salsa de yogur:
1/2 yogur natural
100 ml (3,5 fl oz) de aceite de oliva
100 ml (3,5 fl oz) de aceite de
   girasol
Unas gotas de vinagre
   o 1 cs de mostaza
Sal

- Picar los dientes de ajo y mezclar con el aceite de oliva, el zumo de 1/2 limón, el vinagre, la sal y el pimentón, batiéndolos muy bien hasta que se forme una salsa con consistencia y homogénea.

- Cortar las pechugas de pollo en dados regulares e introducir en el marinado durante 2 h dentro de la nevera.

- Pasadas las 2 h, sacar las pechugas de la marinada y pincharlas en una brocheta.

- Asarlas a la plancha. Una vez cocinadas uniformemente, retirarlas de la plancha y, cuando se templen, sacarlas de la brocheta. Filetearlas finamente y mezclarlas con la ensalada de lechugas variadas y aderezadas (con aceite de oliva, un poco de sal y unas gotas de limón).

- Introducir dentro de los panes de pita calientes y salsear con la salsa de yogur.

- Para elaborar la salsa de yogur: mezclar todos los ingredientes en un vaso de batidora y batir hasta formar una crema homogénea.

masa de hojaldre

300 g (10,6 oz) de harina
125 g (4,4 oz) de margarina
125 g (4,4 oz) de manteca de cerdo
El zumo de 1 limón
1 vaso pequeño de agua fría
1 huevo para pintar la masa
Sal

- Colocar 200 g (7 oz) de harina mezclada con sal formando un montón y, encima, la manteca y la margarina en trocitos. Mezclar con la punta de los dedos o con dos cuchillos y añadir el limón y el agua, hasta formar masa.

- Enharinar la superficie de trabajo y estirar la masa con el rodillo formando un rectángulo de aproximadamente 50 cm (20 pulgadas) de largo y 20 cm (8 pulgadas) de ancho. Doblar en tres y dejar reposar 15 min.

- Volver a espolvorear con harina la superficie y estirar de nuevo la masa, dándole media vuelta al recuadro. Dejar reposar de nuevo y repetir esta operación hasta 5 ó 6 veces.

- Dejar reposar 2 ó 3 h y estará preparada para ser utilizada.

- Cocer la masa de hojaldre en el horno muy caliente durante 30 min aproximadamente y, para que resulte ligera y hojaldrada, es conveniente pincharla por varios sitios. Colocar sobre la placa previamente humedecida con agua y, para que resulte más brillante, pintar con huevo batido.

Tiene múltiples usos: para empanadas, pastelones, pastelillos, etc., y también en repostería.
Se puede adquirir ya preparada en pastelerías o tiendas de alimentación.

masa de hojaldre rápida

1/2 kg (17 oz) de harina
400 g (14 oz) de mantequilla para hojaldre
2 cs de vinagre
2 yemas de huevo
1/4 l (9 fl oz) de agua
1/2 huevo (para pintar el hojaldre)
Sal

- Colocar la harina sobre una superficie y poner en el centro los ingredientes; amasar con las manos, solo para mezclar.

- Enharinar la superficie y, con el rodillo, estirar la masa en forma alargada, doblar en tres y dejar reposar. Volver a espolvorear con harina y estirar poniendo la masa al contrario, doblar en dos, y luego sobre sí misma.

- Dejar reposar 15 min y envolver como la primera vez. Una vez que haya reposado otros 15 min, envolver como la segunda vez y ya está lista para ser utilizada.

- Para meter el hojaldre al horno, humedecer previamente la placa sobre la que vaya a colocarse.

- Cocer a horno fuerte durante 30 min. Conviene pinchar la masa por varios sitios para dejar que pase el aire y así se infle con más facilidad.

- Pintar luego con huevo batido con un poquito de agua para que quede más brillante.

La eficacia de esta receta depende en gran parte de la calidad de la mantequilla o margarina que se utiliza.

pastela

1 kg (2,2 lb) de pollo troceado
100 g (3,5 oz) de mantequilla sin sal
1/2 kg (17 oz) de cebollas
1/4 kg (9 oz) de hojas de pasta brick
120 g (4,2 oz) de almendras peladas
1 ct de jengibre rallado o molido
Una pizca de hebras de azafrán
1/4 kg (9 oz) de azúcar en polvo

9 huevos
Un manojo de cilantro
Un manojo de perejil
1 cs de canela molida
1 rama de canela
1 cs de agua de azahar
Pimienta
Sal

- Picar las cebollas finas. Saltearlas en una cazuela con 50 g (1,8 oz) de mantequilla. Cuando estén transparentes, añadir el pollo troceado. Agregar el jengibre, el azafrán, la canela molida, sal y pimienta. Cubrir con 1 vaso de agua y dejar cocer tapado 45 min a fuego lento.

- Picar el cilantro y el perejil. Añadir el cilantro y el perejil, la rama de canela, el agua de azahar y 150 g (5 oz) del azúcar en polvo. Dejar acabar la cocción otros 10 min.

- Sacar el pollo, deshuesar y trocear nuevamente. Reservar aparte. Reducir la salsa a fuego medio, con la cazuela destapada, durante 15 min aproximadamente. Retirar la canela, añadir 8 huevos batidos ligeramente y dejar que cuaje la mezcla 2 min a fuego medio. Apartar y reservar.

- Picar las almendras y derretir el resto de la mantequilla, unos 50 g (1,8 oz). Untar las hojas de pasta *brick* con mantequilla. Montar la *pastela* sobre un aro, con las hojas de pasta *brick*. Rellenar con la carne de pollo picada, cubrir con la mezcla de huevos y salsa, las almendras picadas y el azúcar restante, unos 100 g (3,5 oz).

- Cerrar la *pastela* con la pasta *brick*, pintar con una yema batida y hornear a 180 °C (355 °F) durante 10 min aproximadamente. Desmoldar y cubrir con azúcar en polvo, almendras y canela molida, y servir al momento.

pizza con marisco

Para la masa:
1/4 l (9 fl oz) de agua
1/2 kg (17 oz) de harina
20 g (0,7 oz) de levadura
2 ct de sal
Aceite

Para la cobertura:
200 g (7 oz) de mejillones
200 g (7 oz) de gambas
2 tomates

- En un recipiente, echar la harina, y en el centro de ella, las 2 ct de sal y la levadura.

- Agregar la mitad de agua y amasar bien. Después, dejar reposar durante unos minutos.

- Terminar de elaborar la masa añadiendo el agua restante y volviendo a amasar hasta conseguir una pasta lisa. Dividir la pasta en cuatro partes y dar una forma circular y aplanada. Tapar y dejar aparte 1 h.

- Por otra parte, pelar y cortar el ajo y la cebolla. Introducir los tomates en un cazo con agua hirviendo para escaldarlos y poder pelarlos con mayor facilidad; a continuación, trocear.

- Precalentar el horno a 250 °C (480 °F) y engrasar la bandeja con aceite.

- Rehogar el ajo, la cebolla y los tomates en una sartén puesta al fuego con aceite. Salpimentar y, a los 10 min, incorporar los mejillones y las gambas.

- Colocar las masas de *pizza* en la bandeja del horno e introducir en el mismo 10 min.

- Cuando estén casi hechas, sacar del horno y recubrir cada una con la mezcla de tomate, cebolla y marisco, espolvorear con perejil y orégano y regar con 2 cs de aceite.

- Volver a meter en el horno, esta vez solo unos momentos, y servir recién hechas.

pizza de aceitunas y sardinas

300 g (10,6 oz) de masa de pan (fresca refrigerada)
150 g (5 oz) de aceitunas verdes sin hueso
2 latas de sardinas en aceite sin espinas
4 cs de emmental recién rallado
1/4 kg (9 oz) de tomates triturados (en conserva)
Mantequilla para la placa del horno
2 ct de orégano
2 dientes de ajo
Sal
Pimienta negra recién molida

- Engrasar la placa del horno con la mantequilla.
- Repartir la masa sobre la placa con un rodillo y formar los bordes.
- Poner a cocer los tomates 8 min y agregar la sal y la pimienta negra recién molida.
- Pelar el ajo, prensar y, posteriormente echar directamente sobre la salsa de tomate.
- Precalentar el horno a 200 °C (400 °F).
- Cortar las aceitunas en rodajitas y escurrir las sardinas con un colador.
- Extender la salsa de tomate sobre la masa, de manera uniforme.
- Partir las sardinas en trozos, distribuir sobre la salsa y, finalmente, añadir a las aceitunas.
- Condimentar con la pimienta negra, la sal y el orégano y después echar el emmental por toda la superficie de la *pizza*.
- Poner en la parte inferior del horno durante 20 ó 25 min.

pizza de carne picada con gorgonzola

400 g (14 oz) de carne picada
300 g (10,6 oz) de masa de pan (masa fresca refrigerada)
2 cs de aceite de oliva
5 cs de tomate concentrado
Mantequilla para la placa del horno
200 g (7 oz) de gorgonzola extragraso
2 ct de orégano y tomillo (fresco o seco)
1 cebolla picada y 2 dientes de ajo

- Calentar el aceite en una sartén, picar la cebolla en daditos y glasear.
- Pelar los dientes de ajo; prensar y agregar a la sartén con las cebollas.
- A continuación, añadir la carne picada y freír, desmigándola.
- Echar también el tomate concentrado. Revolver y agregar pimienta, hierbas y sal.
- Precalentar el horno a 200 °C (400 °F).
- Engrasar la placa y extender la masa sobre ella, formando un reborde.
- Repartir la carne picada, con el resto de los ingredientes cocinados con ella, por toda la superficie de la masa. Agregar el gorgonzola en copos sobre ella.
- Colocar la *pizza* en la parte inferior del horno y cocer 20 min.

La pasta puede también cortarse en raciones individuales y cubrirla justo antes de hornearla. Así, cada comensal podrá degustar su propia pequeña *pizza*.

quesadillas

3/4 de taza de harina de maíz
6 cs de harina de trigo
1 l (34 fl oz) de agua

1 cs de consomé de pollo en polvo
Queso derretible
Aceite

- Mezclar ambos tipos de harina con el agua y el consomé. Trabajar la mezcla hasta formar una masa suave.

- Formar tortillas redondas y delgadas con la masa. Colocar en el centro una pequeña porción de queso. Doblar la masa por la mitad, cubriendo el relleno. Freír en aceite caliente.

quiche de puerro y salmón

1 lámina de pasta brisa
2 puerros
100 g (3,5 oz) de salmón ahumado
140 ml (4,8 fl oz) de leche evaporada

2 huevos
2 ramitas de eneldo
2 cs de aceite de oliva
Sal y pimienta negra molida

- Limpiar y cortar los puerros en rodajas. Sofreírlos en una sartén, con el aceite caliente a fuego suave, 8 min aproximadamente. Retirarlos del fuego y reservar.

- Engrasar un molde de tarta con mantequilla. Extender la masa de pasta brisa y forrar el molde con ella. Precalentar el horno a 180° C (350 °F) y hornearla durante 10 min.

- Batir los huevos con la leche y condimentarlos con sal, pimienta negra y el eneldo picado.

- Cortar el salmón ahumado en tiras. Retirar el molde del horno y repartir en su interior los puerros y el salmón ahumado, vertiendo por encima la mezcla de huevo y leche. Introducir de nuevo en el horno, dejándolo cocer 30 min más. Servir tibio.

shawarma de cordero

1 kg (2,2 lb) de carne de cordero
10 panes de pita finos
5 tomates
4 cebollas
Beicon
1 lechuga (preferible la lechuga mantecosa)
Salsa:
1 taza de tahine
1/2 taza de salsa de tomate
1/2 taza de agua
6 dientes de ajo
1/2 ramillete de perejil
1/2 limón
3 cs de aceite
2 ct sal

- Cortar la cebolla bien menuda. Retirar las semillas del tomate. Cortar el tomate en rodajas. Cortar la lechuga en tiras. Machacar el ajo.

Para elaborar la salsa:

- Preparar la salsa de tomate, agregar sal y agregar el ajo, el perejil y el *tahine*, calentar y revolver a fuego moderado.

- Para comenzar con la carne, cortar en cuadrados anchos con espesor fino e insertarlos como brochetas, hacer una torre de 2 a 3 capas de carnes y arriba insertar el beicon. Meter la carne al horno hasta que se vea dorada. Una vez que la carne ya está lista, sacar del horno y cortar en tiras.

- Abrir el pan de pita completamente e insertar el tomate, la cebolla, la carne y la panceta; luego, agregar 1 cs de la salsa. Envolver con el pan y doblarlo como si fuera un cucurucho.

tortillas a la mexicana (fajitas, burritos, enchiladas, tacos)

2 tazas de harina de maíz o de trigo
1/2 taza de agua

- Poner la harina en un bol y agregar el agua poco a poco hasta formar una masa flexible para enrollarla en forma de pelota. Dejar reposar durante 10 min a temperatura ambiente.
- Hacer 12 bolitas y dejar reposar cubiertas por una tela otros 5 min.
- Enharinar la mesa de trabajo y aplanar cada pelota hasta que quede muy fina (máximo unos 3 mm o 0,1 pulgadas de grosor). Agregar harina si es necesario.
- Calentar una sartén. Cocinar las tortillas durante 1 min por cada lado. Voltear cuando empiecen a inflarse. Continuar cocinando durante 1 ó 2 min.
- Guardar en una tela para conservar el calor. Servir calientes.

Los ingredientes de esta receta están indicados para obtener 12 tortillas.

La masa no lleva sal porque, generalmente, la acompañaremos con alimentos salados.

La tortilla ha de ser flexible, por lo que no es conveniente dorarla o tostarla cuando está en la sartén.

huevos a la flamenca

6 huevos
12 rodajas de chorizo
40 g (1,4 oz) de mantequilla
Salsa de tomate
2 morcillas de freír
Aceite

- Elaborar una salsa de tomate bien espesa.

- Hacer los huevos al plato: primero, poner dentro de unas cazuelas planas de barro con un poco de mantequilla y después, meter al horno. Sacar cuando las claras cuajen.

- Cortar las morcillas en rodajas y despojar al chorizo de la piel.

- Freír el chorizo y la morcilla por separado.

- Servir los huevos, poniendo a un lado el chorizo y la morcilla y al otro la salsa de tomate.

Basta con echar 1 cs de tomate por cada huevo cocinado.

huevos a la mimosa

6 huevos
100 g (3,5 oz) de bonito en escabeche
Mayonesa

- Cocer los huevos. Una vez duros y fríos, quitar la cáscara y partir por la mitad, separando las yemas. Desmenuzar el bonito, mezclar con mayonesa y rellenar los huecos que dejaron las yemas con esta pasta.

- Pasar las yemas por un pasapurés o deshacer finamente con la mano y extender sobre los huevos.

Para presentar el plato, la fuente tiene que ofrecer el aspecto de estar rociada con flor de mimosa.

huevos con tomate y especias

8 huevos
1 cebolla
1 tomate
1 cs de cilantro picado
3 cs de aceite

1/2 ct de comino
1/2 ct de raíz de jengibre rallada
1/2 guindilla verde picante
1/2 ct de cúrcuma
Pimienta blanca

- Escaldar el tomate para pelarlo con facilidad; trocear después.
- Pelar la cebolla y cortar en trocitos pequeños.
- En una sartén con aceite, sofreír la cebolla y, a continuación, añadir el tomate, la guindilla picada, el comino, el cilantro, la raíz de jengibre y la cúrcuma. Dejar al fuego unos pocos minutos.
- En un recipiente, cascar los huevos. Salpimentar y batir bien.
- Incorporar estos huevos batidos a la sartén y mezclar con el resto de los ingredientes hasta que estén hechos.
- Servir sin dejar enfriar.

huevos cuajados con jamón

8 huevos
50 g (1,8 oz) de mantequilla
4 lonchas de jamón (no precisa sal)

- Preparar cuatro platos individuales para meter en el horno, repartir la mantequilla entre ellos, cascar 2 huevos en cada uno y poner sobre los huevos una loncha de jamón.
- Cuajar en el horno y servir recién hechos.

huevos encapotados

8 huevos
3/4 l (26,5 fl oz) de leche
6 cs de harina
1 cs de mantequilla
Pan rallado
Sal
Pimienta
Nuez moscada
Aceite para freír

- Freír 6 huevos en aceite bien caliente. Retirar y recortar un poco la clara para que queden iguales.

- Poner la mantequilla en un cazo y, cuando esté derretida, añadir la harina de golpe, batir e incorporar la leche caliente poco a poco hasta formar una besamel espesa. Sazonar con sal, pimienta y nuez moscada y, cuando esté bien cocida, separar del fuego.

- Introducir los huevos en la salsa, uno a uno, procurando que se bañen bien; colocar en una fuente, o en la superficie de trabajo, untada de aceite.

- Cuando estén fríos, desprender de la fuente, rebozar en huevo batido y pan rallado y freír en abundante aceite.

En lugar de huevos fritos, pueden utilizarse también huevos cocidos enteros o partidos en dos a lo largo.

huevos escalfados
sobre lecho de espinacas

600 g (21,2 oz) de espinacas congeladas, en hojas
200 g (7 oz) de nata
8 cs de vinagre
2 cs de mantequilla
100 g (3,5 oz) de Appenzeller recién rallado
1 cebolla mediana
Pimienta blanca recién molida
Nuez moscada y sal

- Pelar la cebolla y cortar en daditos.
- Calentar en una sartén 1 cs de mantequilla.
- En ella, glasear la cebolla, incorporar las espinacas descongeladas y rehogar aproximadamente 5 min.
- Salpimentar abundantemente y agregar la nuez moscada.
- Precalentar el horno a 200 °C (400 °F).
- En una olla amplia, llevar a ebullición 2 l (68 fl oz) de agua y después, añadir el vinagre.
- Uno por uno, cascar los huevos en una taza y posteriormente, incorporar al agua con vinagre, dejando que hiervan lentamente.
- Cuando pasen 3 min, sacar los huevos con una espumadera y escurrir bien.
- Con la mantequilla sobrante, engrasar un molde para suflé y, sobre él, distribuir las espinacas.
- Con una cuchara, hacer 8 hondonadas y repartir los huevos en su interior.
- Batir la nata y el queso juntos y verter la mezcla sobre los huevos.
- Gratinar todo durante 10 min en la bandeja central del horno.

huevos horneados con jamón

6 huevos
6 lonchas de jamón
Aceite
Sal
1/2 kg (17 oz) de tomates

- Elaborar una salsa de tomate. Extender sobre una fuente de horno.

- Sobre ella, colocar las lonchas de jamón.

- Cascar 1 huevo encima de cada loncha.

- Rociar con unas gotitas de aceite e introducir en el horno a alta temperatura, para que las claras cuajen.

- Servir al sacar del horno, sin esperar.

huevos *mollet*

Sal
Huevos

- Poner a hervir agua con sal en un cazo. Esperar a que hierva e introducir los huevos. Cocer 5 ó 6 min a partir del momento en que el agua rompa a hervir de nuevo.
- Refrescar, pelar y conservar en agua templada hasta el momento de utilizarlos, para evitar que se enfríen.

En los huevos *mollet*, la clara queda bien consistente y la yema blanda.

huevos rellenos
con besamel

6 huevos
50 g (1,8 oz) de bonito en aceite
50 g (1,8 oz) de jamón
4 gambas
1/2 cebolleta
Salsa besamel ligera
Kétchup
Mayonesa
Aceite

- Cocer, pelar y partir longitudinalmente los huevos, separar las yemas y reservar las claras.

- Preparar el relleno para las claras como sigue: en una sartén con aceite caliente, freír un poco de cebolleta picada en trozos menudos. Una vez hecha, agregar el jamón troceado y finalmente, las yemas de 2 huevos. Retirar del fuego y mezclar bien.

- Ejecutar de nuevo los pasos anteriores, sustituyendo el jamón por las gambas partidas a la mitad.

- Poner el bonito en aceite, troceado y aplastado en un plato, y añadir kétchup, mayonesa y las yemas restantes.

- Llenar las claras, colocar en la fuente de hornear y cubrir con besamel ligera. Gratinar.

huevos revueltos con morcilla

2 morcillas de cebolla, de León
Una pizca de aceite de oliva
8 huevos
Sal
Perejil picado

- Abrir las tripas de la morcilla y sacar el relleno. Colocar una sartén a fuego vivo y añadir una pizca de aceite de oliva.

- En el momento que veamos que humea, volcar la pulpa de la morcilla, sin dejar de dar vueltas con una cuchara, para que se tueste y quede bien caliente. Este proceso dura 10 min.

- Batir los huevos y añadirlos sobre la morcilla, removiendo con una cuchara sin parar.

- Rectificar la sal y, cuando esté cremoso, colocarlo en una fuente. Espolvorear con perejil picado.

huevos revueltos
con tomate y albahaca

6 huevos
2 tomates
50 g (1,8 oz) de nata líquida
3 cs de aceite
2 dientes de ajo
2 ramilletes de albahaca
1 cebollita francesa
Pimienta blanca
Sal

- Escaldar los tomates unos instantes.

- A continuación, quitar la piel de los tomates, despepitar y cortar en trocitos.

- Pelar y aplastar un poco los ajos. Pelar la cebolla y picar con la albahaca.

- Dejar aparte algunos trocitos de tomate y unas hojas de albahaca y mezclar el resto con la cebolla y los ajos.

- Batir bien la nata líquida y los huevos, añadir a la mezcla anterior y salpimentar.

- Echar todo ello en una sartén puesta al fuego con aceite y dejar cuajar.

- Presentar en platos individuales y adornar con las hojas de albahaca y los pedacitos de tomate que se habían reservado.

tártaro de huevos duros

6 huevos
1 pimiento rojo mediano
2 dientes de ajo
1 cebolla mediana
Un puñado de perifollo
5 pepinillos curtidos
1 pizca de pimienta de Cayena
3 ct de mostaza picante
Pimienta blanca recién molida y sal

- Cocer los huevos 10 min; después, pasar estos por agua helada, despojar de la cáscara y dejar enfriar.

- Pelar la cebolla y los pepinillos y picar en daditos. Lavar los pimientos, limpiar de semillas y cortar, primero en tiras y posteriormente, en daditos. Reducir los huevos duros a dados pequeños. Colocar la cebolla, los pepinillos, los pimientos y los huevos en un recipiente aparte.

- Mezclar la mostaza y la mayonesa. Condimentar con la pimienta de Cayena, la sal y la pimienta blanca.

- Pelar y prensar el ajo y agregar a las salsas.

- Incorporar la mezcla de mayonesa, mostaza, ajo, sal y pimientas al tártaro de huevos.

- Finalmente, lavar el perifollo, despojar de los tallos, picar muy finamente y espolvorear sobre el tártaro.

El tártaro de huevo duro resulta perfecto para un *picnic* o para un desayuno sustancioso. Suele presentarse sobre una rebanada grande de pan del día o acompañado de patatas hervidas en su piel.

tortilla de alcachofas

1 kg (2,2 lb) de alcachofas tiernas
3 huevos
1/2 vaso de aceite
Sal
El zumo de 1/2 limón

- Poner agua y el zumo de 1/2 limón en un recipiente. Quitar las hojas externas, duras, de las alcachofas; partir en cuatro trozos para que sea más fácil su corte en láminas. Dejar 1 min en el agua con limón, para que no se pongan negras.

- Poner al fuego una sartén con aceite, y cuando esté caliente, sofreír las alcachofas a fuego lento para que resulten blandas. Cuando se consuma el agua, batir los huevos y dejar cuajar por encima, a fuego muy fuerte.

tortilla de bacalao

200 g (7 oz) de bacalao
1 cebolla pequeña
6 huevos
1 diente de ajo
Aceite
Perejil

- Desalar el bacalao durante 24 h.

- Hervir, quitar las espinas y desmigajar.

- Calentar aceite en una sartén y echar el ajo dejando que se dore y retirándolo posteriormente.

- A continuación, agregar la cebolla, y cuando esté bien hecha, añadir el bacalao, rehogándolo durante aproximadamente 5 min.

- Batir los huevos con un poco de perejil y mezclar con el bacalao, dejando que cuajen hasta adquirir la consistencia de una tortilla.

tortilla de espinacas

1 kg (2,2 lb) de espinacas
3 huevos
1/2 vaso de aceite de oliva
6 dientes de ajo
Sal

- Limpiar y lavar muy bien las espinacas y poner en una sartén grande con el aceite. Tapar y dejar cocer a fuego lento hasta que se consuma el agua que sueltan.

- Añadir los ajos sueltos a la sartén. Procurar que queden blandos y repartidos. Consumida el agua, poner los huevos batidos y cuajar la tortilla.

Esta misma fórmula puede utilizarse con espinacas cocidas en lugar de crudas.

tortilla de gambas y camarones

2 huevos
50 g (1,8 oz) de gambas
50 g (1,8 oz) de camarones
4 cs de salsa de tomate
1 cs de aceite
Sal

- Pelar los camarones y las gambas y freír en una sartén con el aceite caliente.
- Añadir los huevos bien batidos con un poco de sal, formando una tortilla redonda o alargada.
- Servir la tortilla caliente y acompañada de la salsa de tomate.

Los ingredientes están indicados para 1 persona.

tortilla de patatas

4 huevos
1 cebolla
3/4 kg (26,5 oz) de patatas
Aceite
Sal

- Pelar, lavar, secar las patatas y cortar en rodajitas muy finas.

- Picar muy fina la cebolla.

- Cubrir de aceite el fondo de una sartén, y, cuando se caliente, añadir la cebolla.

- Rehogar y agregar las patatas.

- Echar sal y tapar, moviendo las patatas de vez en cuando para que no se endurezcan ni se quemen.

- Batir los huevos en un plato aparte.

- Una vez fritas las patatas, sacar de la sartén. Escurrir para que expulsen el aceite sobrante y mezclar con los huevos.

- Hacer la tortilla en la sartén con una pequeña cantidad de aceite bien caliente y a fuego vivo.

Cuando se cuaje por una parte, se debe dar la vuelta; para facilitar dicha operación, se puede utilizar un plato del tamaño de la sartén. La tortilla tiene que quedar blanda por dentro y dorada por fuera.

tortilla de patatas guisada

1 tortilla de patatas
2 dientes de ajo
1 cs de perejil picado
1 cs de harina
2 cs de aceite
1 ct de pimentón
1 taza de agua o caldo
Sal

- Hacer una tortilla de patatas corriente y dejar en la misma sartén.

- En una sartén aparte, con 2 cs de aceite, dorar la harina. Agregar el pimentón, el agua o el caldo, el perejil y los ajos machacados y dejar cocer unos minutos.

- Verter en la sartén de la tortilla, acercar al fuego y levantar la tortilla con un cuchillo para que penetre la salsa por debajo y no se pegue.

- Pasados aproximadamente 5 min, colocar en una fuente y servir caliente.

Puede adornarse con pimientos asados o fritos.

tortilla francesa

2 huevos
Aceite
Sal

- Batir los huevos en un planto hondo, añadiéndoles un poco de sal.

- Calentar una fina capa de aceite en una sartén pequeña.

- Echar los huevos batidos en la sartén y extender bien. Cuando esté casi cuajada, doblarla por la mitad o darle dos vueltas para enrollarla.

- Sacar de la sartén y servir.

tortilla paisana

4 huevos
400 g (14 oz) de patatas
100 g (3,5 oz) de guisantes
1 pimiento morrón

150 g (5 oz) de judías verdes
100 g (3,5 oz) de zanahorias
1 cebolla mediana
Aceite y sal

- Pelar, lavar y secar bien las patatas; picar y freír con la cebolla, también picada menuda.

- Cocer los guisantes en agua con sal; aparte, cocer las judías y las zanahorias. Una vez cocido todo, escurrir bien.

- Trocear el pimiento, que puede ser de bote.

- Batir los huevos. Incorporar a las patatas, la cebolla, las verduras y el pimiento; mezclar todo.

- En una sartén amplia, cuajar la tortilla a fuego lento, dorándola bien por un lado y después por el otro, pero dejándola muy jugosa.

PESCADOS Y MARISCOS

albóndigas de bacalao

1/2 kg (17 oz) de bacalao
Pan rallado
2 huevos
Ajo
Perejil
Aceite
Pimienta molida
Azafrán
Limón
Sal

- Desalar el bacalao, quitar las espinas y desmigajar. Desmenuzar muy bien y picar sobre el ajo y el perejil; añadir la pimienta y el azafrán molidos; agregar entonces los huevos, algo batidos, el pan rallado y la sal, y amasar todo, añadiendo algo de agua para darle cierta fluidez.

- Hacer unas bolas del tamaño deseado y, después de hechas, freírlos.

- Sacar y echar a una cacerola; cubrir con agua y un chorrito de aceite frito, del que sirvió para las albóndigas. Cocer, aproximadamente, 30 min.

Un truco para dar la forma redondeada a la masa es untarse las manos previamente con zumo de limón.

almejas con gambas

1/2 kg (17 oz) de almejas
200 g (7 oz) de gambas peladas
1/2 vaso de vino blanco
3 dientes de ajo
Aceite
Perejil
Sal

- Preparar en una cazuela de barro colocada al fuego. Echar el ajo bien picado.
- Una vez que el ajo adquiera un tono dorado, agregar las almejas, las gambas, la sal y el perejil y tapar.
- Finalmente, echar el vino, volver a tapar y dejar otro rato al fuego.

El plato estará en su punto cuando las almejas se abran.

almejas en salsa verde (a la marinera)

1 kg (2,2 lb) de almejas
3 dientes de ajo
1/4 l (9 fl oz) de caldo de pescado
1 taza de aceite de oliva
Perejil

- Limpiar en profundidad las almejas y reservar aparte.

- En una cazuela de barro, echar el aceite y poner al fuego.

- Picar los ajos, freír en el aceite y, antes de dorarse, añadir el caldo, las almejas y el perejil picado finamente.

- Dejar cocer tapado durante aproximadamente 5 min.

El caldo de pescado se puede hacer en casa con espinas, cabezas y trozos de pescado, cociendo todo durante 2 h, o se puede utilizar cubitos de caldo concentrado, que deben disolverse en agua hirviendo.

anchoas albardadas

Anchoas
Huevo
Aceite
Harina

- Limpiar las anchoas de vísceras y cabeza, quitar la espina dejándolas abiertas, sin romperse en dos y conservando la cola.
- Lavar con agua fresca, escurrir y enharinar para pasar después por huevo batido.
- Seguidamente, freír en una sartén con abundante aceite muy caliente.

anchoas en salmuera

Anchoas
Sal

- Tomar las anchoas y, sin que se mojen, limpiarlas bien, quitándoles las tripas y la cabeza. Colocar una capa de anchoas en un tarro de cristal con la boca ancha, cubrir con una capa de sal y otra de anchoas; continuar para terminar siempre con la de sal.
- Hay que dejarlas 3 ó 4 meses antes de poder comerlas.

No debe tirarse el caldo que sueltan en el tarro, porque es el que las conserva.

anguilas con arroz

800 g (28 oz) de anguila
1 taza de arroz
1 cebolla
2 dientes de ajo
1 pimiento
Azafrán
Pimienta
Clavo
Aceite
Sal

- Freír la anguila troceada. Pasar a una cacerola; aparte, rehogar la cebolla, el ajo y los pimientos cortados en tiras; unir la anguila a este salteado y añadir azafrán, pimienta y clavo fino.

- En la misma cacerola, poner el arroz, tomando la precaución de añadir 2 partes de agua caliente por 1 de arroz.

- Cuando comience la cocción, introducir en el horno, fuerte. Dejar 15 min.

atún con alcaparras

6 lonchas de atún de 200 g (7 oz) c/u
50 g (1,8 oz) de alcaparras
1 limón
4 pepinillos en vinagre
1 manojito de perejil
1 anchoa
Un poco de harina
Aceite
Sal

- Limpiar las rodajas de atún de adherencias y secar con un paño.

- Preparar una salsa con el perejil lavado y picado, los pepinillos cortados y el limón deshecho, primero en gajos, y luego troceados estos en dos.

- Poner aceite (4 cs) en una cazuela, añadir las alcaparras enteras, los pepinillos cortados, los dados de limón, la anchoa sin espinas y aplastada, y el perejil picado. Si está soso, añadir también sal. Dejar cocer unos minutos.

- Por otra parte, pasar las rodajas de atún por harina y freír en aceite muy caliente. Escurrir de la grasa, colocar en la fuente de servir y verter la salsa de alcaparras sobre ellas.

- Servir rodeadas de patatas cocidas aliñadas con aceite, perejil muy picado y sal.

atún con níscalos

1 1/2 kg (3,3 lb) de atún fresco (cortado en filetes)
100 g (3,5 oz) de níscalos
Aceite
1 cs de tomate concentrado
5 filetes de anchoa
Un poco de harina
1/2 cebolla
1 zanahoria
1 hoja de laurel
1 vaso de vino blanco seco
Vinagre y sal

- Lavar los níscalos. Lavar el atún y poner en maceración durante 1 h, aproximadamente, en vinagre disuelto con un poco de agua. Sacar, escurrir y mechar con los filetes de anchoa cortados en pequeños trozos.

- Picar finamente la zanahoria y la 1/2 cebolla y dorar en el aceite, añadiendo la hoja de laurel, las setas cortadas en pedazos más bien pequeños, y muy poca sal, pues las anchoas la hacen innecesaria.

- Sofreír ligeramente las verduras y antes de que se doren, añadir el atún. Dejar dorar primero por un lado y luego por otro. Regar el pescado con el vino blanco. Disolver el concentrado de tomate en un poco de agua y echar sobre el atún. Cocer este durante 30 min, añadiendo, si se consumiera mucho la salsa, un poco de agua.

- Finalizada la cocción, sacar los filetes de atún del recipiente en que se han cocido y agregar un poco de harina a la salsa (si fuera preciso, espesar). Volver a colocar los filetes de atún en el recipiente (cazuela o cacerola) y calentar de nuevo. Servir en dicha cazuela, pues el plato no debe perder temperatura.

atún mechado

1 kg (2,2 lb) de atún en una rodaja del centro
50 g (1,8 oz) de manteca de cerdo
3 dientes de ajo
Perejil fresco
1 clavo
1 hoja de laurel
3 cs de harina
50 g (1,8 oz) de tocino fresco
3 granos de pimienta
1 zanahoria
1 vaso de vino blanco
4 patatas cocidas al vapor

- Quitar la piel del atún y ponerlo en agua fría para que se desangre durante 30 min. Después, mechar el trozo de atún con un cuchillo fino, poniendo en cada mecha un trozo de tocino, un grano de pimienta y un poquito de ajo. Una vez mechado, envolver en harina.

- En una sartén con la manteca de cerdo, rehogar el atún; reservar en una cazuela.

- En la misma sartén, freír, poco a poco, la cebolla y las zanahorias peladas y picadas y los dientes de ajo, también picados. Verter sobre el atún y añadir los granos de pimienta, el clavo y el laurel, el perejil (picado), el vino blanco y otro vaso igual de agua. Tapar y dejar hervir, despacio, durante 1 h o más.

- Cuando se haya consumido parte del caldo, meter en el horno otros 30 min, hasta que se dore.

- Colar la salsa. Ya en la fuente de servir, cubrir con ella. Acompañar con las patatas cocidas al vapor.

bacalao a la vizcaína

4 tajadas del lomo del bacalao
1 kg (2,2 lb) de cebolla roja
8 pimientos choriceros
1 cabeza de ajo
Aceite de oliva virgen
Pan
Sal
Caldo de bacalao

- Dejar el bacalao en remojo durante 48 h.
- Abrir los pimientos y despojarlos de las semillas. Remojarlos, trocearlos y escurrirlos.
- Cortar en juliana la cebolla y trocear el ajo.
- Pochar la cebolla y el ajo y añadir el pan.
- Cuando la cebolla se dore, añadir los pimientos.
- Rehogar el bacalao y las verduras. Depositar el bacalao en una cazuela de barro.
- Dejar pochar más las verduras, añadir el caldo de bacalao y cocer durante 20 min.
- Pasar por el colador chino la salsa hasta que quede fina.
- Salsear el bacalao y servir.

bacalao al ajoarriero

1 kg (2,2 lb) de bacalao
200 g (7 oz) de aceite
2 huevos
1 pimiento
1 vaso pequeño de vinagre
Ajos
Laurel
Pimentón

- Tras haber tenido el bacalao en remojo durante 24 h, quitar la piel y trocear. Poner al fuego durante aproximadamente 5 min en una cazuela con agua hirviendo; entonces, sacar y secar con un paño; pasar por harina ligeramente y freír por ambos lados.

- Aparte, preparar un majado con ajos y laurel fritos; agregar el aceite, pimentón y 1 vaso de vinagre. Derramar todo ello por encima del bacalao ya colocado en una cazuela, añadiendo también un poco de agua; dejar cocer aproximadamente 10 min.

- Servir el bacalao acompañado de 1/2 huevo duro y un trozo de pimiento por ración.

bacalao al horno con pasas

1 kg (2,2 lb) de bacalao
75 g (2,6 oz) de almendras molidas
75 g (2,6 oz) de pasas
3 cs de pan rallado
2 cs de perejil picado
150 g (5 oz) de manteca de vaca derretida
Pimienta molida
Clavo molido
Nuez moscada
1 cebolla
1 zanahoria
1 hoja de laurel

- Poner el bacalao en remojo durante 24 h para que se desale. Cortar en trozos. Cocer en agua con 1 cebolla, 1 zanahoria y 1 hoja de laurel.
- Hacer una pasta con las almendras y los piñones machacados, el pan rallado, el perejil y la manteca derretida. Sazonar con pimienta, clavo y unas raspaduras de nuez moscada.
- En una fuente de horno, colocar una capa de esta mezcla y otra del bacalao cocido y sin espinas.
- Agregar las pasas y meter al horno hasta que esté dorado. Entonces, rociar con un cucharón del agua de la cocción del bacalao y dejar cocer unos minutos antes de servir.

Debe quedar jugoso; si es necesario, agregar algo más de agua, aunque en principio no conviene ponerle demasiada para que no salga caldoso.

bacalao al pilpil

1/2 kg (17 oz) de bacalao
1 cebolla
5 dientes de ajo
Guindilla
Aceite
Sal

- Poner el bacalao en remojo durante 24 h para que se desale.

- Una vez desalado, poner agua fría en una cacerola, introducir el bacalao en ella y poner al fuego.

- Cuando empiece a hervir, sacar el bacalao del agua y reservar por separado el agua y el bacalao.

- En una cazuela de barro al fuego, poner el aceite, los dientes de ajo fileteados, la guindilla cortada en aritos y la cebolla ligeramente majada.

- Cuando los ajos estén un poco dorados, incorporar el bacalao con la piel hacia abajo. Añadir un poco de agua de la cocción del bacalao y dejar al fuego durante aproximadamente 20 min, moviendo repetidamente la cazuela para que espese la salsa.

- Servir en la misma cazuela, muy caliente.

Para esta receta, son más adecuadas las partes laterales del bacalao.

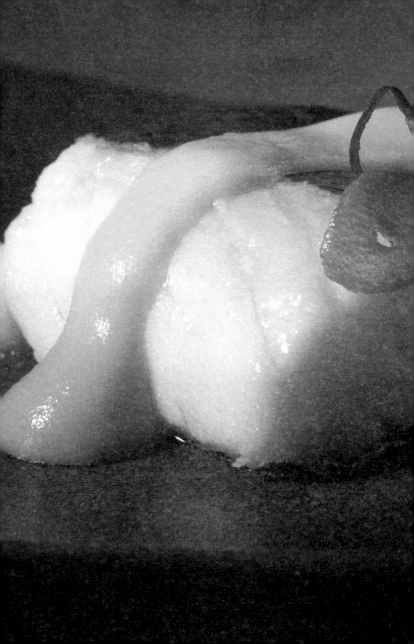

bacalao con piñones

1 kg (2,2 lb) de bacalao remojado
50 g (1,8 oz) de piñones
100 g (3,5 oz) de aceitunas verdes
1/2 vaso de aceite
Sal

- Deshuesar las aceitunas y picar con los piñones.
- Limpiar el bacalao de pieles y espinas y cortar en pedazos.
- En una cazuela, colocar el aceite, los trozos de bacalao, un poco de sal y pimienta en frío. Verter el picadillo de aceitunas y piñones sobre él. Cubrir los trozos con agua (o con caldo) y cocer suavemente durante 20 min, con la cazuela tapada.
- Servir el bacalao acompañado de patatas rehogadas salpicadas de perejil trinchado.

besugo al horno

1 besugo de 1 1/2 kg (3,3 lb)
Aceite de oliva
1 diente de ajo
3 limones
Guindilla
Perejil
Pimienta
Sal

- Limpiar bien el besugo, vaciándolo por dentro y rallando las escamas. Lavar el besugo y hacer diversos cortes en su lomo.

- Engrasar una fuente de horno con aceite y colocar el besugo sobre ella, sazonado con sal y pimienta.

- Exprimir el zumo de uno de los limones. Cortar los otros dos en rodajas.

- Pelar el ajo y machacar en el mortero. Poner aceite a calentar en una sartén y sofreír con una guindilla.

- Introducir las rodajas de limón en los cortes del lomo del pescado y alrededor del mismo; bañar también con el sofrito de ajo y guindilla y con el zumo de limón.

- Calentar el horno y colocar la bandeja del besugo en su interior, dejando que se haga 1 h a temperatura media.

- Presentar en la misma fuente de horno con ramitas de perejil por encima.

A la hora de salpimentar el besugo, hay que hacerlo tanto por fuera como por dentro.

bogavante a la plancha

1 bogavante grande
100 g (3,5 oz) de mantequilla
1 diente de ajo machacado
1/2 vaso pequeño de coñac
Sal
Pimienta

- Partir el bogavante cuando aún está vivo y colocar con la concha hacia arriba sobre la plancha.

- Untar de vez en cuando con una mezcla de mantequilla derretida, ajo machacado, coñac, sal y pimienta, por la parte del caparazón primero.

- Dejar asar bien. Servir partido en trozos, acompañado por alguna salsa o simplemente con limón.

bonito con cebolla al perfume de laurel

1 1/4 kg (2,6 lb) de bonito cortado en filetes
1 cebolla grande
1 vaso de vino blanco
1 dl (3,4 fl oz) de aceite de oliva virgen
4 dientes de ajo
Sal
Laurel
15 g (0,5 oz) de pimienta negra en grano

- En una sartén, con el aceite caliente, rehogar la cebolla cortada en juliana y añadir el ajo cortado y el laurel.
- Cuando la cebolla esté rehogada, regar con el vino blanco, añadir 15 g (0,5 oz) de pimienta negra y dejar reducir.
- En una fuente apta para horno, colocar el bonito sazonado con sal y verter el contenido de la sartén sobre él.
- Hornear a temperatura media de 180 °C (350 °F) durante 14 min.

bonito con tomate

1 kg (2,2 lb) de bonito en rodajas
1 kg (2,2 lb) de tomates
1 cebolla
Aceite
Sal
Pimentón
Un poco de azúcar
1 diente de ajo

- En una cazuela, calentar aceite y 1 diente de ajo, y añadir las rodajas de bonito hasta que se doren.

- Retirar el bonito y reservar.

- Pelar el tomate, quitar las semillas y picar en pequeños trozos.

- En el mismo aceite, añadir la cebolla picada, el tomate, sal, azúcar y un poco de pimentón dulce.

- Cocer a fuego lento durante 30 min hasta que el tomate esté frito.

- Pasar por el pasapurés.

- Finalmente, echar sobre las rodajas de bonito y poner al fuego todo junto durante 15 min.

boquerones rebozados

1 kg (2,2 lb) de boquerones muy frescos
1/4 kg (9 oz) de harina
3 huevos
1/2 l (17 fl oz) de aceite
Sal fina
1 limón

- Limpiar los boquerones. Quitar la cabeza y la espina central.
- Lavar y secar con un trapo, poner sal y enharinar.
- Batir los huevos, rebozar los boquerones con ellos y freír bien por ambos lados en una sartén con aceite caliente.
- Servir recién hechos y acompañados con unos trozos de limón.

caballa ahumada sobre lecho de lentejas

Un manojo de cebollino
1 puerro de 200 g (7 oz)
Pimienta negra recién molida
Sal
1 cs de vinagre balsámico

1 cs de aceite
3 cs de nata agria o yogur de nata
1/8 dl (0,4 fl oz) de caldo de carne
1/8 dl (0,4 fl oz) de vino tinto seco
1 lata de lentejas de 800 g (28 oz)

- Limpiar el puerro, abrir longitudinalmente y lavar. Después, cortar en diagonal formando aros finos.

- Calentar el aceite en una cazuela ancha y rehogar el puerro durante 3 min.

- Escurrir las lentejas y añadir.

- Mezclar el caldo de carne y el vino tinto con los ingredientes anteriores.

- Llevar todo al punto de ebullición y dejar cocer a fuego medio 10 min más.

- Agregar la pimienta negra, el vinagre balsámico y la sal. Añadir la nata agria o el yogur de nata.

- No volver a hervir, pues la nata se cortaría.

- Al tiempo que se cuecen las lentejas, despojar a las caballas de la piel y separar, a la vez, la cabeza de la cola. Dejar solo los filetes, limpios de espinas.

- Comprobar si las lentejas están bien condimentadas y, sobre ellas, colocar en hilera los filetes de caballa. Calentar durante 8 min en la cazuela, cubierta con una tapadera.

- Mientras tanto, lavar y cortar el cebollino en rodajitas de pequeño grosor.

- Finalmente, servir las lentejas con los filetes de caballa ahumada y decorar con las rodajas de cebollino.

calamares con vainas de guisantes dulces al *wok*

600 g (21,2 oz) de calamares limpios
300 g (10,6 oz) de vainas de guisantes dulces
6 cl (2 fl oz) de jerez seco (fino)
6 cs de salsa de soja
3 cs de aceite de cacahuete
1 ct de raíz de jengibre picada fina
150 g (5 oz) de gérmenes de soja
1 cs de semillas de sésamo
3 dientes de ajo y pimienta negra recién molida

- Lavar los calamares con agua fría. Cortar en anillas de pequeño grosor. Poner en un recipiente y rociar con la salsa de soja. A continuación, espolvorear con el jengibre picado.

- Pasar las vainas de los guisantes dulces por el grifo y despojar de su parte final. Partir las vainas en diagonal o dejar enteras.

- Lavar los gérmenes de soja y escurrir bien.

- Poner el aceite de cacahuete a calentar en el *wok* o en una sartén grande y freír las anillas de calamar a fuego fuerte y por raciones durante 5 min.

- Apartar la sartén o el *wok* del fuego, cubrir con una tapadera y mantener caliente.

- Durante 8 min, y utilizando el aceite restante, rehogar las vainas de los guisantes dulces y los gérmenes de soja.

- Pelar y prensar el ajo y añadir a las vainas y los gérmenes de soja.

- Rociar todo ello con el jerez y después agregar la salsa de soja.

- Finalmente, mezclar también las anillas de calamar, condimentar todo con sal y pimienta y añadir el sésamo.

- Y, para terminar, poner a cocer durante 2 min más.

calamares en su tinta

600 g (21,2 oz) de calamares
2 dl (6,7 fl oz) de aceite
1 cs de harina
1 cebolla
Pimienta
2 dientes de ajo
1 dl (3,4 fl oz) de agua
Sal

- Pelar y trocear la cebolla, y pelar y machacar los ajos en el mortero.

- Limpiar bien los calamares y verter las bolsas que contienen la tinta en 1 dl (3,4 fl oz) de agua.

- Poner una cazuela de barro al fuego con aceite y freír la cebolla en ella.

- Sin dejar de remover, agregar la harina y, después, los calamares, los ajos y la tinta disuelta en agua. Salpimentar y dejar cocer tapada aproximadamente 25 min.

- Servir en la cazuela de barro.

calamares rellenos

1 kg (2,2 lb) de calamares
100 g (3,5 oz) de jamón
1 huevo
1 cebolla
1 tomate
3 dientes de ajo
Perejil

3 cs de pan rallado
1 cs de harina
Aceite de oliva
Una pizca de pimentón
1/2 limón
1 vaso pequeño de agua
Sal y pimienta

- Limpiar y pelar los calamares, apartando las vejigas de tinta. Retirar las aletas y tentáculos; dejar las bolsas. Picar el jamón, las aletas y los tentáculos, con 2 ajos y el perejil, muy menudos. Batir el huevo y agregar al picado con el pan rallado y 1/2 cebolla también muy picada; añadir el pimentón y la pimienta y mezclar hasta formar una pasta.

- Con una cuchara, rellenar a partes iguales las bolsas de los calamares; con un palillo, cerrar cada bolsa. Escurrir bien y pasar ligeramente por harina.

- En una cazuela con el aceite caliente, poner los calamares y dorar por ambas partes. Luego, sacar y colocar aparte.

- En el aceite, sofreír el otro ajo, el resto de cebolla picada y el tomate majado sin semillas; cuando estén sofritos, agregar el pimentón y la harina. Remover y agregar el vaso pequeño de agua.

- Pasar este sofrito por un colador chino directamente sobre los calamares. Poner a fuego medio, tapar la cazuela y, cuando comience a cocer, reducir a fuego mínimo 1 h. Pasado este tiempo, salar al gusto.

- Majar las vejigas de tinta en un mortero. Agregar el zumo de 1/2 limón a estas: diluir bien y colar sobre los calamares; remover y dejar cocer 10 min más. Servir.

caldeirada de rape

1 1/2 kg (3,3 lb) de rape
1/2 kg (17 oz) de patatas
2 cebolla
1 hoja de laurel
Sal
4 dientes de ajo
1 ct de pimentón
1 vaso de aceite
Vinagre

- Limpiar el rape o la rabada y quitar la piel; cortar en rodajas y salar.

- Pelar las patatas, cortar en ruedas y disponer en el fondo de una tartera amplia. Hacer lo mismo con la cebolla y poner encima. Cubrir con agua, añadir el laurel y acercar al fuego.

- Cuando rompa a hervir, colocar el pescado y dejar cocer hasta que esté todo tierno. En cuanto esté cocido, cortar el hervor con un chorro de agua fría para que no se deshagan las patatas y el rape se conserve terso y jugoso.

- Escurrir el agua y reservar alguna por si queda demasiado seco.

- Preparar una buena ajada con el aceite y los 4 dientes de ajo cortados a lo largo. Retirar del fuego cuando tomen color y, con el aceite frío, agregar el pimentón, un chorrito de vinagre y un poco del agua de la cocción del pescado. Verter en la tartera y dejar aproximadamente 5 min a fuego muy suave, sin dejar hervir.

- Servir en una fuente o en una cazuela de barro.

Puede hacerse con congrio; en ese caso, echar más tarde, porque tarda menos en cocerse.

cangrejos a la marinera

48 cangrejos de río
1/2 l (17 fl oz) de vino blanco
Tomillo
Laurel
Perejil
Sal

• Hacer un caldo elaborado a base del vino blanco, el tomillo, el laurel y el perejil, agua y sal. Una vez lavados los cangrejos, hervir en ese caldo. Tapar durante la cocción con una fuente que servirá para, una vez bien cocinados, presentarlos en la mesa.

La cocción variará según el tamaño; generalmente no supera los 15 ó 20 min.

cangrejos al jerez

1 kg (2,2 lb) de cangrejos de mar
1 vaso de jerez seco
150 g (5 oz) de mantequilla
3 hojas de laurel
Perejil fresco
Pimienta blanca en polvo
Sal

- Derretir la mantequilla en una cazuela plana, añadir el perejil picado (1 cs aproximadamente) y las hojas de laurel; rehogar todo un poco, y agregar entonces los cangrejos bien lavados; dejar cocer, a fuego vivo, aproximadamente 10 ó 12 min, sacudiendo la cazuela para que no se peguen.

- Añadir el jerez y salpimentar. Remover de vez en cuando y seguir su cocción hasta que casi se consuma el jerez.

- Servir calientes, en una fuente, sin el laurel.

Esta receta también se puede emplear para los cangrejos de río; se puede cambiar el jerez, si no se tiene a mano, por vino blanco en doble cantidad, es decir, 2 vasos pequeños en vez de 1 vaso pequeño.

centollo relleno

2 centollos de 2 kg (4,4 lb)
1/2 centolla
2 ramas de perejil
3 cs de salsa de tomate
80 g (2,8 oz) de jamón
1 rodaja de merluza
1 huevo cocido
1/2 limón
1 diente de ajo
2 cs de pan rallado
Aceite y sal

- Cocer el centollo y separar las patas; quitar toda la carne a las patas.

- El procedimiento para cocer el centollo es el siguiente: poner laurel, zanahoria y vino blanco o vinagre en una cazuela con agua fría, y convenientemente salada. Dejar 8 ó 10 min al empezar a hervir el agua. Apartar la cazuela del fuego y sacar a los pocos minutos.

- Freír un poco de cebolla muy picada, con el ajo y el perejil, también finamente picado; dejar dorar un poco y añadir la salsa de tomate bien cocida, el jamón muy troceado, la merluza cocida y desmenuzada, el zumo de limón, sal y la carne del centollo. Mezclar todo bien.

- Limpiar y disponer la concha del centollo. Llenar con el preparado; cubrir con pan rallado y con huevo cocido muy picado. Meter al horno hasta que esté dorado.

Los ingredientes de esta receta están indicados para 6 personas.

cebiche

1 kg (2,2 lb) de pescado
1 rama de apio
Ajos
Ají mirasol
Ají limo
2 cs de jengibre
El zumo de 12 limones
Caldo de pescado
1 batata
1 mazorca de maíz
Hojas de lechuga
Cebolla

- Picar el apio, el ají mirasol y el ají limo. Machacar los ajos.

- Picar el pescado en trozos de 3 cm (1,18 pulgadas). Mezclar el pescado con el apio, los ajos, el jengibre, el zumo los limones y el caldo de pescado y sazonarlo con ello. Dejarlo marinar al menos 3 h.

- Posteriormente, poner a cocer la batata y la mazorca de maíz, pero interrumpiendo la cocción a mitad del proceso. Picar la cebolla en juliana.

- Colocar la lechuga, la batata y el maíz en el lateral de un plato y un poco de cebolla en el centro. Disponer el preparado sobre la cebolla y echarle otro poco de cebolla por encima. Decorar con ají limo picado.

chicharros al horno al estilo montañés

2 chicharros de buen tamaño
1 limón
2 dientes de ajo
1/2 cebolla
1 rama de perejil
1/2 ct de pimentón
1 cs de vinagre
1/2 vaso pequeño de vino blanco
Pan rallado
Aceite
Sal

- Limpiar los chicharros. Vaciar y lavar en agua fría. Hacer tres incisiones en el lomo. Incrustar en ellas unos gajos de limón. Una vez sazonados con sal, por dentro y por fuera, poner los ajos muy picados en el interior de la tripa.

- En una besuguera, echar un poco de aceite, lo justo para engrasar el fondo; poner la cebolla cortada en aros y, sobre ellos, colocar los chicharros. Cubrir con una capa de aceite, echar el perejil muy picado y espolvorear por encima con pan rallado. Encender el horno a calor moderado, introducir en él y tener entre 15 y 20 min. Sacar y reservar.

- Aparte, en una sartén pequeña, calentar 2 cs de aceite, retirar del fuego y añadir el pimentón; seguidamente, verter el vinagre y el vino blanco. Echar sobre los chicharros y devolver al horno 5 min más. Servir inmediatamente.

chipirones rellenos

1 kg (2,2 lb) de chipirones pequeños
2 cebollas gordas
2 dientes de ajo
Unas ramas de perejil
100 g (3,5 oz) de jamón sin grasa finamente cortado
3 cs de miga de pan fresco
Sal
Pimienta blanca en polvo
1 cs de pimentón
1 vaso de vino blanco
1 cs de harina tostada
1/4 l (9 fl oz) de aceite

- Una vez limpios los chipirones, reservar los cuerpos y picar bien las aletas y los tentáculos, añadiendo las cebollas, peladas y picadas, los ajos, pelados y trinchados, el perejil, picado, así como el jamón, miga de pan, sal y pimienta.

- Freír todo este picadillo en un poco de aceite, y una vez frito, rellenar con él los chipirones. Coser los chipirones para que no se salga el relleno. Freír en aceite caliente y pasar después a una cazuela de barro.

- En la sartén, con el aceite sobrante, freír 3 cs de cebolla, añadir el pimentón, el caldo y el vino blanco, salpimentar y agregar 1 cs de harina tostada para que espese la salsa.

- Verter esta salsa sobre los calamares y dejar cocer hasta que estén tiernos.

cigalas cocidas con salsa fría

1 kg (2,2 lb) de cigalas
1 taza grande de mayonesa
2 lechugas
100 g (3,5 oz) de setas en aceite
80 g (2,8 oz) de aceitunas negras
Sal

- Lavar las cigalas y hervir en agua con mucha sal durante aproximadamente 15 ó 18 min. Escurrir y pelar las colas.
- Preparar las hojas más blancas de las lechugas, picar, y unir a las setas (con su aceite). Incorporar también las aceitunas. Juntar las cigalas con la ensalada y cubrir todo con mayonesa o vinagreta.

Otra variante de presentación sería cada elemento por separado: las cigalas enteras, la ensalada y la salsa.

cigalas fritas

1 kg (2,2 lb) de cigalas pequeñas muy frescas
Aceite
Sal
Limón

- Calentar un poco de aceite en una sartén grande. Echar las cigalas, frescas y pequeñas, freír y mirar de vez en cuando la sartén para que no se agarren. Salar a medio freír.
- Retirar, rociar con zumo de limón y pasar a una fuente. Puede adornarse con rodajas de limón.

También pueden cocinarse así las gambas y los camarones.

cóctel de marisco con salsa fría

1 kg (2,2 lb) de gambas
1 lechuga
1 taza grande de mayonesa
1 lata de tomate frito
2 huevos duros
Sal

- Cocer las gambas en abundante agua con sal. Una vez cocidas, separar 8 de ellas enteras, pelar las restantes y cortar la carne en trozos pequeños.

- Lavar bien la lechuga y picar lo más blanco; unir ambos picados, el de gambas con el de lechuga, y disponer en una fuente honda de cristal. Batir la mayonesa con el tomate y cubrir la lechuga y las gambas, de forma que quede todo bien impregnado.

- Disponer en cuatro copas de cristal. Pelar los huevos duros; picar estos y adornar la superficie con ellos y las gambas enteras.

congrio
con guisantes y patatas

1 kg (2,2 lb) de congrio
3/4 kg (26,5 oz) de patatas
1/4 kg (9 oz) de cebollas
1/4 kg (9 oz) de guisantes pelados
1 vaso grande de aceite
1 vaso de agua
2 dientes de ajo
2 cs de perejil picado
1 paquete pequeño de azafrán

- Limpiar el congrio. Lavar, cortar en trozos y dejar escurrir.

- Pelar las patatas y cortar en rodajas gruesas.

- Hacer un *rustido* con la cebolla picada y los dientes de ajo, en la misma cazuela en la que vamos a guisar el congrio. Cuando esté dorado, añadir las patatas y los guisantes, y el azafrán disuelto en el agua.

- Cocer a fuego lento y, cuando esté casi cocido, añadir el perejil; colocar después el congrio por encima y salar.

- Dejar cocer 5 min hasta que esté el pescado y servir en la cazuela de barro.

coquinas a la andaluza

1 kg (2,2 lb) de coquinas
Sal
4 cs de aceite
2 cebollas
2 pimientos frescos verdes
4 tomates frescos
2 cucharones de caldo de carne (puede ser de cubitos)

- Lavar perfectamente las coquinas para quitar la arena. Cocer en una cacerola con agua y sal.

- Preparar un sofrito con el aceite, las cebollas, los tomates y los pimientos, todo muy bien picado y sazonado. Cuando esté hecho, incorporar las coquinas y el caldo y dejar hacer unos minutos removiendo todo sin parar hasta que las coquinas se abran.

corvina al vino blanco

1 corvina de 1 1/4 kg (2,6 lb)
1 cebolla
10 cs de vino blanco
2 cs de harina
Sal
Pimienta blanca en polvo
4 cs de aceite
Un poco de nuez moscada
1 limón

- Limpiar y lavar la corvina. Poner en una fuente de horno.
- Freír la cebolla pelada y picada en el aceite y, cuando esté dorada, añadir la harina, la sal, la pimienta, el vino blanco y un poco de nuez moscada rallada; dejar hervir aproximadamente 5 u 8 min.
- Colocar la salsa sobre la corvina y meter al horno.
- Servir en la misma fuente de cocción, adornada con rodajas de limón.

dorada a la almendra

4 doradas de 300 g (10,6 oz) c/u
1/4 l (9 fl oz) de aceite de oliva
Sal
Pimienta blanca
El zumo de 2 limones
100 g (3,5 oz) de harina
50 g (1,8 oz) de mantequilla
10 g (0,35 oz) de piñones
25 g (0,9 oz) de pasas
50 g (1,8 oz) de almendras peladas
2 dl (6,7 fl oz) de jugo de carne

- Sazonar el pescado, ya limpio, con sal y pimienta; rebozar en la harina y freír en el aceite.

- Una vez frito, retirar el aceite, incorporar mantequilla, almendras, pasas y piñones, y cocer en el jugo de carne hasta que la salsa espese.

dorada a la sal

1 kg (2,2 lb) de dorada
4 kg (8,8 lb) de sal gorda
700 ml (24,6 fl oz) de agua
Para el majado:
Ajos
Perejil
Aceite de oliva extra virgen
Unas gotas de limón

- Poner una generosa capa de sal en el fondo de una fuente grande de barro. Colocar la dorada seca (entera y sin escamas, pero sin destripar) en la fuente. Cubrir la dorada totalmente con el resto de la sal. Verter un poco de agua por encima del pescado.

- Precalentar el horno a 180 °C (350 °F). Introducir la fuente en el horno entre 45 y 50 min. Al sacarla del horno, romperle la costra de sal con un instrumento duro. Quitar el resto de sal, retirar la piel y filetear la dorada.

- Preparar un majado con ajos, perejil, aceite de oliva y unas gotas de limón.

- Emplatar los filetes y rociar con el majado.

emperador en salsa picante

4 lonchas de emperador de 1/4 kg (9 oz) c/u
1 cebolla
2 limones
1 pimiento picante
1 vaso pequeño de salsa de tomate
Aceite de oliva
Sal
Pimienta

- Picar 1/4 de cebolla y distribuir sobre las lonchas del pescado, sazonar con sal y pimienta, rociar con el zumo de los limones y dejar así 30 min.

- Poner una cazuela con abundante aceite al fuego, añadir la cebolla restante en rodajas y dejar dorar ligeramente. Colocar el emperador sobre las rodajas de cebolla, añadir el vaso pequeño de salsa de tomate y el pimiento picante, y dejar cocer el conjunto a fuego lento moderado.

Un buen acompañamiento es el arroz blanco.

escabeche de sardinas

1 kg (2,2 lb) de sardinas
7 cs de aceite
Sal
2 dientes de ajo
1 hoja de laurel
1 l (9 fl oz) de vinagre
Pimienta negra en polvo

- Lavar las sardinas. Quitar la cabeza, las tripas y las escamas.

- Poner, en el fondo de una cazuela de barro, una capa de sardinas, 2 ó 3 dientes de ajo picados, laurel, un poco de pimienta y sal, y así hasta colocar todas las sardinas.

- Rociar con el aceite y cubrir con el vinagre; tapar, poner al fuego y dejar cocer muy lentamente durante 30 min. Una vez hechas, servir frías.

filete de lisa gratinado sobre espinacas

2 huevos
3/4 kg (26,5 oz) de filetes de lisa
Aceite para el molde
100 g (3,5 oz) de queso rallado al ajo
2 cs de mantequilla
200 g (7 oz) de nata
600 g (21,2 oz) de espinacas congeladas en hojas, picadas finamente
1/2 ct de comino molido
2 dientes de ajo
Pimienta y nuez moscada

- Calentar la mantequilla en un cazo.
- Picar las cebollas en dados y glasear en la mantequilla.
- Pelar el ajo. Prensar y añadir a la cebolla.
- Agregar también las espinacas, ya descongeladas, a la mezcla, y rehogar durante 5 min. Condimentar todo con nuez moscada, sal, comino y pimienta.
- Echar las espinacas en una escurridera. Exprimir.
- Precalentar el horno a 220 °C (425 °F).
- Lavar y secar los filetes de lisa y aderezar con zumo de limón. A continuación, salpimentar.
- Engrasar un molde para suflé. Colocar la mitad de las espinacas en él. En su interior, distribuir los filetes de pescado unos junto a otros y cubrir con el resto de las espinacas.
- Mezclar el queso, la nata y los huevos. Condimentar con sal y pimienta y bañar las espinacas con esta salsa.
- Colocar el molde en la bandeja central del horno y dejar cocer los filetes de lisa durante 15 ó 20 min.

filetes de caballa al jengibre

4 caballas
2 cs de salsa de soja
1 limón
2 cebollas
1 raíz fresca de jengibre
4 dientes de ajo
Un manojo de cilantro
Aceite
Sal

- Cortar el limón y la raíz de jengibre en rodajas. Pelar los ajos y picar el cilantro finamente.

- Limpiar bien las caballas y hacerlas filetes. Colocar en una fuente.

- Esparcir los ajos, el cilantro, el jengibre y el limón sobre estos filetes y rociar la salsa de soja.

- Dejar reposar 12 h. Dar la vuelta para que se adoben por igual.

- Pasado ese tiempo, poner aceite a calentar en una sartén y freír los filetes de caballa.

- Cuando se hayan dorado, retirar de la sartén y poner en una bandeja.

- Pelar y trocear las cebollas. Freír en el mismo aceite que el pescado y colocar sobre los filetes.

- Servir calientes.

filetes de lenguado con champiñones

800 g (28 oz) de filetes de lenguado
200 g (7 oz) de champiñones de lata
1 yema de huevo crudo
2 cs de coñac
2 cs de jerez seco
1/2 lechuga
1 vaso pequeño de vino blanco seco
100 g (3,5 oz) de mantequilla

Canela en polvo
1 limón
1 cs de harina
1/4 l (9 fl oz) de leche
1 trufa de lata
Pan frito
Sal

- Tras lavar los filetes, sazonar con sal, zumo de limón y un poco de canela en polvo. En una bandeja de horno, fundir parte de la mantequilla, colocar los filetes y extender una capa de champiñones cortados en discos pequeños y delgados por encima. Verter el vino blanco, el jerez y el coñac, dejándolos hacer, en horno con calor moderado, durante 20 ó 25 min.

- Aparte, preparar una besamel con el resto de la mantequilla; cuando esté fundida, rehogar la harina, agregar la leche (caliente) y remover continuamente para evitar que se formen grumos. Dejar hervir aproximadamente 5 min hasta conseguir una salsa algo espesa. Agregar sal.

- Retirar del fuego, dejar enfriar un poco y añadir la yema de huevo batido. Mezclar bien y cubrir el pescado con ella; espolvorear la trufa picada muy fina y dejar en el horno aproximadamente 5 ó 10 min más.

- En el momento de servir los filetes, incorporar unos triángulos de pan frito, alternándolos con las hojas blancas de la lechuga.

hojaldres
de salmón ahumado

1/2 kg (17 oz) de pasta de hojaldre congelada
2 yemas
1/4 kg (9 oz) de salmón ahumado
2 cs de nata líquida
2 cs de semillas de sésamo
2 ct de eneldo
Pimienta negra
Sal

- Precalentar el horno a 220 °C (425 °F) y cubrir una bandeja con papel de aluminio.
- Extender la pasta de hojaldre en una superficie lisa y, con una ruedecilla de cortar pasta, hacer tiras de aproximadamente 8 cm (3,15 pulgadas) de ancho a lo largo.
- Trocear finamente el salmón ahumado, aderezar con eneldo y pimienta, y repartir sobre la mitad de las tiras de pasta de hojaldre. Cubrir con las restantes y apretar los bordes para que no se salga el salmón.
- A continuación, cortar en pequeños rectángulos y colocar en la bandeja del horno.
- En un bol, batir las yemas, la nata y un poco de sal.
- Con esa mezcla, empapar un pincel y pintar la parte de arriba de los hojaldres; echar también las semillas de sésamo por encima.
- Finalmente, introducir la bandeja en el horno 15 min, hasta que se doren.

Los ingredientes de esta receta están indicados para obtener 24 hojaldres.

kokotxas de merluza en salsa verde

3/4 kg (26,5 oz) de kokotxas *de merluza*
3 dientes de ajo
1 guindilla de Cayena
Perejil
Vino blanco
Aceite de oliva

- Dorar los ajos en una sartén y retirar.
- Después, disponer las *kokotxas* en una cazuela, con la piel hacia abajo. Moverlas para que suelten la gelatina y darles la vuelta.
- Picar el perejil y reservar un poco. Añadir la guindilla, los ajos y el perejil a la cazuela.
- Mojar con un chorrito de vino blanco y dejar evaporar.
- Cocinar durante 5 min.
- Servir en cazuela de barro con el perejil reservado espolvoreado por encima.

lamprea en cazuela

1 lamprea
2 cs de cebolla picada
2 cs de manteca de vaca
1/2 vaso de aceite
1 vaso de vino tinto
4 cs de vinagre
Nuez moscada
Pimienta
Clavo
Canela
Sal

- Lavar la lamprea en agua caliente. Limpiar, quitándole la hiel y la tripa gruesa. Cortar en trozos y colocar en una cazuela.

- En una sartén con la manteca de vaca, dorar la cebolla picada, agregar el aceite, el vino y el vinagre y sazonar con las especias y la sal.

- Poner al fuego y cubrir con agua caliente; dejar cocer a fuego lento durante 45 min, con un papel de estraza debajo de la tapadera.

- Servir en cazuela de barro.

langosta a la americana

1 langosta de 1 1/2 kg (3,3 lb)
4 langostinos
4 cigalas
8 gambas
2 cebollas
1 puerro
3 tomates
2 zanahorias
1 ct de mostaza de estragón
10 bolitas de pimienta negra
1 vaso pequeño de coñac
Sal

- Poner una cazuela honda con aceite al fuego, e incorporar las verduras picadas finamente.

- Dejar que tomen un poco de color y añadir los tomates troceados, los langostinos, las gambas y las cigalas. Rehogar un poco y flamear con el coñac; a continuación, salar todo, agregar la pimienta y cubrir con agua.

- Poner al fuego y, cuando hierva, dejar así 3 min. Sacar el marisco, pelar, reservar aparte las colas y volver a poner el resto en la cazuela.

- Dejar cocer 30 min e incorporar la langosta. Dejar cocer la langosta aproximadamente 15 min más. Sacar y pelar la langosta.

- Pasar la salsa primero por la batidora eléctrica y luego por el colador chino, añadir la mostaza de estragón y mezclar todo bien.

- Disponer todo en una cazuela e incorporar la langosta, con la cola y la cabeza, partida en trozos. Añadir también las colas de marisco que tenemos reservadas, calentar brevemente y servir.

langostinos al pesto

12 langostinos
3 cs de aceite de oliva
Pimienta blanca
Sal
Para el pesto:
200 g (7 oz) de albahaca
80 g (2,8 oz) de parmesano rallado
60 g (2,1 oz) de piñones
40 g (1,4 oz) de pecorino rallado
1/4 l (9 fl oz) de aceite de oliva

- Pelar y trocear los dientes de ajo y machacar con la albahaca, la sal y los piñones.

- Después, añadir el parmesano y el pecorino rallados y mezclar bien.

- En un recipiente al fuego, calentar el aceite y echar la mezcla anterior en él, removiendo continuamente. Una vez hecho, dejar aparte.

- Pelar y limpiar los langostinos y salpimentar.

- En una cazuela con un poco de aceite caliente, freír los langostinos por los dos lados durante 2 min.

- Finalmente, colocar en una bandeja y servir con pesto por encima.

langostinos con *romesco*

1 kg (2,2 lb) de langostinos
1 ramillete compuesto por perejil fresco, laurel y tomillo
2 cs de perejil fresco muy picado
2 tazas de romesco
1 cebolla mediana
1 zanahoria mediana
1 vaso de vino blanco seco
Sal

- Lavar los langostinos. Cocer los langostinos, el manojo compuesto, la cebolla y la zanahoria (peladas y enteras) y el vino blanco en abundante agua con sal. Dejar hervir 20 min a fuego fuerte. Escurrir y dejar enfriar. Quitar la cáscara a los langostinos, dejándoles un poco de cola.

- Colocar el marisco en una fuente, espolvoreándolo con el perejil picado.

- Aparte, presentar el *romesco*.

langostinos meridional

24 langostinos del Mediterráneo
12 mejillones previamente cocidos
8 champiñones limpios y fileteados
Salsa de tomate
2 dientes de ajo majados en el mortero
Perejil picado muy fino
Aceite de oliva de 1.ª
Sal

- En una sartén, poner el aceite a calentar y saltear los langostinos en ella a fuego vivo, previamente enjuagados y salados; a mitad de cocción, añadir los champiñones y dejar saltear todo un momento.

- Cuando estén casi hechos, añadir un poco de salsa de tomate y el ajo, así como los mejillones, desprovistos de una de sus cáscaras.

- Para terminar, rectificar la sal y espolvorear con perejil picado. Servir.

lenguado a la almendra

4 lenguados de 300 g (10,6 oz) c/u
Mantequilla
Harina
Almendras
Perejil
Para la salsa:
1 chalota
1 cebolla
2 dientes de ajos
1/2 pimiento
1/2 l (17 fl oz) de fumet

- Para hacer la salsa, sofreír, por este orden, los dientes de ajo, el pimiento, la chalota y la cebolla; una vez que empiezan a dorarse, verter el *fumet* y dejar cocer; durante la cocción (30 min), triturar los ingredientes y dejar reducir la salsa.

- En una sartén, con un poco de mantequilla, poner el lenguado, previamente enharinado. Añadir la salsa hasta cubrirlo, y dejar cocer a fuego muy lento, preferentemente en la plancha. Cuando esté cocido, triturar unas almendras peladas y fritas para espolvorear por encima al lenguado, con un poco de perejil picado.

lenguado a la naranja

3 lenguados
El zumo de 2 naranjas
Aceite de oliva
Sal
Pimienta

- Lavar los lenguados y sazonar con un poco de sal.
- Poner en una cazuela con aceite de oliva.
- Exprimir las naranjas y, con el zumo obtenido, rociar los lenguados.
- Dejar cocer a fuego mínimo muy lentamente durante 20 min.

lenguado con almejas y cava

2 lenguados hechos filetes
12 almejas
Nata líquida
Aceite
3 copas de cava
Sal

- Salar y freír los filetes de lenguado ligeramente por ambos lados.
- Agregar las almejas y el cava y dejar al fuego 2 min.
- En una bandeja de hornear, colocar el lenguado y las almejas sin concha, además de un poco de nata líquida.
- Finalmente, meter la bandeja en el horno y poner a gratinar.

lubina al horno

1 lubina
4 patatas
Aceite
1 cebolla
Sal

- Pelar y partir en rodajas la cebolla y las patatas y colocar en una sartén con aceite a fuego lento.

- Limpiar y salar la lubina. Reservar.

- Precalentar el horno a 220 °C (425 °F).

- En la fuente del horno, extender la mezcla de patatas y cebolla, y sobre ellas, la lubina.

- Meter al horno durante aproximadamente 25 min, hasta que esté bien hecha, y servir.

marinada de pescado

2 cs de aceite
1 cs de vinagre
El zumo de 1/2 limón
2 hojas de laurel
1 diente de ajo
Sal
4 rodajas de rape
4 rodajas de merluza

- Picar el ajo menudo y a continuación agregar aceite, zumo de limón y sal. Introducir la mezcla en un recipiente pequeño.
- Lavar y secar el pescado y meter dentro del recipiente, pasándolo unas cuantas veces por la marinada para que se empape bien.
- Dejar reposar durante 2 h.
- Echar aceite en una sartén, la justa para calentar el laurel y asar el pescado.
- Pasar las rodajas de merluza y rape por el aceite, dejando que se asen 5 min por cada lado.

marmitako de bonito

1 kg (2,2 lb) de bonito
1 kg (2,2 lb) de patatas
2 cebollas
2 tomates
2 pimientos rojos asados
2 pimientos verdes
Aceite
Sal

- Quitar la piel y las espinas al bonito. Dejar la carne aparte y echar las espinas a una cazuela puesta al fuego con un poco de agua.

- Calentar aceite en otro recipiente y añadir las cebollas, los tomates y los pimientos verdes pelados y troceados.

- Después, agregar las patatas cascadas en trozos y el agua de la cocción de las espinas.

- Pasar por el pasapurés los pimientos rojos y echando sobre las patatas.

- Finalmente, añadir el bonito en trozos y salar. Tapar y dejar al fuego hasta que se haga.

medallones de rape con setas *shiitake*

8 medallones de rape de 80 g (2,8 oz) c/u
400 g (14 oz) de setas shiitake
6 cs de salsa de soja
1 cebolla pequeña
1 ramillete de berros
1 ct de raíz de jengibre, picado fino
2 cs de aceite de soja
5 cl (1,7 fl oz) de jerez seco (fino)
Sal
Zumo de limón

- Calentar el aceite de soja en una sartén ancha, picar la cebolla en daditos y glasear.

- Mientras tanto, limpiar las setas *shiitake*, lavar metidas en un escurridor y cortar, tallos incluidos, en tiras muy estrechas.

- Agregar a la sartén y rehogar durante 5 min a fuego fuerte.

- Posteriormente, incorporar el jerez y la salsa de soja y dejar cocer todo 10 min más a fuego medio.

- Lavar los berros y cortar 2/3 de las hojitas sobre las setas, mezclándolas a continuación.

- Lavar y secar bien los medallones de rape; rociar con zumo de limón y agregar la sal y la pimienta blanca.

- Echar el jengibre sobre los medallones y, posteriormente, incorporar a las setas.

- Cubrir la sartén con una tapadera y dejar cocer todo junto entre 6 y 8 min a fuego lento.

- Antes de servir, esparcir las hojitas de berro que han sobrado por encima del guiso.

mejillones a la marinera

3 kg (6,6 lb) de mejillones
2 hojas de laurel
2 cs de cebolla picada
1 cs de perejil picado
1 cs de pimentón
3 cs de harina
1 vaso de vino blanco
1 vaso de caldo de cocción
Sal
Aceite

- Lavar y limpiar los mejillones. Poner a cocer en una tartera con muy poca agua, sal y laurel. Deben estar muy bien tapados, como si fuera al vapor.

- Retirar cuando se abran, separar de las conchas y colocar en una cazuela de barro.

- Dorar la cebolla en una tartera con un poco de aceite, incorporar el perejil y tostar la harina. Añadir poco a poco el caldo colado de la cocción del marisco, el vino blanco y el pimentón.

- Cocer aproximadamente 10 min y verter sobre los mejillones; dejar cocer todo junto y mover la tartera para que la salsa espese y no se agarre al fondo.

- Servir en la misma cazuela.

mejillones
con crema de gambas

96 mejillones
1 cebolla grande
1 zanahoria mediana
Un poco de apio
1 vaso de vino blanco seco
Pimienta blanca en polvo
100 g (3,5 oz) de mantequilla
50 g (1,8 oz) de harina
1 vaso pequeño de leche
50 g (1,8 oz) de gambas
Perejil fresco
Sal

- Raspar los mejillones y lavar en varias aguas. Poner los mejillones, la cebolla pelada y cortada en láminas, un poco de perejil, la zanahoria pelada y cortada en rodajas, el apio, el vaso de vino blanco seco, sal y un poco de pimienta en una cacerola grande. Dar un hervor a los mejillones y, cuando estén abiertos, retirar la parte comestible de las valvas, apartándolos del fuego un momento.

- En recipiente aparte, derretir 50 g (1,8 oz) de mantequilla, añadir la harina y, tras mezclar bien, dejar dorar ligeramente e incorporar la salsa de los mejillones (colada) y, si fuese necesario, un poco de leche. Dejar cocer 10 min.

- Lavar las gambas. Cocer en agua con sal, pelar y majar en el mortero. Mezclar con el resto de la mantequilla y pasar luego por el colador. Con esta salsa, cubrir los mejillones y servir.

mejillones en escabeche

3 kg (4,4 lb) de mejillones
3 vasos de aceite
1 1/2 vaso de vinagre
1 1/2 vaso de vino
1 cabeza de ajo
6 hojas de laurel
1 ramita de tomillo

1 ct de orégano
8 clavos
16 granos de pimienta negra
1 ct de pimentón dulce
Sal
Zanahorias y pepinillos,
    ambos en vinagre

- Limpiar los mejillones y poner a cocer con el vino en un recipiente tapado hasta que se abran.

- Retirar de las conchas y colocar en una cazuela. Colar el caldo de cocer los mejillones y reservar.

- Dorar los ajos en el aceite, retirar, dejar enfriar un poco y añadir el pimentón, el tomillo, el laurel, el orégano, el clavo, la pimienta y la sal.

- Por último, agregar el vinagre y la misma cantidad del caldo de la cocción de los mejillones, cocer unos minutos y pasar a la tartera del marisco para que cueza aproximadamente 10 min.

- Esperar a que enfríe y poner en un recipiente de barro, cristal, etc. de forma que el caldo cubra bien los mejillones.

Dejar reposar en lugar fresco aproximadamente 24 h y conservar bastantes días más si se quiere. Se ha de procurar que la salsa cubra siempre el marisco para que este no entre en contacto con el aire. Se pueden añadir unas zanahorias y pepinillos en vinagre cortados en lonchitas muy finas.

mejillones guisados

2 kg (4,4 lb) de mejillones
1 cebolla
1 cs de perejil picado
1 cabeza de ajo
1 pimiento muy picado
1 tomate
1 vaso de aceite
Sal
Pimienta
Azafrán

- Cocer los mejillones en agua y sal, separar de las conchas y colocar en una tartera con un poco de agua de la cocción.

- Preparar un *rustido* con el aceite, la cebolla y los ajos, añadir el pimiento y el tomate picados, sazonar con sal y dejar cocer durante 15 min.

- Puede servirse con patatas cocidas o arroz blanco.

mejillones rellenos (tigres)

1 kg (2,2 lb) de mejillones
1/2 l (17 fl oz) de besamel
100 g (3,5 oz) de pan rallado
1 vaso de vino blanco
Pimienta blanca
Queso rallado

- Extraer los mejillones de las cáscaras. Reservar las cáscaras.

- Una vez tengamos el mejillón fuera de la cáscara, cortar en pequeños trozos y mezclar con la besamel, queso rallado, vino y pimienta. Remover bien hasta mezclar todo.

- Con esta pasta, rellenar las cáscaras; poner el pan rallado por encima y gratinar durante 8 min a fuego no muy fuerte.

merluza al horno

4 rodajas de merluza
1/2 vaso de agua
1 vaso de vino blanco
1 hoja de laurel
2 dientes de ajo
2 yemas de huevo duro
2 rebanadas de pan
50 g (1,8 oz) de almendras tostadas
Pimentón dulce
Aceite de oliva
Sal

- Limpiar la merluza; una vez limpia, cocer en agua con el vino blanco, laurel y sal durante 3 min.

- Sacar la merluza del caldo y colocar en una fuente.

- Freír las rebanadas de pan. Machacar los ajos en un mortero, con las yemas de huevo, las almendras, el pimentón, las rebanadas de pan fritas y el aceite de haber freído. Formar una pasta. Diluir la pasta con un poco de caldo de cocción del pescado.

- Verter esta salsa sobre la merluza y meter la fuente en el horno, previamente calentado a 200 ºC (400 ºF), durante 15 ó 20 min.

La merluza puede sustituirse por mero, rape, corvina, etc.

merluza en escabeche

1 kg (2,2 lb) de filetes de merluza sin espinas
2 cebollas medianas
2 zanahorias
2 pimientos morrones
3 dientes de ajo
1 hinojo
2 hojas de laurel
2 ramitas de perejil
1 taza de aceite de oliva
2 tazas de vinagre de manzana
Sal gorda
Pimienta en grano

- Pelar y cortar las cebollas en aros, las zanahorias, en rodajas, los pimientos morrones, en tiras y el hinojo, en juliana. Picar los ajos.

- Lavar y secar la merluza. Cortarlo en trozos medianos. Verter el vinagre en una olla y disponer el pescado, las cebollas, las zanahorias, los pimientos, los ajos y el hinojo en ella. Añadir las hojas de laurel, el perejil y la pimienta en grano. Agregar agua hasta cubrir todos los ingredientes.

- Cocinar a fuego fuerte hasta que rompa el hervor y, luego, moderado durante 10 min. Retirar del fuego y dejar enfriar con la olla tapada. Verter el escabeche en un frasco de vidrio hermético, con el aceite de oliva y algunos granos de sal gorda.

- Cerrar los frascos herméticamente y conservar en el frigorífico.

merluza guisada

1 1/2 kg (3,3 lb) de merluza
2 cebollas
3 dientes de ajo
2 cs de perejil
100 g (3,5 oz) de harina
1 vaso pequeño de agua
1 vaso de aceite

- Limpiar la merluza. Cortar en rodajas, salar y escurrir. Rebozar en la harina.

- Hacer un *rustido* con el aceite, la cebolla picada y el ajo en una sartén. Cuando esté dorado, añadir el perejil.

- Echar la mitad del *rustido* en el fondo de la cazuela, colocar encima las rodajas de merluza y cubrir con el resto del *rustido*.

- Añadir el agua y dejar cocer lentamente, moviendo la tartera de vez en cuando para que no se pegue. Si espesa, añadir más agua templada.

- Servir en una fuente, acompañada por puré de patatas.

merluza rellena 1

1 merluza de 2 kg (4,4 lb)
Sal
Una capa gruesa de cebolla
Pimienta blanca en polvo
100 g (3,5 oz) de pescado blanco
    cocido (mero, rape, merluza,
    lenguado)
2 huevos duros
Unas hebras de azafrán

2 pimientos rojos de lata
2 dientes de ajo
Perejil fresco
2 cs de pan rallado
2 tomates frescos
1 cebolla
3 cs de aceite
1 pimiento fresco verde o rojo

- Limpiar la merluza y abrir de arriba abajo para quitar la espina y que quede como un bacalao. Lavar ligeramente en agua fría, escurrir y salpimentar.

- Cocer la cabeza y espinas de la merluza en agua con la capa gruesa de cebolla, un poco de perejil y sal.

- Mezclar el pescado blando cocido (o frito), y bien picado, los huevos duros picados, las hebras de azafrán, los dientes de ajo, el pan rallado, un poco de perejil (ambos trinchados) y aligerar con un poco de caldo hecho de la cabeza y espinas. Con esta mezcla, rellenar la merluza. Cerrar y atar la merluza (como la carne para asar).

- En una fuente, poner un fondo compuesto por los tomates frescos cortados en rodajas, los pimientos de lata cortados en tiras y la cebolla pelada y trinchada; poner encima la merluza y, sobre esta, el aceite.

- Meter al horno y regar, de vez en cuando, con el caldo de pescado. Una vez hecha, dejar enfriar y quitar el hilo o cuerda. Cortar en rodajas y cubrir con todos sus ingredientes y salsas pasados por el colador chino.

merluza rellena 2

1 1/4 kg (2,6 lb) de merluza de la parte de la cola
125 g (4,4 oz) de carne magra de cerdo
2 cs de puré de tomate
50 g (1,8 oz) de jamón
1 cebolla mediana
12 almendras tostadas
1 cs de mantequilla (no margarina)
12 avellanas tostadas
1 huevo crudo
1 cs de pan rallado
1 vaso pequeño de vino blanco seco
200 g (7 oz) de guisantes desgranados o 1 lata de 1/4 kg (9 oz)
1 limón
Pimienta blanca en polvo
1 1/2 taza de aceite
Sal

- Si los guisantes son del tiempo, cocer en agua hirviendo con sal; una vez cocidos y escurridos, reservar.

- Cortar una rodaja fina a la merluza. Quitar la espina y la piel a la rodaja. Extraer la espina al resto de la merluza y abrir por la mitad. Rociar el pescado con limón y dejar macerar entre 15 y 20 min.

- Cortar la carne de cerdo y la rodaja de merluza en trozos pequeños y freír en un poco del aceite. A continuación, picar estos trozos y el jamón y salpimentar; seguidamente, volver a poner el picadillo en la sartén, agregar la mantequilla y el huevo (un poco batido) y mezclar al lado del fuego. Con esta mezcla, rellenar la merluza, que habrá que atar con sumo cuidado o bien coser con hilo (poner la grasa sobrante en una fuente de horno).

- En otro poco del aceite, freír la cebolla pelada y picada muy fina; cuando tenga color, agregar el puré de tomate, sazonar con sal y dejar hacer todo junto aproximadamente 10 min. Mientras tanto, majar las avellanas, las almendras peladas y el vino en el mortero; mezclar con lo de la sartén y dejar hacer durante 5 min.

- En la fuente con la grasa sobrante, colocar la merluza sazonada con sal. Cubrir con toda la salsa e introducir en el horno a temperatura media aproximadamente 5 min. Pasado este tiempo, retirar y limpiar la superficie de toda clase de salsa con un cuchillo, dejando la salsa en los lados de la fuente. Espolvorear la merluza y la salsa de alrededor con el pan rallado. Sobre la salsa, colocar los guisantes escurridos. Volver a meter el pescado en el horno hasta que esté hecho y dorado (aproximadamente 20 ó 25 min).

- Para servir la merluza, desatar o eliminar el cosido, y pasar con sumo cuidado a una fuente, poniendo la salsa con los guisantes alrededor.

mero a la parrilla

1 1/2 kg (3,3 lb) de mero
1 diente de ajo
1 cebolla
1/2 vaso de aceite
1 cs de perejil picado
Sal
Aceite
Mantequilla

- Limpiar el mero, cortar en trozos gruesos y poner sal.

- Con la cebolla picada, el ajo, el perejil y el aceite, todo mezclado, preparar un adobo y dejar el pescado en él durante 1 h.

- Pasado este tiempo, escurrir bien el pescado e impregnar bien de manteca o aceite. Calentar la parrilla, untar de aceite o mantequilla y colocar encima los trozos de mero.

- Dejar asar por un lado 5 min. Levantar los trozos de la parrilla, engrasar de nuevo, dar la vuelta al pescado y volver a dejar asar 2 min de cada lado, hasta que la espina se separe con facilidad, lo que indica que está en su punto.

- Al retirar el pescado, pintar con un poco de mantequilla derretida para darle brillo y, si se quiere, espolvorear con perejil picado.

- Servir adornado con lechuga o rodajas de limón y acompañado por cualquier salsa propia para pescados.

mero en salsa

1 kg (2,2 lb) de mero en porciones medianas
2 tomates
2 dientes de ajo
Perejil
150 g (5 oz) de almendras tostadas
1 ct de harina
El zumo de 1/2 limón
Pimentón
Aceite de oliva
Sal
Pimienta
1 vaso pequeño de caldo de pescado

- Sofreír los trozos de mero por ambas caras y, cuando estén dorados, retirar de la sartén.
- Luego, poner a sofreír el tomate y 1 diente de ajo; más tarde, añadir el perejil y las almendras, junto a 1 ct de harina; cuando comience a dorarse, agregar el pimentón, el zumo de limón, el vaso pequeño de caldo y el mero.
- Tapar y dejar cocer todo a fuego mínimo 15 min.

moraga de sardinas

1 kg (2,2 lb) de sardinas muy frescas
1 diente de ajo
Perejil fresco
1 limón
Sal
1 vaso pequeño de vino blanco
1 vaso pequeño de aceite

- Quitar las escamas y la cabeza a las sardinas y colocar en una cazuela de barro.

- Exprimir el limón encima, salpicar con ajo y perejil picado y rociar con el vino blanco y el aceite.

- Poner la cazuela sobre el fuego y dejar cocer despacio 12 min. Servir rápidamente en la misma cazuela.

nécoras cocidas

12 nécoras
6 hojas de laurel
1 cs de sal

- En una tartera, poner las nécoras, el laurel y la sal. Cubrir de agua, poner la cazuela al fuego y dejar cocer el marisco 30 min.
- Retirar, escurrir y dejar enfriar con las hojas de laurel. Servir en cestillas de paja, sobre hojas de hiedra, limonero o higuera.

Para comerlas, separar el caparazón del cuerpo y las patas. Con un tenedor o con la pinza de las patas delanteras, retirar la parte oscura y los corales y comerlos. Partir el cuerpo por la mitad y separar cada pata con su correspondiente parte del cuerpo; separar la carne con los dedos y comer. Partir las patas por las junturas, hacer presión en uno de los extremos y extraer la carne (todo es comestible, salvo la parte dura del caparazón y las patas y las membranas blancas del cuerpo).

ostras al natural

60 ostras
6 limones
Hielo picado

- Las ostras han de estar vivas. Abrir con un aparato especial o bien sujetándolas con un paño con una mano y metiendo un cuchillo cerca de donde se unen las dos valvas con la otra mano. Hacer presión y levantar la más plana; dejar presas en la otra.

- Con la punta del cuchillo, sacudir las arenas y los trocitos de concha y colocar en unas fuentes sobre hielo picado o en cestos sobre helechos u otras hojas. Presentar adornadas con limón.

- Poner también unas bolitas de mantequilla en una mantequera o en un platito, y pan tostado cuando se vaya a servir.

Las ostras deben abrirse en el momento en que se van a comer; mientras, pueden conservarse en agua de mar o en el frigorífico.

ostras en escabeche

72 ostras
1 1/4 l (41 fl oz) de aceite fino
12 dientes de ajo
1 vaso de vino blanco seco
1 vaso de vinagre
3 hojas de laurel
5 granos de pimienta
Pimienta molida
Sal

- Abrir las ostras, separar de las conchas y secar. En una sartén, poner abundante aceite y freír las ostras sin rebozar.

- Retirar parte del aceite para una cazuela y poner aceite nuevo para que todo él tome el sabor de las ostras y no se queme.

- Cuando estén todas fritas, colar el aceite y dorar los ajos (retirar si no se quiere que los lleve el escabeche), esperar a que el aceite se enfríe un poco y añadir el vino blanco, el vinagre, el laurel y la pimienta.

- Dejar cocer hasta que el vinagre pierda el sabor a crudo. Sazonar con sal y pimienta y esperar a que se enfríe.

- En un recipiente de barro o cristal, colocar las ostras y cubrir totalmente con el escabeche frío; tapar el recipiente.

Se pueden conservar bastante tiempo en este escabeche.

pagro asado

1 1/2 kg (3,3 lb) de pagro (mejor una pieza)
1 cs de perejil picado
3 cs de pan rallado
1 limón
1 vaso pequeño de vino tostado del Ribeiro
1/2 kg (17 oz) de patatas
1/2 cebolla
Aceite
Sal

- Escamar el pagro. Quitar las agallas y las tripas, lavar, dejar escurrir y salar.

- Pelar y cortar en rodajas finas las patatas y las cebollas. En una sartén, dorar las patatas y la cebolla.

- Disponer el pescado en una besuguera o fuente refractaria. Dar tres cortes transversales en el lomo y rellenar con las rodajas de limón. Colocar la fritura de patatas y cebollas no muy pasadas alrededor.

- En el aceite que sobró de freír las patatas (el fondo de la sartén, no demasiado), echar el perejil y el pan rallado y con esta mezcla, una vez fría, cubrir el pagro.

- Meter a horno con calor medio y previamente calentado aproximadamente 20 min. Retirar y rociar con el vino tostado del Ribeiro. (En su defecto, utilizar limón).

- Servir en la misma fuente.

parrillada de mariscos y pescado

4 cigalas
8 gambas
12 mejillones
12 almejas
4 trozos de lubina de 600 g (21,2 oz)
4 salmonetes de ración
4 rodajas de merluza de 600 g (21,2 oz)
Una salsa fría
Sal
Aceite

- Escoger los pescados y mariscos y asar a la parrilla.
- Servir bien hechos, sazonados, y con aceite de su propio asado. Comer untándolos en la salsa fría elegida.

Si la parrillada se hace con fuego de leña, quedará mucho más sabrosa.

percebes cocidos

1 kg (2,2 lb) de percebes
1 hoja de laurel
1 cs de sal
2 1/2 l (85 fl oz) de agua

- En una olla, calentar el agua con el laurel y la sal; cuando rompa el primer hervor, echar los percebes y, en cuanto empiecen a formar espuma, retirar y escurrir.
- Servir calientes o fríos, según el gusto, en una fuente.

Para comerlos, separar, con la ayuda de la uña del pulgar, la concha del crustáceo del caparazón que cubre el pedúnculo, de forma que este último quede unido a la concha. Comer la carne y chupar la uña del percebe.

pescado al horno

1/2 kg (17 oz) de pescado
El zumo de 1 limón
5 cs de pan rallado
2 dientes de ajo
1 cs de perejil picado
1 vaso de aceite
Sal

- Limpiar el pescado y hacer unos cortes transversales en los que meter el ajo y el perejil machacados en el mortero o, simplemente, una rodaja de limón.

- Colocar el pescado en una fuente refractaria, sazonar con sal, rociar con el zumo del limón y espolvorear con pan rallado; bañar con el aceite y meter al horno, procurando regarlo de vez en cuando con el jugo.

- Servir con patatas fritas o cocidas, con ensalada de lechuga o, sencillamente, adornado con rodajas de limón.

Esta receta está indicada para todo tipo de pescados grandes, tanto azules como blancos.

pescado con jengibre y pimienta negra

1/4 l (9 fl oz) de agua
2 pescados blancos enteros de 1/2 kg (17 oz) c/u
1 trozo de jengibre
4 cs de jengibre rallado
3 cs de aceite
1 ct de pimienta negra molida
1/2 ct de sal
1/2 cebolla roja
1 cs de cilantro fresco
1 cs de cebolla

- Precalentar el horno a 180 °C (350 °F). Lavar el pescado por dentro y por fuera y secarlo. Hacer láminas del trozo de jengibre y dividirlas en dos; introducirlas en el pescado. Calentar el aceite en un *wok*, echar el jengibre picado en él y rehogar 2 min hasta que el jengibre despida fragancia. Espolvorear pimienta negra sobre la mezcla y remover.

- Disponer el pescado en una bandeja de horno, salarlo y cubrirlo con el agua. Cortar la cebolla en láminas finas y colocarlas encima del pescado. Asar tapado durante 30 min y sacarlo transcurrido ese tiempo o cuando se desmenuce con facilidad. Retirar el pescado de la bandeja y colocarlo en una fuente.

- Cortar la cebolla roja en láminas finas. Espolvorear el cilantro sobre el pescado y ponerle encima la cebolla roja. Verter un poco del caldo de la cocción por encima de todo.

- Servir con arroz cocido.

pescado en escabeche

3 kg (4,4 lb) de pescado azul
1 1/2 l (51 fl oz) de aceite
1/4 l (9 fl oz) de vinagre
3/4 l (26,5 fl oz) de vino blanco
20 hojas de laurel
6 dientes de ajo
3 cs de pimentón

- Escamar el pescado, limpiar, salar y rebozar en harina. Freír en abundante aceite y colocar, en un recipiente de barro o cristal, en capas y entre cada una de ellas, poner hojas de laurel.

- Al aceite que sobre de freír el pescado, agregar los dientes de ajo partidos en tres trozos, el pimentón, el vinagre y el vino; acercar de nuevo al fuego para que cueza unos minutos.

- Cuando esté frío, verter el escabeche sobre el pescado procurando que quede bien cubierto.

Puede conservarse el pescado durante bastantes días. Conviene guardarlo en sitio fresco, pero no es necesario meterlo en el frigorífico.
Este escabeche le va muy bien a todos los pescados azules no muy grandes (truchas, sardinas, caballas, jureles...).

pulpitos fritos en salsa de ajo

600 g (21,2 oz) de pulpitos
2 yemas
2 dl (6,8 fl oz) de aceite de oliva
1 guindilla roja
5 dientes de ajo
1 cs de zumo de limón
Pimienta y sal

- Limpiar los pulpitos, quitándoles la piel exterior, bañar en aceite y salpimentar.
- Pelar los ajos. Pasar los ajos por un prensador y echar en un recipiente con las yemas.
- Dejar reposar 20 min.
- Limpiar, despepitar y cortar en trocitos la guindilla.
- Agregar el aceite muy lentamente al recipiente de las yemas y los ajos. Aderezar con el zumo de limón, la guindilla y un poco de sal. Una vez hecha la salsa, verter en una salsera.
- Preparar el grill del horno.
- Colocar los pulpitos en una bandeja de horno. Introducir la bandeja bajo el grill.
- Dar la vuelta a los pulpitos para que queden bien hechos por todos lados.
- Presentar en una fuente, con la salsera al lado.

El aceite debe añadirse a la salsa muy despacio. Si esta queda demasiado espesa, se le puede echar un poco de agua.

pulpo *a feira*

2 kg (4,4 lb) de pulpo
100 g (3,5 oz) de pimentón
1 kg (2,2 lb) de patatas
Aceite de oliva
1 cebolla
Sal

- Colocar una olla con agua y una cebolla al fuego.

- Lavar bien el pulpo e introducir en la olla. En cuanto llegue al punto de ebullición, sacar y volver a meter 2 veces más, retirándolo cuando el agua hierva. Finalmente, dejar hervir 20 min.

- Pelar, lavar y cortar las patatas en forma de cuadraditos. Agregar a la olla.

- A los 15 min de cocción, sacar las patatas. Dejar el pulpo otros 5 min más o hasta que esté blando. A continuación, retirar del fuego y dejar reposar.

- Precalentar el horno a temperatura media. Poner las patatas en una bandeja de horno y meter en el mismo durante 5 min.

- Trocear el pulpo. Colocar el pulpo troceado en una fuente con las patatas, sazonándolo con la sal y el pimentón y regándolo con aceite.

pulpos salteados con ajo y perejil

1 kg (2,2 lb) de pulpos
3 dientes de ajo
Perejil fresco
1 dl (3,4 fl oz) de aceite
Sal fina

- Echar los pulpos limpios a una cazuela y poner al fuego con el aceite. Tapar la cazuela y dejar hacer a fuego bajo hasta que consuman el agua que sueltan.

- En ese punto, incorporar los ajos y el perejil picados y algo de sal; dar unas vueltas, a fuego vivo, y servir.

ragú de mejillones

2 kg (4,4 lb) de mejillones
3/8 dl (1,3 fl oz) de vino blanco seco
5 ramas de apio
1 cebolla grande picada
150 g (5 oz) de zanahorias

4 dientes de ajo
2 cs de aceite
1 cs de curry
Zumo de limón
Sal

- Limpiar los mejillones bajo el grifo con un cepillo. Apartar y desechar los que estén abiertos.

- Calentar el aceite en una cazuela grande y, a continuación, glasear la cebolla en ella.

- Pelar y prensar las cabezas de ajo. Añadir a la cebolla.

- Posteriormente, echar los mejillones, verter el vino blanco sobre ellos y dejar cocer 8 min a fuego fuerte en la cazuela tapada.

- Despojar de la cáscara a los mejillones y reservar. Desechar los que no se han abierto durante la cocción.

- Colar el caldo de la cocción, agregar la *crème fraîche* con el *curry* y poner todo a cocer a fuego lento aproximadamente 3 min. Cuando haya pasado este periodo de tiempo, echar abundante zumo de limón, pimienta negra y sal.

- Limpiar y lavar las ramas de apio y cortar en rodajitas. Mezclar con la salsa.

- Limpiar y lavar las zanahorias; rallar y agregar a la salsa.

- Dejar que cueza todo junto a fuego fuerte 5 min.

- Por último, incorporar los mejillones y poner a calentar.

El sabor final se ajusta con el zumo de limón.

rape a la marinera

1 cola de rape troceada de 1 3/4 kg (4 lb)
Algunas cabezas de pescado o espinazos (rape, merluza, etc.).
1/2 l (17 fl oz) de aceite de oliva
1 cebolla
4 tomates maduros
1 cabeza de ajos
2 hojas de laurel
Pimienta blanca
Pimentón
Vino blanco
Perejil picado
Harina
Sal

- En una sartén, poner el aceite y, cuando esté bien caliente, añadir la cebolla troceada, la zanahoria, los ajos, el laurel y los tomates picados; sofreír todo. Poner una cazuela al fuego con agua y sal.

- Seguidamente, poner los restos del pescado (cabezas), el pimentón, la pimienta y la harina a la cazuela, y dejar que tome un poco de color; después, añadir el vino blanco a la cazuela. Cocer el conjunto a fuego lento durante 45 min; transcurrido ese tiempo, pasar por un colador chino, procurando que quede una salsa trabada.

- En una cazuela de barro o porcelana, poner un poco de salsa en el fondo y encima de ella los trozos de rape (3 por persona); cubrir con un poco más de salsa y poner por encima un poco de aceite crudo con ajo y perejil picado. Cocer en el horno (fuerte) durante 15 min y servir bien caliente.

rape a las finas hierbas

4 rodajas de rape
1 cs de manteca
Pimienta blanca
2 cs de estragón, salvia y perejil
1 hoja de menta
1 ajo
40 g (1,4 oz) de mantequilla o 1 cs de aceite de oliva
Sal

- Precalentar el horno a 180 °C (350 °F).
- Untar las rodajas de rape por ambos lados con la manteca.
- Colocarlas en una fuente para el horno. Taparlas con papel de aluminio.
- Hornear las rodajas con el grill durante 5 min. Sacar la fuente del horno.
- Picar el estragón, la salvia, el perejil, la hoja de menta y el ajo.
- Espolvorear el pescado por ambos lados con sal, pimienta blanca, el estragón, la salvia, el perejil, la menta y el ajo.
- Echar por encima la mantequilla troceada o el aceite de oliva.
- Volver a meter en el horno y gratinar.
- Adornar con una hoja de perejil.
- Servir caliente en una cazuela de barro.

rodaballo a la gallega

1 1/2 kg (3,3 lb) de rodaballo
2 cebollas
2 zanahorias
1 rama de perejil
1 hoja de laurel
1 vaso de aceite
4 dientes de ajo
1 cs de pimentón
Unas gotas de vinagre o limón
Sal

- Limpiar los pescados y cortar en trozos gruesos. Poner a hervir el agua con las cebollas, el perejil, el laurel y la sal y, cuando esté hirviendo, echar el rodaballo; dejar cocer 8 ó 10 min.

- Dorar los ajos en una sartén. Retirar la sartén. Escurrir, poner encima la ajada y agregar el pimentón y el vinagre o limón.

- Puede servirse con patatas cocidas.

rulada de bonito con aceitunas

1 kg (2,2 lb) de bonito en un solo trozo
1 cebolla
200 g (7 oz) de tocino fresco
1 vaso de vino blanco seco
3 huevos
2 cs de miga de pan
Aceitunas sin hueso
1 diente de ajo
Perejil fresco
1/2 l (17 fl oz) (o menos) de aceite
3 cs de leche
1 cs de harina y sal

- Picar la carne del bonito con el tocino y la cebolla, de forma que quede muy fino. Sazonar con sal, ajo y un poco de perejil machacados en el mortero.

- Remojar la miga de pan en la leche, escurrir y agregar a la mezcla; añadir los huevos batidos y 1 cs de harina y formar rollos.

- Colocar en una cazuela de horno, rociar con un poco de aceite fino y meter en el horno hasta que estén dorados. Rociar con el vino blanco.

- Servir caliente o frío, y adornado con aceitunas fritas.

Las aceitunas fritas han de ser sin hueso. Para prepararlas, pinchar cada una en un palillo y envolver en salsa besamel espesa, hasta que tengan el tamaño de una nuez aproximadamente; rebozar en huevo batido, pasar por pan rallado y freír en abundante aceite muy caliente.

salmón
en salsa de limón y eneldo

1/4 kg (9 oz) de salmón ahumado en lonchas delgadas
2 ó 3 manojos de eneldo
3 yemas de huevo
El zumo de 2 limones
1 cs de mostaza picante
3 cs de aceite de soja
Sal
1 escalonia picada finamente
Pimienta blanca recién molida

- Colocar las yemas y la mostaza en un recipiente y remover.
- Echar sal y pimienta a la mezcla y, después, agregar el zumo de limón.
- Batir todo ello con la batidora; verter el aceite de soja poco a poco.
- Cuidadosamente, mezclar el eneldo y la escalonia.
- Distribuir las lonchas de salmón sobre los platos y verter la salsa sobre ellas.

La trucha ahumada es más económica que el salmón y también combina con esta salsa.

Para los amantes de la carne, queremos indicar que se puede sustituir el pescado por rosbif hecho en rodajas finas.

salmonetes
a las finas hierbas

1 kg (2,2 lb) de salmonetes frescos
2 escalonias
Finas hierbas
Aceite de oliva
Pimienta
Sal

- Preparar un picadillo con las finas hierbas, las escalonias, sal y una pizca de pimienta.
- Calentar una sartén y, una vez caliente, con un poco de aceite, rehogar el picadillo hasta que adquiera un color dorado; entonces, retirar y reservar.
- Luego, colocar los salmonetes en la plancha y, cuando estén casi asados, echar sobre ellos el picadillo, embadurnándolos por ambos lados. Dejar que se acaben de asar.

salmonetes
con fondo de verduras

3 salmonetes limpios y sin espinas
1 tomate
1 calabacín
Piñones
Cebollino
Sal
Pimienta rosa
Aceite de oliva
Harina

- Cortar muy finos el tomate y el calabacín. Con ellos, dispuestos en forma de abanico, decorar el plato.

- Saltear los piñones y el cebollino. Echar este salteado sobre el tomate y el calabacín. Gratinar.

- Sofreír los salmonetes, colocar encima del abanico y espolvorear con la pimienta.

salpicón de marisco

1/2 kg (17 oz) de carabineros
1/2 kg (17 oz) de langostinos
2 cigalas
1 langosta pequeña
1 pimiento rojo de lata
6 pepinillos en vinagre
1 vaso de vinagre
1 taza de aceite
1 cs de mostaza
8 cebollitas en vinagre
Perejil fresco
Sal

- En una cazuela, al fuego, con abundante agua y sal, cocer el marisco individualmente con su cáscara y dejar enfriar. Una vez cocido y pelado, cortar en trozos pequeños.

- Aparte, en un recipiente de loza o cristal, preparar una salsa con el aceite, el vinagre, la mostaza, las cebollitas enteras y los pepinillos troceados, así como el pimiento picado y un poco de perejil trinchado. Batir bien todo y echar al marisco. Meter en el frigorífico unos minutos antes de servir para que esté más fresco.

sardinas a la cazuela

1 kg (2,2 lb) de sardinas
1/2 kg (1,1 lb) de tomates
2 pimientos verdes
1 cebolla
2 dientes de ajo
1/2 kg (1,1 lb) de patatas
Harina
Aceite de oliva
Sal
Pimienta
Perejil
Laurel
El zumo de 1/2 limón

- Limpiar las sardinas, quitándoles la cabeza, tripas, raspas y escamas. Lavar.

- Poner a calentar aceite en una cazuela para sofreír el tomate y la cebolla troceados, los pimientos en tiras pequeñas, las patatas, cortadas como para tortilla, los ajos, el perejil muy picado y el laurel. Una vez dorados, retirar a una fuente.

- En la misma cazuela, con un poco de aceite, colocar las sardinas; sobre ellas, poner una capa de la guarnición reservada; luego, otra capa de sardinas y así sucesivamente, alternando. Rociar el conjunto con el zumo de 1/2 limón por encima y dejar cocer a fuego mínimo durante 20 min.

sardinas escabechadas

1 kg (2,2 lb) de sardinas
8 dientes de ajo
1 hoja de laurel
Un poco de tomillo
Un poco de orégano
Pimienta negra en polvo
1/4 l (9 fl oz) de vinagre
2 cs de pimentón rojo dulce
1/4 l (9 fl oz) de aceite
1 taza de harina
Sal

- Limpiar y salar bien las sardinas. Pasar por la harina y freír en el aceite caliente. Retirar de la sartén. Colocar en un recipiente hondo de barro.
- Echar el tomillo, el orégano, la hoja de laurel y los dientes de ajo en el mismo aceite. Cuando se haya frito, aproximadamente 15 min, retirar del fuego, echar sal, un poco de pimienta negra, el pimentón rojo dulce, y una cantidad de vinagre igual a la mitad del aceite que contenga la sartén. Arrimar al fuego y dejar hervir 5 min; retirar del calor del fuego.
- Cuando ya esté frío, verter sobre las sardinas.

La salsa debe cubrirlas completamente. De esta forma, y en lugar frío, pueden conservarse varios días.

sardinas rellenas asadas

1 1/2 kg (3,3 lb) de sardinas
50 g (1,8 oz) de jamón
50 g (1,8 oz) de tocino
2 cebollas
3 dientes de ajo
2 cs de perejil picado
4 cs de miga de pan mojada en vinagre
2 huevos
10 hojas de laurel
50 g (1,8 oz) de pan rallado
1/2 vaso de aceite
Sal

- Limpiar las sardinas y quitar la espina. Colocar en una fuente de horno sobre hojas de laurel, con la piel tocando las hojas.

- Rellenar con un picadillo muy fino de jamón, tocino, cebolla, ajo, perejil y miga de pan, amasado con huevo.

- Cubrir con otras sardinas y espolvorear con sal y pan rallado.

- Rociar con el aceite y meter al horno hasta que estén asadas.

sepia a la plancha

1 kg (2,2 lb) de sepia
Pimienta blanca en polvo
2 dientes de ajo
Perejil fresco
Aceite fino
Sal

- Limpiar y despellejar la sepia. Lavar en agua fría y cortar en trozos irregulares. Engrasar la plancha o la parrilla con aceite y, cuando esté muy caliente, colocar los trozos de sepia sobre ella, apretándolos con una espátula y espolvoreándolos con sal y pimienta. Voltear de vez en cuando y retirar en el momento en que estén asados. Si es preciso, echar aceite mientras se cocinan.

- Al servir la sepia, adornar el plato con los ajos y perejil fresco muy picado.

smørrebrød con anguila ahumada sobre huevos revueltos

8 huevos
1 anguila pequeña ahumada de 400 g (14 oz)
50 g (1,8 oz) de mantequilla
Eneldo
4 rebanadas de pan de centeno
Pimienta blanca recién molida
Sal

- Extender 25 g (0,9 oz) de mantequilla por el pan de centeno.
- Batir los huevos con un poco de pimienta y sal.
- Despojar a la anguila de la piel y dividir en cuatro raciones. A continuación, extraer las espinas.
- En una sartén, derretir 25 g (0,9 oz) de mantequilla, incorporar los huevos batidos y hacer un revuelto, sin dejar de remover con una cuchara de madera.
- Repartir este revoltillo sobre las rebanadas de pan de centeno y colocar las raciones de anguila diagonalmente sobre él.
- Finalmente, decorar con eneldo fresco.

Esta receta se puede elaborar también con gambas, que se deben saltear con mantequilla antes de sumarlas a los huevos revueltos. A la hora de adornar el *smørrebrød*, se puede sustituir el eneldo por cebollino.

suquet de pescado

1/2 kg (17 oz) de rape
1 lubina o dorada de 600 g (21,2 oz)
1/2 kg (17 oz) de almejas
1/2 kg (17 oz) de mero
1 kg (2,2 lb) de mejillones
4 dientes de ajo
12 almendras tostadas
1 cs de harina
Un poco de azafrán en hebra
Perejil fresco
1 vaso de aceite
Sal

- Limpiar bien los pescados. Cortar en trozos regulares.

- Echar aceite en una cazuela. Freír los ajos en él. Ya fritos, retirar al mortero. Echar el pescado preparado a la cazuela. Majar los ajos con las almendras peladas, el azafrán, un poco de perejil picado, algo de sal, la harina, 1 cs de aceite y 1 cs de agua. Machacar bien hasta lograr una pasta fina. Diluir esta pasta con 1/4 l (9 fl oz) de agua hirviendo. Echar esto sobre el pescado y dejar en el fuego entre 10 y 15 min.

- Abrir las almejas y mejillones al fuego con un poco de agua; ya abiertos, quitar la cáscara y añadir a la cazuela, lo mismo que el agua que han soltado, bien pasada por un colador para que no tenga restos de arena.

- Servir el *suquet* en la misma cazuela y muy caliente.

truchas a la navarra

6 truchas de tamaño mediano
6 lonchas de jamón delgadas pero con mucha grasa
6 cs de harina
Aceite de oliva
El zumo de 1 limón

- Limpiar y vaciar las truchas.

- Secarlas con papel de cocina y sazonar moderadamente. Reservar.

- En una sartén con un poco de aceite, freír las lonchas de jamón. Retirarlas.

- Enharinar las truchas, sacudirlas para que se desprenda el exceso de harina y freír por ambos lados en la grasa del jamón.

- Envolver cada trucha en una tira de jamón frito. Regarlas con una mezcla lograda con la grasa de la sartén y el zumo de 1 limón.

- Colocarlas en una fuente. Servir.

truchas escabechadas

4 truchas limpias y troceadas en cuartos
1 cebolla
3 dientes de ajo
2 hojas de laurel
8 granos de pimienta negra
Harina
Vinagre
Aceite de oliva
Sal

- Rebozar los trozos de trucha en harina y freírlos hasta que tomen un ligero tono dorado.

- Retirar y reservar.

- Cortar la cebolla en aros pequeños, y los ajos, en rodajas pequeñas. Limpiar el aceite y echar la cebolla, los ajos, las hojas de laurel y la pimienta en la sartén.

- Pasado 1 min, agregar 3 cs de vinagre a la sartén. Dejar que se cocine ligeramente. Colocar la mezcla resultante en un recipiente de cristal que podamos cerrar herméticamente.

- Introducir la trucha en el recipiente.

- Dejar reposar 24 horas.

- Servir fría.

ventresca de bonito o atún al vino blanco

1/2 kg (1,1 lb) de ventresca de un bonito o atún grande
2 tomates
1/2 pimiento verde
1/2 cebolla
1 hoja de laurel
Aceite
Sal
Una pizca de comino
1 dientes de ajo
1/2 vaso de vino blanco

- Freír con aceite a fuego suave la cebolla y el ajo finamente picados. Incorporar el pimiento verde, también troceado, y después de 3 min, los tomates pelados y sin semillas.

- Añadir el vaso de vino blanco y sazonar con sal y la pizca de comino; dejar cocer a fuego lento 15 min.

- Fraccionar la ventresca en pedazos iguales, y dorar ligeramente en una sartén con algo de aceite.

- Una vez transcurrido este tiempo, incorporar al sofrito, y dejar cocer durante 2 min.

vieiras

6 vieiras grandes
1/4 l (9 fl oz) de aceite
2 cebollas picadas muy finas

1 cs de pimentón dulce
100 g (3,5 oz) de pan rallado
Sal

- Limpiar las vieiras. Abrir con un cuchillo, en vivo; despegar de la concha plana y dejar sobre la cóncava. Quitar los flecos y lavar bajo un chorro de agua fría.

- Escurrir el agua y sazonar con sal. Hacer un *rustido* con el aceite y la cebolla y, cuando haya tomado color, agregar el pimentón dulce.

- Cubrir las vieiras con él y espolvorear con pan rallado. Meter al horno con calor fuerte durante 15 min.

zamburiñas a la marinera

2 kg (4,4 lb) de zamburiñas
3 cs de cebolla picada
3 dientes de ajo
1 cs de pimentón
3 cs de harina

2 hojas de laurel
1 vaso de vino blanco
Aceite
Sal

- Poner aceite en una tartera. Dorar la cebolla y añadir el ajo machacado y la harina, el pimentón, el laurel y el vino blanco.

- Agregar las *zamburiñas* bien lavadas y un poco de agua y sal. Voltear con frecuencia y, cuando estén abiertas y la salsa espesa, servir en la cazuela de barro.

zarzuela de pescados y mariscos

1 langosta de 600 g (21,2 oz)
1 calamar de 200 g (7 oz)
4 cigalas que pesen todas juntas 1/2 kg (17 oz)
12 almejas
1/2 kg (17 oz) de rape y mero
1 guindilla
Ñora
6 dientes de ajo
2 hojas de laurel
4 cs de salsa de tomate
1 vaso de aceite
1 ct de tomillo
1/4 l (9 fl oz) de vino blanco seco
1 vaso pequeño de coñac
Pimienta molida y sal

- Remojar la ñora y la guindilla durante 1 h; reservar el agua.

- Pelar los ajos y echar en una sartén con aceite; freír y, luego, pasar al mortero. En el mismo aceite, freír la ñora y la guindilla y poner después en el mortero.

- Poner a calentar al fuego una cazuela de barro. Freír también el marisco y el pescado y poner en la cazuela de barro. Añadir el laurel, la pimienta, la sal, el tomillo y el coñac; flamear, sacudiendo la cazuela para quemar bien el alcohol.

- Machacar el contenido del mortero y añadir el vino, el agua de remojar la ñora y la guindilla, y el tomate; echar todo en la cazuela.

- Tapar y dejar cocer 5 min, sin dejar de mover la cazuela para que la salsa quede bien repartida.

- Servir en la misma cazuela.

CARNES Y AVES

albóndigas
en salsa de tomate

1/4 kg (9 oz) de carne picada
de ternera
1/4 kg (9 oz) de carne picada
de cerdo
Cebolla
2 dientes de ajo
Harina, aceite y sal

Para la salsa:
1 cebolla, 1 ajo
2 zanahorias
1 tomate
1 vaso de vino tinto
1/2 cs de harina
Aceite

- Mezclar bien los dos tipos de carne picada. Cortar en trozos muy pequeños la cebolla y los 2 dientes de ajo. Añadir a la carne.

- Formar las albóndigas. Enharinar.

- Poner aceite en una sartén a calentar y freír las albóndigas en ella. Una vez fritas, pasar a una cazuela.

- Cortar en rodajitas las zanahorias. Picar la cebolla. Echar aceite limpio en otra sartén para hacer la salsa. Calentar y freír las zanahorias, el ajo y la cebolla.

- Quitar al tomate la piel y las semillas y trocear. Cuando la cebolla se esté dorando, agregar el tomate. Dejar 5 min al fuego y añadir 1/2 cs de harina.

- Agregar el vaso de vino y dejar hacer hasta que las zanahorias estén cocidas. Si es necesario, añadir un poco de agua a la cocción.

- Pasar la salsa por el pasapurés sobre las albóndigas y dejar cocer el conjunto durante 15 min, aproximadamente.

Las albóndigas se pueden hacer únicamente con carne de ternera, o con una proporción diferente de ambos tipos de carne (de ternera y de cerdo).

albondiguillas de cordero con salsa de yogur

600 g (21,2 oz) de carne de cordero
2 yogures
3 dientes de ajo
2 ct de fécula
Aceite
Pimienta negra
Harina
Sal

- Cortar la carne en trozos pequeños y pelar los ajos; poner ambos en el accesorio triturador de la batidora.

- Cuando esté bien picada, salpimentar y formar pequeñas albóndigas.

- Poner una sartén con un poco de aceite a calentar.

- Rebozar las albondiguillas con harina y freír en el aceite caliente hasta que estén doradas.

- En otro recipiente puesto al fuego, echar la fécula y el yogur, sazonar y, sin dejar de remover, dar un hervor.

- Espolvorear pimienta sobre la salsa de yogur. A su vez, espolvorear la mezcla de pimienta y salsa sobre las albondiguillas. Presentar en una fuente.

asado de cerdo al romero

1 1/2 kg (3,3 lb) de chuletas de palo de cerdo
Unas hojas de romero
1 diente de ajo
Pimienta negra
Sal

- Pelar el ajo. Picar en trocitos muy pequeños, mezclándolo con sal y pimienta y con las hojas de romero también picadas.

- Poner a precalentar el horno a 220 °C (425 °F).

- Sazonar la carne con la mezcla elaborada en primer lugar. Atar las ramitas de romero a la carne.

- Después, colocar en una fuente de horno e introducir en el mismo durante 2 h. Remojar la pieza de vez en cuando con su propio jugo para evitar que se seque.

- Cuando esté bien hecha, sacar del horno, desatar las ramas de romero y colocar en una bandeja.

- Servir cortada en lonchas.

bistecs de ternera con salsa de níscalos

4 bistecs de ternera de 150 g (5 oz) c/u
200 g (7 oz) de níscalos
200 g (7 oz) de nata líquida
50 g (1,8 oz) de escalonias
Pimienta blanca

2 cs de vino blanco
2 cs de manteca
1 cs de perejil
1 ct de mejorana
Sal

- Pelar y picar las escalonias.

- En una sartén puesta al fuego con manteca, sofreír ligeramente la escalonia.

- Picar el perejil. Limpiar los níscalos y agregar 100 g (3,5 oz) a la sartén, con el perejil, la mejorana y sal y pimienta al gusto. Reservar.

- Antes de freír los bistecs, dar pequeños cortes en los bordes para evitar que se encojan sobre sí mismos.

- En otra sartén, con el resto de la manteca, freír los bistecs.

- Una vez que estén dorados, salpimentar, tapar y dejar a fuego muy suave 5 min. Pasado ese tiempo, retirar y dejar en un lugar en el que mantengan el calor.

- Pasar los otros 100 g (3,5 oz) de níscalos por la trituradora acompañados de la nata líquida, hasta que se forme un puré.

- En el mismo recipiente de freír los bistecs, verter el vino y el puré anterior y poner a cocer la mezcla hasta que se consiga una salsa espesa. Agregar los níscalos enteros a la salsa.

- Colocar los bistecs en una fuente y recubrir con la salsa recién hecha.

bistecs de venado en crema de saúco

4 bistecs de venado de 180 g (6,3 oz) c/u
1 botella de zumo madre de saúco de 330 ml (11,5 fl oz)
Crème double
3 bayas de enebro
1 zanahoria de grosor medio
2 cs de manteca
25 g (0,9 oz) de pistachos verdes
Nuez moscada
1 cebolla mediana
Sal

- Picar la cebolla en daditos y rallar la zanahoria. Aplastar las bayas de enebro. Mezclar con las bayas de enebro y el zumo de saúco. Después, condimentar con pimienta, sal y nuez moscada.

- Distribuir los bistecs de venado en hilera sobre una fuente, echar por encima de ellos la mezcla anterior y dejar en adobo 20 min.

- Pasado este tiempo, extraer los bistecs del adobo. Secar y freír utilizando la manteca a fuego fuerte durante 4 ó 5 min.

- Sacar de la sartén y conservar calientes para utilizar más tarde.

- Tirar la grasa utilizada para freír y pasar la marinada, a través de un colador, a la sartén.

- Agregar la *crème double* y reducir, a base de mucho fuego, 1/3 de la salsa.

- Rallar la nuez moscada. Echar sal, pimienta y la nuez moscada a la salsa.

- Picar los pistachos. Servir los bistecs de venado con la salsa y, finalmente, espolvorear con los pistachos.

cabrito asado
con puré de patatas

1 1/2 kg (3,3 lb) de cabrito en un solo trozo
50 g (1,8 oz) de tocino
1/2 kg (17 oz) de patatas
25 g (0,9 oz) de mantequilla
1/4 l (9 fl oz) de leche
1 vaso pequeño de vino blanco seco
2 zanahorias medianas
2 cs de harina
1 cs de pimentón dulce
2 dientes de ajo
Perejil fresco
50 g (1,8 oz) de manteca de cerdo
Sal

- Cortar el tocino en pequeños trozos. Pelar y picar los ajos. Picar el perejil. Pelar y trocear las zanahorias. En una cazuela, al fuego, echar la manteca de cerdo, el tocino, los ajos, el perejil, las zanahorias, el pimentón, sal, 1 cs de harina y el cabrito. Dejar que se haga a fuego moderado. Cuando esté un poco dorado, echar el vino y un poquito de agua. En cuanto la carne ya esté dorada, colar la salsa, poner de nuevo todo al fuego y mezclar con el resto de la harina.

- Hacer un puré con las patatas, la mantequilla, la leche y sal, y servir el cabrito en una fuente con su salsa y rodeado del puré de patatas.

caldereta de cordero a la andaluza

1 1/4 kg (2,6 lb) de carne de cordero
1 cebolla
1 pimiento verde
1 cabeza de ajos
2 tomates frescos
8 cs de aceite
Perejil fresco
Sal
Para el majado:
5 granos de pimienta
1 miga de pan del tamaño de un huevo
2 clavillos
1 ct de pimentón rojo dulce
1/2 taza de agua
2 cominos

- Partir la carne en trozos regulares y meter en una olla cubiertos con agua fría. Pelar y cortar en trozos grandes los tomates, los pimientos y las cebollas. Picar el perejil. Poner la olla al fuego y dejar hervir, espumar bien y agregar los tomates, los pimientos, las cebollas, el perejil, el laurel y la cabeza de ajos entera, sal y aceite.

- Dejar cocer despacio y, cuando esté la carne tierna, añadir los ingredientes del majado muy machacaditos y diluirlos con un poco de agua.

- Hervir todo en la olla 2 min, separar del fuego y servir rápidamente.

callos a la madrileña

300 g (10,6 oz) de callos de ternera
300 g (10,6 oz) de morro de vaca
150 g (5 oz) de jamón
1 morcilla
1 chorizo
1 cebolla
1 cabeza de ajos
Pimentón
Laurel
Aceite
1 tacita de vinagre
Guindilla
Pimienta en grano
Sal

- Cortar callos y morro en trozos pequeños. Echar todo en una cazuela grande con sal y una pequeña taza de vinagre. Pasarlos por varias aguas hasta que estén totalmente limpios.

- Colocarlos en la misma cazuela grande, ya limpia, cubiertos con agua fría. Llevar el agua a ebullición. Sacarlos cuando comience el hervor y lavar de nuevo.

- Añadir la cebolla, la cabeza de ajos, la pimienta en grano y el laurel a los callos y el morro. Disponer todos estos ingredientes en la cazuela al fuego y dejar cocer durante al menos 4 h.

- Sazonar, quitar del fuego y reservar.

- Picar la cebolla. Picar el jamón en dados regulares de pequeño tamaño y, el chorizo, en finas rodajas. Al día siguiente, ponerlo en una sartén con aceite, ajo y cebolla picada y dorarlos bien. Luego, añadir el jamón picado en pequeños dados regulares junto al chorizo en finas rodajas. Rehogar con 1 ct de pimentón, remover y sacar del fuego.

- Poner los callos en una cazuela de barro y retirar los ajos, la cebolla y el laurel. Añadir a los callos la fritura de la sartén.

- Añadir 200 ml (7 fl oz) de agua y sumarle la morcilla y unos fragmentos de guindilla. Dejar que se vaya haciendo a fuego moderado durante algo más de 30 min. Una vez tiernos, servir en la cazuela de barro.

caracoles a la *gormanda*

2 kg (4,4 lb) de caracoles
100 g (3,5 oz) de jamón serrano no muy curado
30 g (1 oz) de harina
5 dientes de ajo
2 dl (6,7 fl oz) de aceite
1 guindilla
1 cebolla
Sal

- Lavar bien los caracoles, cubrir completamente con agua fría y poner al lado del fuego para que salgan de la cáscara.

- Trocear finamente la cebolla y los dientes de ajo. Cortar la guindilla y el jamón en dados. En una cazuela de barro con el aceite, freír la cebolla, los dientes de ajo, la guindilla y el jamón.

- Cuando se hayan dorado, añadir los caracoles y remover con regularidad mientras cuecen.

- Espolvorear con harina, salar y seguir cocinando hasta que se forme una finísima capa alrededor del caracol.

caracoles con salsa picante

60 ó 72 caracoles
1 cebolla
1 guindilla
Sal
Pimienta
Pan rallado

- Limpiar y escaldar los caracoles, bien «ayunados» durante 2 ó 3 días.

- En una cazuela, poner el aceite y freír la cebolla muy picada en él; cuando esté dorada, añadir los caracoles, muy escurridos. Dar una vuelta con la cebolla a los caracoles para que se impregnen de su gusto.

- Machacar los ajos en el mortero, desgarrar la guindilla y, con la pimienta, agregar a los caracoles. Por último, poner el pan rallado y cubrir todo con agua tibia. Dejar cocer durante 20 min y servir.

carne con peras y castañas

1 1/2 kg (3,3 lb) de carne de vaca (o buey)
1 vaso pequeño de vino blanco seco
150 g (5 oz) de tomates
1 cs de harina
1/4 l (9 fl oz) de aceite
1 diente de ajo
6 almendras
1 rebanada de pan
4 peras de ración
16 castañas
Sal

- Cortar la carne en trozos finos. Salar la carne. Poner una cazuela al fuego. Echar parte del aceite y rehogar la carne.

- Echar el vino blanco en un cazo y poner ese cazo al fuego. Freír la rebanada de pan. Tostar las almendras. Después, majar el diente de ajo, las almendras y el pan frito. Añadir 2 ó 3 cs de aceite, el tomate pelado y reducido a puré en crudo, la harina y el majado anterior. Incorporar todo esto, diluido en un poco de agua, a la carne.

- Cocer las peras enteras y sin piel. Cocer y pelar las castañas. Servir la carne acompañada por las peras y las castañas.

carne de ternera
con aceitunas

800 g (28 oz) de carne de ternera
1 cebolla mediana
1 tomate mediano
Un poco de canela en polvo
Pimienta blanca en polvo
200 g (7 oz) de aceitunas verdes sin hueso
100 g (3,5 oz) de manteca de cerdo
Sal

- Preparar la carne en un solo trozo. Atar con hilo de cocina.

- Asar en una cazuela con la manteca, la cebolla, el tomate (ambos pelados y picados), sal, canela y pimienta. Cuando la carne esté ya dorada, añadir un poco de agua y dejar hacer hasta que absorba toda el agua. Colar la salsa y echar las aceitunas a continuación, previamente hervidas para que no estén saladas. Dejar cocer 20 min.

- Cortar la carne en rodajas después de quitar el hilo de cocina y servir adornada con las aceitunas y la salsa que tengan estas.

carne de toro estofada

1 kg (2,2 lb) de carne de aguja de toro
350 g (12,3 oz) de patatas
Harina
2 cebollas
2 zanahorias
1 tomate
2 dientes de ajo
1 botella de vino tinto
Aceite
Vinagre

- Cortar y enharinar la carne.
- Poner una cazuela con aceite al fuego y echar la carne enharinada.
- A continuación, agregar los ajos y el tomate troceado y, cuando estos se hayan dorado un poco, agregar el vinagre.
- Picar las cebollas y las zanahorias.
- Después de 2 min, echar a la cazuela el vino, y las cebollas y zanahorias picadas.
- Tapar y mantener al fuego 1 1/2 h.
- Cuando quede poco para que la carne esté hecha, agregar las patatas, peladas y troceadas, y salar.

carne de vaca asada

1 1/4 kg (2,6 lb) de carne
en un solo trozo
5 dientes de ajo
3 cebollas medianas
1 manojo de perejil
1 vaso de vino blanco
100 g (3,5 oz) de manteca de vaca

- Adobar la carne con 2 dientes de ajo machacados en el mortero con la sal. En una cazuela, calentar la manteca y rehogar la carne.

- Añadir las cebollas partidas en cuatro trozos y los ajos restantes, el perejil y el vino blanco. Dejar cocer a fuego lento. Si es necesario, añadir un poco de agua fría.

- Servir partida en lonchas y acompañada de ensalada de lechuga, con la salsa aparte.

carne encebollada

600 g (21,2 oz) de carne de ternera
2 cebollas
1 dl (3,4 fl oz) de aceite
1 vaso de vino blanco seco
1 ct de harina
1 cs de vinagre de vino
Sal
Caldo de carne

- Calentar el aceite en una cacerola. Cortar la cebolla en rodajas finas y dorar en ella.

- Mezclar la harina y el vino en un bol e incorporar la mezcla a la cebolla. Añadir el caldo preparado con anterioridad, en cantidad suficiente para que cuezan las cebollas; efectuar la cocción a fuego suave.

- Cortar la carne en lonchas finas. Pasar las lonchas a la cacerola, añadir la sal y cocer. Un poco antes de que termine la cocción, diluir el vinagre en el caldo de cocción.

carne magra de cerdo con ciruelas

4 filetes de carne magra
1/4 kg (9 oz) de ciruelas secas
50 g (1,8 oz) de piñones sin cáscara
1/2 cebolla
2 tomates medianos
1 diente de ajo
Perejil fresco
1 taza grande de aceite
1 vaso pequeño de agua
Sal

- Freír la carne con sal en una sartén. Después, pasar a un plato y reservar.

- Pelar y picar la cebolla y los tomates. Picar el ajo y el perejil. En el aceite de freír la carne, rehogar la cebolla y los tomates, el ajo y el perejil, y cuando esté hecho, agregar el vaso pequeño de agua.

- Pasar la salsa por el pasapurés y verter sobre la carne. Poner las ciruelas y los piñones 10 min en remojo en un poco de agua hirviendo. Escurrir.

- Disponer los filetes de cerdo en una cazuela con las ciruelas y los piñones y dar un ligero hervor de entre 5 y 8 min.

carne rellena

700 g (24,6 oz) de aleta de ternera
   en una pieza
100 g (3,5 oz) de carne magra de
   cerdo
80 g (2,8 oz) de jamón
2 huevos (uno crudo y el otro duro)
2 tomates medianos
1 cebolla mediana

5 zanahorias medianas
50 g (1,8 oz) de alcaparras
1 cs de pimentón rojo dulce
Un poco de canela en polvo
1 trufa
100 g (3,5 oz) de manteca
   de cerdo
Sal

- Disponer la carne en forma de bolsa. Picar la carne magra, el jamón, la trufa, las alcaparras y el huevo duro. Unir todo con el huevo crudo y sazonar con sal, pimentón y canela.

- Rellenar el trozo de carne con todo esto y coser la abertura. Pelar y cortar en trozos la cebolla. Pelar y cortar en discos una zanahoria. Poner la carne para que se dore dentro de una cazuela, al fuego, con la manteca de cerdo, y añadir la cebolla, así como la zanahoria. Pelar, cortar en discos y cocer al vapor las 4 zanahorias restantes. Pelar y trocear los tomates. Dejar dorar y añadir los tomates, sal y agua hasta cubrir. Cocer entre 40 min y 1 h y, al retirar la carne, colar la salsa e incorporar las 4 zanahorias, con la salsa colada, a la cazuela.

La carne se puede presentar entera (15 min antes de servir, introducir de nuevo en la cazuela para que caliente). Si se prefiere servir ya cortada, habrá que seccionarla en frío. Seguidamente, se calentará de nuevo y se mezclará con cuidado con las zanahorias poco antes de servir.

carpaccio de solomillo

1/2 kg (17 oz) de solomillo de ternera
100 g (3,5 oz) de parmesano
4 cs de aceite de oliva
El zumo de 1/2 limón
1 trufa pequeña
Sal
Pimienta

- Dejar la carne durante 30 min en el congelador. Sacarla y cortarla en filetes finísimos. Reservar los filetes en una fuente.

- Preparar una salsa batiendo el aceite con el zumo de 1/2 limón, sal y pimienta. Verterla sobre la carne.

- Rallar el parmesano y cortar la trufa en láminas finas. Espolvorear el parmesano por encima de la carne y de la salsa y, finalmente, decorar con la trufa.

- Servir inmediatamente después de su preparación.

carrilleras de cerdo guisadas

12 carrilleras de cerdo
3 cebollas grandes
6 zanahorias grandes
6 dientes de ajo

400 ml (14 fl oz) de vino tinto
2 l (68 fl oz) de agua
Harina
Aceite de oliva y sal

- Quitar los tendones y la grasa a las carrilleras. Poner tendones y grasa a dorar en una cacerola bien caliente con aceite de oliva. Cortar 3 de las zanahorias en rodajas. Cortar 1 1/2 cebolla. Cuando la carne se empiece a agarrar al fondo, agregar la cebolla, las 3 zanahorias y 3 de los dientes de ajo enteros. Cuando comience a dorarse, verter 2 l (68 fl oz) de agua y un puñado de sal. Llevar a ebullición y bajar el fuego a medio. Cocer durante 30 min y reservar.

- Salar y enharinar las carrilleras y eliminar la harina sobrante.

- En una cacerola ancha, freírlas en abundante aceite de oliva hasta que se doren por ambos lados. Reservarlas.

- Picar muy pequeña la cebolla restante. En ese mismo aceite, pochar la cebolla restante con un poco de sal, despegando lo que esté agarrado al fondo. Cortar a la mitad los 2 ajos que quedaban y rallar las otras 2 zanahorias restantes. Añadir los 2 ajos y las 2 zanahorias.

- Una vez que la verdura esté pochada, volver a poner las carrilleras y verter el vino tinto. Dejar evaporar el alcohol, agregar 1 1/2 l (51 fl oz) de caldo y comprobar la sal.

- Cuando vuelva a hervir, bajar el fuego a medio-bajo y dejar cocer destapado durante 1 h aproximadamente. Transcurridos 40 min, darle unas vueltas para que no se agarre. Probar la sal y retirar del fuego. Servir.

cerdo agridulce

1/2 kg (17 oz) de lomo
 o magro de cerdo
2 cs de salsa de soja
1 cs de jerez
1 cs de maicena
2 cs de harina
1/2 cebolla grande
3 pimientos verdes finos
1 zanahoria
1 lata de bambú
2 ó 3 rodajas de piña en almíbar

Para la salsa:
4 cs de aceite
6 cs de azúcar
2 cs de salsa de soja
1 cs de jerez
3 cs de vinagre
4 cs de kétchup
1 cs de maicena
Sal
1/2 vaso de agua
1 vaso de caldo de carne

- Cortar el cerdo en dados pequeños y rociar con salsa de soja y jerez. Dejarlo 10 min. Cortar las verduras y la piña en trozos pequeños. Cortar la zanahoria en rodajas y dejar hervir hasta que esté un poco blanda.

- Mezclar la harina y la maicena. Rebozar los trozos de cerdo en la mezcla anterior. Freír lentamente en aceite a fuego medio hasta que se dore. Sacar y retirar la grasa sobrante.

- Calentar el aceite de nuevo y saltear las cebollas, el pimiento, el bambú y la zanahoria. Echar el azúcar, la salsa de soja, el jerez, la sal, el kétchup, el vinagre y el caldo de carne, con la maicena disuelta en él, y el 1/2 vaso de agua.

- Añadir la carne y la piña. Remover y retirar del fuego para que espese.

cerdo con pimientos

1 kg (2,2 lb) de carne de cerdo
2 pimientos verdes
1 pimiento rojo asado o de lata
1 cebolla
2 dientes de ajo
1 vaso de caldo
1 cs de perejil picado
1 cs de vinagre
1 1/2 vaso de aceite
Sal
Pimienta
Harina

- Trocear la carne, sazonar con sal y pimienta y enharinar.

- Cortar la cebolla en rodajas. Limpiar y partir en trozos los pimientos verdes. En una tartera, rehogar la cebolla en aceite o manteca de cerdo. Retirar cuando esté dorada y, en el mismo aceite, pasar la carne, dar varias vueltas y añadir 1/2 cs de harina, la cebolla, los pimientos verdes y el caldo.

- Dejar cocer a fuego lento 1 h. En el mortero, machacar los ajos y el perejil, diluir con 1 cs de vinagre y poner en el guiso, dejando que prosiga la cocción 15 min más.

- Servir con la salsa y adornado con tiras de pimiento rojo asado o de lata.

chuletas de cerdo a la cerveza

4 chuletas de cerdo
1/2 vaso de cerveza
2 tomates
2 cebollas
2 dientes de ajo
Sal
Aceite
Pimienta

- Hacer cortes en las chuletas; introducir pequeños trocitos de ajo en ellos y echar sal y pimienta.

- En una cazuela con aceite caliente, colocar las chuletas y agregar la cerveza, dejando que se vaya evaporando con el calor.

- Pelar y picar las cebollas y los tomates y añadir a la cazuela. Tapar y dejar al fuego durante 40 min.

- Presentar las chuletas en una fuente, bañadas con la salsa de la cocción.

chuletas de cordero sobre lecho de pepinos

8 chuletas de cordero de 80 g (2,8 oz) c/u
1 pepino grande de ensalada
3 cs de aceite de oliva
2 cs de mantequilla
6 cs de crème fraîche
2 dientes de ajo
2 ct de romero, picado fino
Pimienta blanca recién molida
1 manojo de eneldo
Sal

- Pelar el pepino, cortar a lo largo y despojar de las semillas con una cuchara. Cortar las mitades de pepino resultantes en rodajas de poco grosor.

- Derretir la mantequilla en un cazo y rehogar las rodajas de pepino durante 5 min.

- Pelar y prensar el ajo y echar con el pepino.

- Seguidamente, agregar la pimienta, la sal y la *crème fraîche,* y rehogar todo junto otros 5 min.

- Mientras tanto, lavar el eneldo, secar bien y quitar las hojitas; picar fino y esparcir en el interior del cazo.

- En una sartén grande, calentar el aceite de oliva y freír las chuletas de cordero 2 ó 3 min por cada cara.

- Una vez fritas, salpimentar las chuletas y espolvorear con el romero.

- Servir los pepinos y las chuletas en platos individuales.

chuletas de jabalí
con mantequilla de enebro
y manzanas

8 chuletas de jabato de 100 g (3,5 oz) c/u
2 manzanas
1 cs de licor de manzana
50 g (1,8 oz) de tocino para mechar
10 g (0,35 oz) de manteca
Pimienta negra
Sal
Para la mantequilla de enebro:
150 g (5 oz) de mantequilla
3 escalonias
Bayas de enebro
1 limón

Cuando se fríen las chuletas, no debe ponerse el fuego muy fuerte, ya que entonces se endurecerían y se resecarían demasiado. Es mejor taparlas un poco y dejar a fuego lento.

- Quitar el corazón a las manzanas y cortar en cuadraditos.

- Poner una sartén al fuego, derretir un poco de mantequilla en ella, y freír ligeramente los trocitos de manzana. Añadir el licor de manzana y dejar aparte.

- Cortar el tocino en tiras y, con la aguja de mechar, introducir en las chuletas; salpimentar.

- Prensar los ajos con un prensador de ajos, machacar en el mortero las bayas de enebro y pelar y picar finamente las escalonias.

- En una cazuela puesta al fuego, echar la mantequilla para que se derrita y, cuando esté caliente, sofreír las bayas, las escalonias y el ajo en ella.

- Pasados 5 min, apartar del fuego y colar el líquido; aderezar con sal, pimienta, perifollo, perejil y el zumo de limón.

- En una sartén con manteca caliente, dorar las chuletas mechadas. A continuación, tapar y dejar a fuego suave 10 min.

- Retirar la carne una vez hecha y, en su mismo caldo, pasar los cuadraditos de manzana un poco.

- Presentar las chuletas en una fuente, acompañadas por los trocitos de manzana y su propio caldo, y con la mantequilla de enebro esparcida sobre ellas.

chuletas de ternera empanadas

6 chuletas de ternera
4 dientes de ajo
1 cs de perejil picado
El zumo de 1/2 limón

1 huevo
100 g (3,5 oz) de pan rallado
Patatas
Aceite o manteca de cerdo y sal

- Machacar en el mortero los ajos, el perejil y la sal. Mazar las chuletas y adobar con este preparado. Rociar con zumo de limón.
- Rebozar en huevo batido y pan rallado y freír en manteca de cerdo o en aceite.
- Freír unas patatas. Servir las chuletas muy calientes en una fuente, acompañadas por las patatas fritas.

churrasco de ternera

2 kg (4,4 lb) de costillas de ternera
6 dientes de ajo
1 vaso de aceite
2 cs de vinagre

3 cs de vino blanco
2 ramas de perejil
1 hoja de laurel
Sal gorda y azafrán

- Machacar la hoja de laurel, los ajos, el perejil y la sal en el mortero. Añadir el aceite, el vino blanco, el vinagre y el azafrán y, con este adobo, untar las costillas de ternera.
- Dejar aproximadamente 2 h para que tome el sabor (más tiempo si se quiere más fuerte). Colocar la carne en parrilla cerca de las brasas y dejar dorar; dar la vuelta y subir para que termine de asarse. Si se quedan secas, volver a impregnar de adobo.
- Servir con cachelos y pimientos fritos.

civet de liebre

1 liebre pequeña
1/4 kg (9 oz) de manteca de vaca
100 g (3,5 oz) de manteca de cerdo
1 cs de harina
5 dientes de ajo
1/4 kg (9 oz) de tocino en lonchas finas
3 vasos de vino tinto
1 vaso de aceite
2 hojas de laurel
4 clavos de especias

4 granos de pimienta
1 cs de perejil picado
2 nabos
2 zanahorias
1 cebolla
12 cebollitas pequeñas
Tomillo
Sal
Pimienta
Vinagre

- Despellejar la liebre y recoger con cuidado la sangre en un recipiente. Añadir unas gotas de vinagre. Trocear la liebre y colocar en una cazuela de barro.

- Picar las zanahorias, la cebolla y los nabos, cubrir la liebre con este picadillo y añadir 2 vasos de vino tinto, el laurel, el tomillo, los ajos y los clavos. Dejar la cazuela en un sitio fresco durante 12 h para que coja el sabor del adobo. Después, escurrir la liebre y secar con un paño.

- Poner la manteca de vaca, la harina y el tocino en una cazuela. Cuando la harina haya tomado color, agregar los trozos de liebre, rehogar y añadir 1 vaso de vino tinto, sal, pimienta, clavo, laurel y perejil picado. Dejar cocer tapada y a fuego lento aproximadamente 2 h.

- Rehogar las cebollitas en la manteca de cerdo; escurrir y colocar en la cazuela de la liebre. Meter al horno 15 min.

- Poco antes de servir, machacar el hígado, previamente cocido, en el mortero. Añadir la sangre reservada y mezclar con 2 cs de salsa. Agregar esta mezcla a la liebre y revolver bien. Puede acompañarse con pan frito.

cochinillo asado

2 kg (4,4 lb) de cochinillo
Sal

- Introducir el cochinillo en agua muy fría y colocar en el frigorífico durante un mínimo de 4 h.

- Precalentar el horno a 180 °C (350 °F). Salar el cochinillo e introducirlo en el horno. Echar 1 vaso de agua en la bandeja del horno para que salga muy jugoso. Poner la piel hacia arriba para que se dore la corteza. Dejar en el horno 2 h como mínimo.

- Cuando veamos que no le falta mucho, subir hasta 200° C (400 °F), para que la corteza salga crujiente y dorada.

- Servir en una fuente alargada de barro caliente, para ayudar a conservar el calor.

cocido de lechal
con tomates y calabacines

600 g (21,2 oz) de paletilla de
   lechal sin el hueso
1 cebolla grande
2 cs de aceite de oliva
1/4 l (9 fl oz) de caldo de carne
   (cubito)
1 cs de curry

1 lata grande de tomates
   pelados
Sal
3 dientes de ajo
350 g (12,3 oz) de cala-
   bacines
1 ramita de tomillo

- Lavar y secar la carne; a continuación, cortar, formando dados de 1 cm (0,4 pulgadas).

- En una olla, calentar el aceite y freír los trozos de carne por partes, hasta que adquieran una textura crujiente.

- Sazonar y espolvorear con *curry*.

- Picar la cebolla muy fina y añadir a los daditos de carne, con el caldo y los tomates con su jugo.

- Dejar alcanzar el punto de ebullición, y que cueza posteriormente a fuego medio durante 25 min.

- Limpiar y lavar los calabacines; retirar la parte de la flor y cortar los calabacines en rodajitas muy finas.

- Pelar y machacar los ajos; incorporar al cocido.

- Añadir la pimienta, la sal y el comino, y por último, el tomillo.

- 8 min antes de que concluya la cocción, agregar las rodajas de calabacín.

- Probar el cocido y, si lo requiere, volver a condimentar.

Esta receta resultará mucho más sabrosa si añadimos arroz o dados de patatas a la cocción.

codillo de cerdo
con chucrut

2 codillos ya cocidos de tamaño mediano
1 l (34 fl oz) de caldo de carne
300 g (10,6 oz) de chucrut ya cocido
2 cs de azúcar moreno
Sal

- Disponer los codillos en una cazuela y cubrirlos con el caldo de carne. Cocer a fuego vivo y, cuando rompa a hervir, bajar un poco la intensidad y mantener la cocción durante 20 min.
- Retirar de la cazuela y dejarlos en el agua de la cocción hasta servir.
- Mientras, verter en otra cazuela 1/2 l (17 oz) de agua con el azúcar moreno. Hervir a fuego vivo hasta que se disuelva el azúcar. Añadir el chucrut y dejar que se haga durante 5 min. Apagar el fuego y dejarlo un poco en el agua de cocción. Escurrir después.
- Servir los codillos en una fuente rodeados por el chucrut.

codornices con pimientos

8 codornices
8 pimientos verdes
1 cebolla
1 zanahoria
1 cl (0,3 fl oz) de vino blanco seco
Perejil
Pimienta blanca
Sal

- Cortar las hortalizas muy menudas. En una cazuela, poner las hortalizas en una mezcla de vino y agua. Limpiar las codornices y poner a estofar en la cazuela; sazonar con sal y pimienta.

- Tomar los pimientos, meter al horno, asar y pelar. Introducir una codorniz en cada uno de ellos.

- Pasar la salsa de cocción por un pasapurés, recubrir los pimientos ya rellenos con ella y dejar cocer el conjunto durante unos minutos.

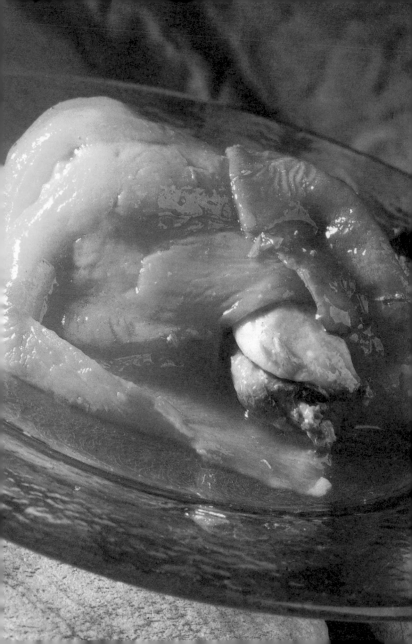

conejo al alioli

1 conejo gordo y tierno
1 tomate fresco de tamaño mediano
3 dientes de ajo
50 g (1,8 oz) de manteca de cerdo
2 tazas grandes de alioli
Pimienta negra en polvo
Aceite (igual cantidad que de manteca)
Sal

- Limpiar y vaciar el conejo. Partir en trozos más bien grandes. Pelar y picar los ajos; freír en una cazuela con la manteca e igual cantidad de aceite. Añadir los ajos y sazonar con sal y pimienta.

- Pelar, limpiar y partir en trozos pequeños el tomate; cuando la carne comience a tomar color dorado, incorporar; agregar un poco de agua y dejar hacer hasta que quede muy tierno.

- Una vez en su punto, pasar a una fuente y servir caliente.

- Presentar el alioli en salsera aparte.

conejo con chocolate

1 conejo gordo y tierno
1 cebolla mediana
2 zanahorias medianas
1/2 onza de chocolate duro
2 dientes de ajo
1 vaso de vino blanco seco
50 g (1,8 oz) de manteca de cerdo
Perejil fresco
1/2 hoja de laurel
Pimienta negra en polvo
4 cs de aceite
Sal

- Partir el conejo en trozos y poner en una cazuela, al fuego, con la manteca e igual cantidad de aceite caliente. Espolvorear con sal y pimienta. Pelar y picar las zanahorias. Antes de que se dore demasiado, agregar la cebolla, las zanahorias y el vino; dejar hacer a fuego bajo.

- Majar los dientes de ajo en el mortero con un poco de perejil, el chocolate, el laurel, y, en caso de necesitarlo, algo de agua; incorporar esto a la cazuela del conejo y dejar hervir hasta que la carne esté tierna.

- Servir los trozos de conejo en una fuente y, sobre ellos, la salsa.

Se puede completar el plato con unas rodajas de huevo cocido o champiñones rehogados en mantequilla con ajo y perejil.

conejo
con salsa de mostaza

1 1/2 kg (3,3 lb) de conejo cortado en pedazos
2 cebollas grandes
3 dientes de ajo cortados finos
1 cs de harina
1 vaso de vino blanco
5 ó 6 cebolletas
3 ó 4 ct de mostaza blanca
1 cs de crema de leche
1 cucharón de caldo de carne
Aceite
Pimienta
Sal

- Dorar los pedazos de conejo en una cazuela en aceite caliente. Incorporar la harina y diluir. Añadir el vino, el caldo y las cebollas; a continuación, el ajo, la pimienta, la sal y la mostaza; cocer el conjunto a fuego lento durante 45 min.

- Sacar los trozos de conejo y reservar.

- Hervir las cebolletas y reducir a una emulsión. Colar el fondo de cocción, añadir la crema, dejar hervir 1 min y agregar la emulsión de cebolletas.

- Depositar las porciones de conejo en una fuente. Con la salsa obtenida, rociar estas porciones de conejo.

conejo encebollado

1 conejo
1 botella de vino tinto
100 g (3,5 oz) de tocino
12 cebolletas
200 g (7 oz) de manteca
Maicena
Un ramillete de perejil, romero, tomillo, laurel, etc.
Sal
Pimienta

- Limpiar el conejo; trocear y rehogar en una cazuela con manteca. Cortar el tocino en pedacitos. Agregar el vino tinto, la sal, la pimienta, el tocino y, poco después, las cebolletas, y un ramillete de perejil, romero, tomillo y laurel.

- Hacer que hierva a temperatura alta. Quitar la grasa.

- Al terminar la cocción, retirar el ramillete y espesar la salsa con un poco de harina o maicena.

cordero
con verduras al *curry*

400 g (14 oz) de carne de cordero
50 g (1,8 oz) de raíz de jengibre rallada
1/4 l (9 fl oz) de caldo de buey
1/8 l (4,2 fl oz) de vino blanco
2 berenjenas
400 g (14 oz) de tomates pelados en lata
2 calabacines
1 cebolla
1 chile
1 ajo
4 cs de aceite
2 ct de curry

- Limpiar y trocear los tomates; reservar y echar su jugo en un recipiente.

- Cortar la carne de cordero en trocitos pequeños y salar.

- Limpiar y cortar en trozos las berenjenas, la cebolla y los calabacines; sazonar.

- En una cazuela, calentar aceite y echar la carne, las verduras, el *curry* y el jengibre; salpimentar la carne.

- A continuación, limpiar y picar el chile y el ajo y añadir a la mezcla anterior, con el jugo de tomate, el vinagre, el vino y el caldo de buey. Tapar y dejar al fuego 10 min.

- Finalmente, agregar los tomates troceados.

Para evitar que las berenjenas adquieran un sabor amargo, recomendamos cortar en rodajas, sazonar y dejar reposar durante 30 min.

cordero estofado

1 1/2 kg (3,3 lb) de cordero cortado en trozos
100 g (3,5 oz) de tocino cortado en tiras
1 cebolla grande
2 dientes de ajo
2 tomates medianos
1 vaso de agua
1 vaso pequeño de vino blanco
2 cs de vinagre
Sal
Pimienta blanca en polvo
3 cs de aceite

- Pelar y cortar la cebolla, los dientes de ajo y los tomates. En una cacerola de barro honda, poner los trozos de cordero, las tiras de tocino, la cebolla, los dientes de ajo y los tomates al fuego con el aceite. Añadir el vaso de agua, el de vino blanco y el vinagre. Sazonar con sal y un poco de pimienta y tapar la cazuela. Dejar cocer a fuego bajo 2 h, retirar después los trozos de cordero a una fuente caliente y colar la salsa (si estuviera espesa, añadir un poco de agua). Hervir un momento e incorporar al cordero. Servir.

costilla de vaca con patatas y setas

8 costillas de vaca
1 cs de pimentón rojo dulce
1 limón
2 dientes de ajo
Perejil fresco
Un poco de aceite
200 g (7 oz) de manteca de cerdo
1/4 kg (9 oz) de setas
6 patatas
1/2 cebolla
Sal

- Picar 1 diente de ajo y perejil. Preparar las costillas, quitándoles la piel. Depositar en un plato hondo con el pimentón, el zumo del limón, sal, 1 diente de ajo y perejil, así como un chorro de aceite. Dejar en esta maceración 1 h.

- Cocinar la carne un poco en una sartén al fuego; poco antes de servir, incorporar el jugo de la marinada. Triturar 1/2 cebolla. Freír las patatas pequeñas y las setas con manteca de cerdo y la 1/2 cebolla y acompañar esta carne con ello. Cuando la cebolla esté rubia, añadir 1 diente de ajo y perejil picado.

- Disponer patatas y setas alrededor de las costillas.

escalopes de ternera con jamón y salvia

8 escalopes de ternera de 60 g (2,1 oz) c/u
8 lonchas de jamón ahumado
8 hojas de salvia
70 g (2,4 oz) de mantequilla
4 cs de vino blanco
Pimienta blanca
Sal

- Echar 35 g (1,2 oz) de mantequilla en una sartén y colocar al fuego.
- Golpear los escalopes un poco para que se ablanden, salpimentar y cubrir con una loncha de jamón y una hoja de salvia. Sujetar la loncha de jamón y la hoja de salvia a la carne con un palillo.
- Freír los escalopes en la mantequilla caliente durante unos minutos, volteándolos para que se hagan por igual. Una vez bien fritos, poner en una bandeja de servir.
- En la misma sartén de la carne, echar el vino y el resto de la mantequilla y dejar dar un hervor.
- Utilizar la salsa resultante para rociar los escalopes. Servir.

escalopes de ternera con pomelo rosado

4 escalopes de ternera de 180 g (6,3 oz) c/u
Pimienta blanca recién molida
Nuez moscada recién molida
Sal
2 pomelos rosados
2 cs de mantequilla
1 cs de pistachos picados
1 cs de aceite
2 cl (0,7 fl oz) de licor de naranja

- Cortar cada escalope en diagonal, aplastar un poco con el mazo de carne por su lado más plano, y secar bien.

- Calentar la mantequilla y el aceite en una sartén espaciosa y freír los escalopes 1 min por cada cara a fuego fuerte. Después, espolvorear con la sal, la nuez moscada y la pimienta.

- Sacar los escalopes de la sartén y tapar para que conserven el calor y se puedan utilizar más tarde.

- Exprimir un pomelo y agregar su zumo y el licor de naranja a la sartén. Posteriormente y a medio fuego, reducir a 1/3.

- Mientras tanto, pelar el segundo pomelo, incluyendo la piel blanca del interior. Con un cuchillo afilado, filetear sus gajos y apartar las pieles blanquecinas que los separan.

- Salpimentar la salsa y añadir también la nuez moscada. Posteriormente, incorporar la carne con su jugo y calentar.

- Colocar los escalopes en platos; cubrir con la salsa y espolvorear por encima los pistachos picados. Distribuir los filetes de pomelo en los platos.

escalopes de ternera en salsa agridulce

4 escalopes de ternera de 100 g
   (3,5 oz) c/u cortados muy finos
300 g (10,6 oz) de huesos de ternera
   desmenuzados
3 cs de zumo de limón
1 cebolla

1 zanahoria
2 cs de vino blanco
1 cs de tomate triturado
1 cs de azúcar
1/2 hoja de laurel
1 clavo y 1 diente de ajo

- Poner una cazuela con 1/4 l (9 fl oz) de agua al fuego.

- Pelar y cortar en trocitos la cebolla y la zanahoria; echar en la cazuela cuando el agua comience a hervir, con los huesos de ternera, el clavo y la 1/2 hoja de laurel.

- Dejar cocer durante 20 min. Retirar los huesos, las verduras, el clavo y el laurel, y pasar el caldo por el colador hasta que quede bien limpio; dejar hervir hasta que quede reducido a 6 cs.

- En una sartén con manteca derretida, freír los escalopes. Después, salpimentar y apartar, procurando que no se enfríen.

- En un cazo puesto al fuego, echar el azúcar. Caramelizar y añadir 1 cs de zumo de limón y 1 cs del caldo de cocción.

- Triturar el tomate, prensar el diente de ajo y caramelizar el azúcar. En la cazuela en la que permanecía el resto del caldo, verter la grasa de freír los escalopes, el tomate, el diente de ajo, la ralladura y las 2 cs de zumo de limón, el azúcar caramelizado y sal y pimienta al gusto. Llevar a ebullición y bajar el fuego.

- Finalmente, disolver la fécula de maíz en la salsa de soja y el vino, echar una pizca de pimienta de Cayena, e incorporar a la salsa anterior. Dejar cocer todo hasta que esté bien espeso.

- Colocar los escalopes en una fuente, recubrir con la salsa agridulce y servir caliente.

espalda de cordero rellena

1 espalda de cordero entera de 1 1/2 kg (3,3 lb)
300 g (10,6 oz) de carne picada de cerdo
2 dientes de ajo
100 g (3,5 oz) de manteca de cerdo
Perejil fresco
1 huevo
1/4 l (9 fl oz) de vino blanco
2 tazas grandes de puré de patata
Nuez moscada
Pimienta blanca en polvo
Sal
1 vaso de agua

- Pelar y picar los ajos. Batir el huevo. Añadir los ajos, perejil, el huevo y un poco de vino blanco a la carne picada. Deshuesar la espalda, aplanar con la maza y rellenar con la mezcla anterior. Enrollar, atar la carne con hilo de cocina y sazonar con sal, pimienta y unas raspaduras de nuez moscada. Poner 3 cs de agua en el fondo de una fuente de horno. Colocar la carne en esa fuente, rociar con la manteca fundida (o aceite) e introducir en el horno a temperatura alta. Pasados 15 min, dar la vuelta, y cada 5 min, bañar la espalda con su propio jugo, dejándola en el horno entre 45 min y 1 h.

- Ya cocinada, retirar el hilo y trinchar en rodajas.

- Echar 1 vaso de agua al jugo del vino blanco (dejar hervir 5 min a fuego fuerte). Bañar la carne con ello. Servir con el puré espeso de patata.

estofado de magro de cerdo

1 kg (2,2 lb) de magro de cerdo
1 kg (2,2 lb) de cebollas
Aceite
Tomillo
3 hojas de laurel
3 cs de pan rallado
Sal
Pimienta
Vino blanco seco

- Cortar la carne en filetes gruesos, dorar en aceite y sazonar con sal y pimienta; agregar tomillo y 1 hoja de laurel. Cortar la cebolla en lonchas muy finas. Retirar las cortadas de carne, y, en el mismo recipiente, dorar la cebolla.

- Colocar las tajadas de magro sobre un lecho de las lonchas de cebolla y recubrir con más cebolla, acompañándolo con las 2 hojas de laurel restantes.

- Cubrir el conjunto con una mezcla de agua y vino blanco a partes iguales; sazonar con sal y pimienta.

- Añadir pan rallado, y disolver en el caldo para espesar el mismo. Tapar el recipiente y cocer a fuego lento.

estofado de ternera

800 g (28 oz) de carne de ternera de la cadera
50 g (1,8 oz) de manteca de cerdo
2 zanahorias pequeñas
2 cebollas pequeñas
1 cs de harina
1 diente de ajo
1 vaso pequeño de vino tinto
Sal
Para el caldo:
1 pastilla de hacer caldo
1/2 l (17 fl oz) de agua

- Partir la carne en trozos regulares y rehogar en la manteca puesta en una cazuela al fuego. Pelar y cortar finamente el diente de ajo, las zanahorias y las cebollas; echar en la cazuela y salar.

- Hacer un caldo con el agua, la pastilla y 1 vaso pequeño de vino tinto. Una vez que todo haya tomado color dorado, espolvorear con la harina y añadir el caldo anterior.

- El estofado se puede acompañar con patatas.

Si este plato se cocina en la cazuela, tardará 1 h; si se cocina en olla exprés, necesitará 30 min.

falda de ternera guisada

1 1/4 kg (2,6 lb) de falda de ternera
5 cs de aceite
4 cs de cebolla
2 cs de perejil
2 tomates medianos
3 dientes de ajo
1 1/2 vaso de vino blanco
1 vaso de caldo o agua
1 hoja de laurel
Sal
Pimienta
Nuez moscada
Azafrán

- Cortar 6 filetes gruesos de la falda de ternera.

- En una cazuela con aceite caliente, dorar los trozos de carne y reservar en una fuente. Picar cebolla hasta lograr 4 cs. En este mismo aceite, rehogar la cebolla picada.

- Pelar los tomates, quitar las semillas y cortar en trozos. Diluir el azafrán en el caldo o en el agua. Majar el perejil con la sal, los ajos, el laurel, la pimienta, la nuez moscada y el azafrán diluido en agua. Poner la carne en la tartera y agregar el majado anterior y los tomates. Rociar con el vino blanco.

- Mover y tapar; cuando rompa a hervir, bajar el fuego para que siga cociendo despacio durante 1 h.

- Servir con patatas fritas.

filete de buey Strogonoff con champiñones

1/2 kg (17 oz) de filetes de buey
150 g (5 oz) de champiñones
125 g (4,4 oz) de nata líquida
5 cl (1,7 fl oz) de vino blanco
2 cebollas
3 cs de aceite
1 cs de mantequilla
1 ct de mostaza picante
Pimienta negra
Sal

- Pelar y trocear las cebollas; limpiar los champiñones, separar el pie del sombrero y hacer láminas. Cortar los filetes en tiras no muy delgadas.

- Poner una sartén al fuego con aceite y freír las tiras de carne en ella muy ligeramente, dejando el interior crudo.

- Retirar los filetes del aceite. En ese mismo aceite, derretir la mantequilla, para dorar los trozos de cebolla y los champiñones un poco en ella.

- A continuación, verter el vino sobre ellos y dejar al fuego.

- Poner a calentar un cazo con la nata líquida y la mostaza.

- Verter la crema resultante sobre los champiñones; salpimentar y dar un hervor.

- Servir las tiras de carne acompañadas por la salsa y los champiñones.

filetes de pavo escalfados en salsa de verduras

4 filetes de pavo de 200 g (7 oz) c/u
1 cebolla grande
1 puerro
1/2 l (17 fl oz) de caldo de verduras
1 trozo de bulbo de apio de 150 g (5 oz)
Pimienta blanca recién molida

1 zanahoria grande
1 hoja de laurel
2 cs de mayonesa
1 manojo de cebollino
Vinagre balsámico
Sal

- Pelar y cortar la zanahoria en rodajas muy finas.

- Limpiar el puerro. Lavar y cortar en aros de pequeño grosor.

- Pelar también la cebolla y el bulbo del apio y cortar en dados.

- Introducir la zanahoria, el puerro, la cebolla y el apio en una cazuela grande y echar el caldo de verdura.

- Llevar todo ello a ebullición y dejar hervir 10 min a fuego lento. Finalizado este proceso, agregar la hoja de laurel.

- Condimentar los filetes de pavo con sal y pimienta blanca y meter en el jugo de cocción con la verdura.

- Dejar cocer durante 10 ó 12 min a fuego lento y, posteriormente, sacar y colocar en una fuente.

- Separar las verduras del jugo de cocción con una espumadera y dejar escurrir.

- Apartar una parte de las verduras para que sirva de guarnición, y triturar el resto con la batidora con la mayonesa y la mostaza.

- Condimentar con el vinagre balsámico, la pimienta y la sal.

- Sobre los filetes de pavo, dejar caer la salsa de verduras, y adornar también con el resto de verduras reservadas previamente.

- Finalmente, espolvorear con el cebollino picado y servir tibios o fríos.

filetes de ternera con relleno

8 filetes de ternera
70 g (2,4 oz) de jamón serrano
2 huevos duros
Harina
Huevo
Pan rallado
Perejil
1 rebanada de pan
Leche
Aceite
Sal

- Pasar la rebanada de pan por leche y trocear con el jamón y los huevos duros, revolviéndolo hasta formar una mezcla homogénea.

- Echar sal a los filetes y poner parte de la mezcla elaborada anteriormente sobre 4 filetes, tapándolos con los 4 filetes restantes.

- Rebozar los filetes rellenos con harina, huevo, pan rallado y perejil picado. Freír en una sartén con aceite muy caliente.

filetes rusos
o hamburguesas caseras

1/2 kg (17 oz) de carne picada
1 huevo
Perejil
Sal
Pimienta
Salsa picante
Harina
Pan rallado
Aceite para freír

- Sazonar la carne picada con sal, pimienta, perejil y unas gotas de salsa picante especial para aderezar carne.
- Batir 1 huevo y añadir a la sazón anterior. Mezclar bien. Dejar que la carne tome sabor durante 1 h.
- Dar forma a los filetes (o hamburguesas), haciendo una bola con la carne picada y luego aplastándola.
- Pasar por harina y pan rallado.
- Freír en abundante aceite caliente.

Para hacer el picadillo, se puede mezclar dos tipos de carne, por ejemplo, carne de ternera y carne de cerdo.
Al aderezar la carne picada, añadir 1 ó 2 cs de leche, para que los filetes queden más suaves.

gallina en pepitoria

1 gallina
2 tazas de caldo de ave
100 g (3,5 oz) de cebollas
30 g (1 oz) de almendras
2 yemas de huevo duro
100 g (1 oz) de manteca de cerdo
1 vaso pequeño de vino blanco
2 dientes de ajo
Perejil
Tomillo

- Limpiar, trocear y sazonar la gallina.

- Freír la gallina en una cazuela puesta al fuego con la manteca de cerdo, hasta que adquiera una tonalidad dorada. A continuación, retirar y dejar aparte.

- Pelar los ajos. Picar los ajos, el perejil, las yemas y las almendras hasta que todo esté bien picado.

- Pelar y trocear las cebollas y ponerlas a freír en la manteca en la que se doró la gallina.

- Agregar los ingredientes pasados por la picadora y rehogar. Añadir la harina, el tomillo y el vaso pequeño de vino.

- Poner la gallina de nuevo en la cazuela, tapar y cocer con el sofrito anterior y el caldo de ave durante 1 h, hasta que esté bien hecha.

gallina rellena trufada

1 gallina de aproximadamente 2 kg (4,4 lb)
1/2 kg (17 oz) de magro de cerdo picado
400 g (14 oz) de jamón entreverado
100 g (3,5 oz) de piñones
100 g (3,5 oz) de trufas negras
100 g (3,5 oz) de ciruelas secas sin hueso
1 vaso pequeño de brandy
Hierbas aromáticas
Pimienta
Sal
Para el caldo:
2 huesos de jamón
Los huesos de la gallina
Puerro
Apio
Zanahorias
Nabos

- Deshuesar la gallina y poner sal y pimienta en su interior.

- En un recipiente, mezclar magro, jamón en tacos, piñones, trufas y ciruelas secas; mojar con el *brandy* y sazonar con la pimienta y las hierbas aromáticas desmenuzadas. Con esta mezcla, rellenar la gallina.

- Atar la gallina rellena, procurando darle su forma natural. Envolver en una gasa y atar esta. Pasar a una olla con todos los ingredientes enumerados para elaborar el caldo. Dejar cocer durante 2 h. Vigilar que el caldo la cubra siempre; para ello, si es preciso, añadir más líquido.

- Una vez cocida, sacar y dejar enfriar. Cortar en lonchas y servir como fiambre frío.

gulyas húngaro

1/2 kg (17 oz) de carne de cuello de cerdo
100 g (3,5 oz) de manteca de cerdo
1/2 kg (17 oz) de pimientos verdes
2 cebollas
200 g (7 oz) de tomates
1 ct de pimentón dulce
Sal

- Pelar y trocear las cebollas; cortar la carne en pedazos no muy grandes.

- En una cazuela puesta a calentar, echar la manteca y, cuando se haya derretido, freír la cebolla en ella ligeramente.

- Espolvorear el pimentón sobre los trozos de cebolla e incorporar la carne; dejar hacer durante 1 h, añadiendo agua cuando sea necesario para que no se queme.

- En un recipiente con agua hirviendo, escaldar los tomates y a continuación, pelar y trocear los mismos.

- Limpiar los pimientos; despepitar y hacer tiras.

- Echar los tomates y pimientos en la cazuela de la carne y dejar hacerse con ella durante otros 20 min.

- Por último, sazonar al gusto y servir.

hígado de ternera encebollado

1/2 kg (17 oz) de hígado de ternera
1 cebolla
1 vaso pequeño de coñac
1 vaso pequeño de agua
Harina
Aceite de oliva
Sal

- Cortar el hígado en filetes muy finos. Poner los filetes en una sartén con aceite. Cuando se hayan tostado ligeramente, retirar y reservar.

- Cortar la cebolla en aritos muy finos. Sofreír la cebolla 2 min aproximadamente.

- Colocar los filetes reservados en la sartén y cubrirlos con la cebolla. Espolvorear 2 cs de harina, verter 1 vaso pequeño de coñac y 1 vaso pequeño de agua encima de la cebolla.

- Dejamos cocer 5 min a fuego medio o medio-alto.

- Servir recién hecho.

jamón ahumado en pasta de comino

1 jamón ahumado
3 kg (4,4 lb) de pasta de pan negro
1 clara
6 cs de mostaza
2 cs de cebolla
1 cebolla mechada

1 hoja de laurel
2 clavos
2 cs de vino blanco
1/2 cs de cilantro
1 col
1 cs de comino

- Mechar la cebolla con 1 hoja de laurel y 2 clavos. En una olla con mucha agua y la cebolla mechada, introducir el jamón y dejar cocer 2 h.

- Preparar la salsa en un recipiente. Picar la cebolla. Verter la nata ácida, la mostaza, la cebolla y el azúcar. Mezclar todo bien y salpimentar al gusto. Una vez hecha, dejar aparte.

- Sacar el jamón cocido de la olla y quitar la corteza. Reservar el caldo.

- En un recipiente, echar el vino, el cilantro, el comino y la mostaza. Mojar un pincel en esta mezcla y untar el jamón con ella.

- Separar las hojas de la col. Sumergir en el agua de cocción del jamón, dar un hervor y dejar blanqueando en ella durante 5 min. Quitar las partes duras y utilizar para envolver la pieza de jamón.

- Precalentar el horno, engrasar una bandeja y batir un poco la clara de huevo.

- Trabajar la masa de pan con el comino y la cebolla picada y recubrir las hojas de col que envuelven al jamón con ella.

- Meter al horno y dejar en él durante 1 h a 170 °C (335 °F) o menor temperatura, untándolo de vez en cuando con la clara de huevo.

- Servir cortado en lonchas y con la salsa aparte.

lacón con grelos al horno

1 lacón
6 chorizos
2 manojos de grelos
6 patatas grandes

- Desalar el lacón. Meter al horno o sobre la plancha, dorar un poco, retirar y pasar un paño para que suelte todas las cerdas; sin dejar enfriar, echar en agua hirviendo y dejar cocer a borbotones 1 h/kg de lacón, o quizá algo más.

- Limpiar los grelos. 1 h antes de lo que se calcula que debe estar el lacón, retirar parte del agua en la que está cociéndose a otra tartera. Echar las patatas allí, poco después los grelos, y, al final, los chorizos.

- Servir el lacón cortado en lonchas gruesas o entero en una fuente, con los chorizos alrededor y, en otra, las patatas con los grelos.

El lacón puede ser curado o *salpreso*, que quiere decir que se ha conservado en sal poco tiempo. En el primer caso, hay que dejarlo en remojo 48 h y conviene darle tres cortes para que se desale con facilidad. En el segundo, basta con lavarlo muy bien. Si ha permanecido bastante tiempo en el baño de sal, es necesario dejarlo en remojo 24 h.

lechazo asado

3 kg (4,4 lb) o 4 kg (8,8 lb) de lechazo
1/4 kg (9 oz) de manteca de cerdo
Ajo
Perejil
Laurel
Aceite
Orégano
Tomillo

- Preparar el adobo. Adobar el lechazo unas horas antes de asar, con ajo majado, laurel, aceite, orégano y tomillo.

- Después de adobado, y transcurrido un poco de tiempo, poner el lechazo en el horno a 180 °C (350 °F), durante 30 min. Verter sobre él un vaso de agua a mitad de la cocción.

- Servir acompañado por una ensalada.

Los ingredientes de esta receta están indicados para 6 personas.

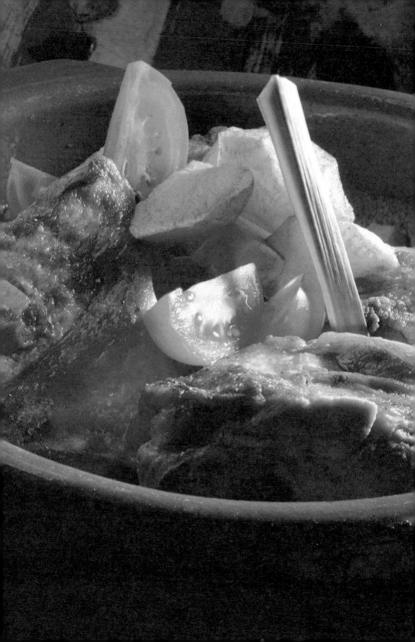

lengua de ternera en salsa

1 lengua de ternera
1/2 cebolla
2 dientes de ajo
2 ramas de perejil
Sal
3 huevos
Pan rallado
Aceite

Para la salsa de tomate:
1 kg (2,2 lb) de tomates muy maduros
1 cebolla
4 cs de aceite
1 ct de azúcar

- Limpiar la lengua de nervios y grasa y ponerla a remojo la noche anterior. Poner agua en una cazuela y, cuando hierva, sumergir la lengua y cocerla a fuego vivo durante 15 min. Sacar y enfriar. Retirar la piel gruesa con un cuchillo.

- En una cazuela, poner abundante agua, la cebolla cortada, los ajos enteros y el perejil. En cuanto empiece a hervir, sumergir la lengua y cocer durante 2 1/2 h o 3 h.

- Una vez cocida, cortarla en filetes de 1/2 cm (0,2 pulgadas) de grosor. Rebozar los filetes en pan rallado y huevo y freírlos en abundante aceite caliente. Reservar.

- Para hacer la salsa de tomate, poner a calentar el aceite en una sartén. Añadir la cebolla picada hasta que esté dorada y echar los tomates pelados, bien machacados. 15 min después, pasarlo por el colador chino y añadir el azúcar.

- Poner los filetes de lengua en una cazuela y cubrirlos con la salsa de tomate. Dejar cocer junto durante 5 min.

liebre guisada

1 liebre
1 vaso pequeño de vino blanco
3 cs de aceite
1 ct de canela en polvo
3 clavillos
1 loncha de tocino
1 cebolla
1/4 kg (9 oz) de manteca de cerdo
6 granos de pimienta
3 dientes de ajo
Sal

- Quitar la piel y los intestinos a la liebre, cortar en trozos y cubrir con el vino blanco.

- Pelar la cebolla y partir en varios trozos. Sacar la liebre del vino y rehogar con las 3 cs de aceite, el tocino y la cebolla pelada durante 15 min en una sartén.

- Picar los dientes de ajo. Una vez dorado todo, echar en una cacerola con la manteca y la canela, los granos de pimienta, los clavillos, los dientes de ajo y un poco de sal, y agregar el vino.

- Tapar la cacerola con un papel mojado y colocar otra olla más con agua encima; dejar cocer a fuego lento hasta que la liebre esté tierna y la salsa, lista.

lomo con tomate

1 kg (2,2 lb) de lomo
4 zanahorias
2 cebollas
2 tallos de apio
2 tomates
1 calabacín
1 ramita de albahaca
1 vaso pequeño de caldo de carne
1 vaso pequeño de brandy
Aceite de oliva
Sal
Pimienta

- Colocar el lomo en una cacerola con el aceite a fuego fuerte hasta que se dore; luego, retirar.

- Hacer rodajas las zanahorias, el calabacín y los tomates; picar el apio, las cebollas y la albahaca. Agregar el preparado anterior a la cacerola. Mezclar todas las verduras, poner el lomo sobre ellas, sazonar con sal y pimienta e incorporar el caldo y el vaso pequeño de *brandy*.

- Cubrir la cazuela con una tapa, introducir en el horno y dejar hasta que la carne esté cocida.

lomo de buey con gorgonzola

1/2 kg (17 oz) de lomo de buey
200 g (7 oz) de gorgonzola
200 g (7 oz) de nata líquida
4 dl (13,5 fl oz) de caldo de buey
50 g (1,8 oz) de mantequilla
3 cs de aceite
2 cl (0,7 fl oz) de vinagre
4 cl (1,3 fl oz) de jerez
Pimienta blanca
Sal

- Precalentar el horno a 200 °C (400 °F).

- En un recipiente puesto al fuego, llevar a hervir el vino, la mantequilla, el caldo, la nata líquida y el vinagre. Retirar una vez que se haya evaporado 1/3 del caldo.

- Poner una sartén con aceite a calentar. Salpimentar el lomo y freír ligeramente en ella.

- Seguidamente, introducir en el horno para que se haga 5 min por cada lado. Luego, sacar y dejar reposar, cubriéndolo con papel de aluminio.

- Trocear el gorgonzola en un recipiente; echar el caldo en ese recipiente y batir con la batidora. Pasar por el colador chino.

- Volver a poner esta mezcla al fuego de nuevo y, cuando hierva, agregar la nata líquida.

- Presentar el lomo en una fuente, cortado en rodajas; colocar la salsa en una salsera aparte.

lomo de cerdo con castañas

650 g (22,9 oz) de lomo de cerdo
1 kg (3,3 lb) de castañas
1 vaso de sidra o vino blanco
Manteca
Sal

- Preparar el lomo de la siguiente manera: limpiar y deshuesar el lomo y asar en el horno. Procurar que quede dorado por fuera y jugoso por dentro. Espolvorear con sal, mojar con manteca derretida y meter al horno en una fuente de asar.

- De vez en cuando, regar con su propia salsa y, cuando esté dorado, quitar la grasa que suelte y bañar con la sidra. Dejar reposar, reservando la sidra y la salsa anterior para preparar un jugo posteriormente.

- Por otro lado, preparar las castañas. Pelar las castañas. Escaldar unos minutos en agua hirviendo; quitar la piel interior y poner a cocer en una cacerola ancha con agua que las cubra, sal y mantequilla.

- Ya cocidas, escurrir el agua para que se conserven enteras.

- Disponer el lomo, cortado en rodajas, en el centro de una fuente y, alrededor, las castañas. Bañar con el jugo formado con la salsa y la sidra de asar el lomo.

magret de pato

2 magret de pato
2 cs de soja
1 bote de miel
2 cs de vinagre de arroz
2 dientes de ajo

- Picar los dientes de ajo. Mezclar la soja, la miel y los dientes de ajo en un recipiente. Añadir el vinagre de arroz hasta que la mezcla esté lista. Poner dentro los *magret* de pato y macerar durante 1 h.

- Tras la maceración, llevar los *magret* de pato al horno a 200 °C (400 °F) y, cada 5 min, verterles esta mezcla por encima, para potenciar el sabor. Dejar 30 min en el horno.

medallones de cordero en salsa de estragón

8 medallones de cordero de 70 g (2,4 oz) c/u
60 g (2,1 oz) de mantequilla
1/8 l (4,2 fl oz) de vino blanco
3 cs de aceite
2 ramitas y algunas hojas de estragón
1 cs de vinagre de vino
2 escalonias
Pimienta negra
Sal

- La noche anterior, poner los medallones en un recipiente, echar el aceite y unas hojas de estragón y dejar la carne en adobo hasta el día siguiente.

- Colocar una sartén en el fuego y freír los medallones en ella por ambos lados; echar una pizca de mantequilla para que no se peguen y salpimentar al gusto. Una vez dorados, colocar en una fuente.

- Pelar y picar finamente las escalonias.

- Poner a hervir el vino, el vinagre, las escalonias picadas y las ramitas de estragón en un cazo, dejando reducir el líquido 5 min.

- Mezclar ese caldo, después de pasar por el colador, con la mantequilla; echar la salsa resultante sobre la carne antes de servir.

medallones de corza en crema de *ceps*

30 g (1 oz) de ceps secos
12 medallones de corza
de 60 g (2,1 oz) c/u
1/8 l (4,2 fl oz) de vino tinto
seco
1 chorrito de salsa Worcester

1/2 ramillete de berros
3 cs de manteca
Unas gotas de zumo de limón
1/4 kg (9 oz) de crème double
Pimienta blanca recién molida
2 escalonias picadas finas

- Con 1/4 l (9 fl oz) de agua hirviendo, escaldar los *ceps*, y dejar en reposo 10 min.

- Derretir la manteca en una sartén grande y freír los medallones de corza a fuego fuerte 2 min por cada lado.

- Sacar y conservar calientes.

- En la grasa que ha sobrado, glasear las escalonias.

- Extraer los *ceps* del remojo y secar cuidadosamente, reservando el agua en la que han estado inmersos.

- Cortar los *ceps* en pequeños trozos y glasear con las escalonias.

- Agregar el vino tinto y dejar evaporar casi la totalidad del líquido; después, incorporar el agua de remojo de los *ceps* y la *crème double* y dejar reducir 1/3 hasta conseguir una crema espesa.

- Condimentar esta crema con el zumo de limón, la salsa Worcester, sal y pimienta.

- Distribuir los medallones de corza y adornar con la crema de *ceps*.

- Lavar el berro, cortar las hojitas y echar sobre la salsa.

Los *ceps* secos, que son bastante caros, se pueden sustituir por setas más pequeñas cortadas en láminas. Necesitaríamos aproximadamente 1/4 kg (9 oz) en total.

mollejas en salsa

3/4 kg (26,5 oz) de mollejas de ternera
1 1/2 cebolla
1 pimienta de Cayena
3 dientes de ajo
1 vaso de vino blanco
Aceite de oliva virgen
1 cs de pimentón
1 cs de harina y perejil

- Pochar la cebolla en una cazuela con aceite caliente.
- Trocear las mollejas. Añadir las mollejas y la pimienta de Cayena a la cazuela. Rehogar.
- Majar 2 dientes de ajo con el perejil e incorporarlo a la cazuela.
- Agregar el pimentón y la harina y mover bien.
- Mojar con el vino blanco y dejar cocer durante 20 min.

morcilla de Burgos
con cebolla caramelizada

2 morcillas de arroz, de Burgos
1/2 cebolla
2 cs de azúcar moreno
2 cs de vinagre balsámico

- Trocear la cebolla en tiras. Echar la cebolla en una sartén sin aceite; cuando la sartén esté caliente, añadir 2 cs de azúcar moreno y 2 cs de vinagre balsámico. Dejar cocer a fuego muy suave, durante 15 min.

- En otra sartén, freír las morcillas a la plancha mientras se cocina la cebolla.

- Disponer la morcilla en una fuente y colocar la cebolla caramelizada sobre las morcillas. Servir.

morcillo de ternera guisado

1 1/2 kg (3,3 lb) de morcillo de ternera
2 pimientos
3 dientes de ajo
2 cebolletas grandes
10 cs de salsa de tomate
5 patatas
1 pizca de aceite de oliva
Sal

- Remojar los pimientos en 1 1/2 l (51 fl oz) de agua templada durante 2 h aproximadamente. Cortar el morcillo en pedazos medianos. Dorar los trozos de morcillo sazonados con un poco de aceite de oliva en una cazuela. Una vez tostados, reservarlos.

- Picar los dientes de ajo y las cebolletas. Retirar el exceso de grasa de la cazuela anterior, y añadir la cebolleta, los ajos y una pizca de sal. Dar vueltas mientras se hace durante 15 min a fuego suave.

- Añadir el morcillo a la cazuela con el jugo que haya soltado, dar unas vueltas e incorporar la salsa de tomate, la pulpa de los pimientos y algo del caldo de remojo de los pimientos, cubriendo y dejando guisar a fuego muy suave durante al menos 2 h.

- Si se queda seco, añadir más agua de remojo de los pimientos, hasta que el guiso esté tierno. 20 min antes de terminar el estofado, añadir las patatas y una pizca de sal, dejándolo hervir los últimos minutos muy despacio.

morros de ternera en salsa

1 kg (2,2 lb) de morro de ternera
2 cebollas
1 zanahoria
1 tomate maduro
1 hoja de laurel
Unos granos de pimienta negra
1 huevo
Harina
Aceite para freír
1 cs de vinagre y 1 cs de sal gorda

- Trocear el morro en cuatro partes. Limpiarlo y hervirlo 2 min en agua con vinagre. Sacarlo y ponerlo bajo el agua del grifo.

- Pelar, limpiar y cortar las cebollas a la mitad, y pelar la zanahoria. Colocar el morro con las cebollas, la zanahoria, el tomate y las especias en una olla a presión cubiertos de agua (1 l o 34 fl oz aproximadamente). Añadir 1 cs de sal gorda.

- Cocinar en la olla a presión durante 45 min y dejar enfriar.

- Sacar la carne muy escurrida a una fuente y dejar enfriar. Cuando esté frío, dejar en el frigorífico varias horas para que se enfríe bien.

- Reservar 1/2 l (17 fl oz) del caldo de la olla y también las verduras. Triturar todo con la batidora y pasar por el colador chino.

- Sacar el morro del frigorífico cuando ya esté muy frío, y trocearlo nuevamente. Pasarlo por harina y huevo batido y freírlo en abundante aceite caliente.

- Servir con la salsa aparte.

moussaka

2 cebollas
4 dientes de ajo
1/2 kg (17 oz) de carne de ternera o cordero picada
1 kg (2,2 lb) de berenjenas
1/2 l (17 fl oz) de aceite de oliva
2 tomates grandes
1 ct de canela molida
Un poco de menta fresca
Sal
Pimienta
1 pellizco de perejil
1 chorrito de vino blanco
1 trozo de queso feta
1/2 l (17 fl oz) de besamel
3 cs de queso rallado
Orégano

- Cortar las berenjenas en rodajas de 7 mm (0,27 pulgadas) de grosor aproximadamente. Ponerlas en un recipiente alargado y salarlas abundantemente. Dejar reposar 40 min aproximadamente.

- Pasar las rodajas por agua fría y escurrirlas muy bien. En una sartén, echar aceite de oliva y, cuando empiece a calentarse, añadir las berenjenas. Freír hasta que queden doradas. Retirar el aceite sobrante. Reservar.

- Escaldar los tomates, quitarles la piel y picarlos en trozos grandes. Cortar las 2 cebollas y los 4 dientes de ajo lo más finos posible. Salpimentar la carne. Reservar los ingredientes por separado.

- Echar 3 cs de aceite, las cebollas y el ajo en otra cazuela, pochar muy bien y echar la carne picada a la cazuela. Añadir menta, perejil picado y 1 cs de canela molida. Sofreír durante 5 min a fuego suave, sin dejar de remover. Añadir el tomate y 1 chorrito de vino blanco, y dejar reducir durante 15 min aproximadamente.

- Precalentar el horno a 180 °C (350 °F). Engrasar el fondo de la fuente con un poco del aceite sobrante de freír la berenjena y disponer una capa de rodajas de berenjena. Sobre las rodajas, colocar una capa de la mezcla, otra de besamel, y así sucesivamente. En la capa final, colocar bastante besamel, y sobre esta, queso rallado para gratinar.

- Introducir en el horno 25 min a 180 °C (350 °F) y gratinar los últimos 5 min. Adornar con orégano y queso feta.

- Servir caliente.

niños envueltos

8 filetes de ternera
4 huevos
1 dl (3,4 fl oz) de aceite
1 cebolla
3 cs de vino blanco
75 g (2,6 oz) de jamón
Puré de patatas

- Picar el jamón muy menudo. Batir los huevos y agregar el jamón; hacer 8 tortillas finas y redondas del mismo tamaño que los filetes.

- Colocar cada una de estas tortillas sobre un filete, enrollar y atar bien para que al asarlo no se salga la tortilla.

- Cortar la cebolla en rodajas. Dorar los 8 rollos en una cazuela con el aceite muy caliente, agregar la cebolla y el vino blanco, y dejar asar a fuego lento hasta que la carne esté tierna y la cebolla, dorada.

- Servir la carne con una guarnición de puré de patata a modo de pastel.

osobuco a la milanesa

1 1/2 kg (3,3 lb) de morcillo de ternera
1/8 l (4,2 fl oz) de vino blanco
80 g (2,8 oz) de mantequilla
3 tomates
1 zanahoria

1 cebolla
1 apio
2 anchoas
1 diente de ajo
1 cs de perejil picado

- Preparar las verduras: escaldar los tomates en agua hirviendo para poder pelarlos mejor, pelar y picar la cebolla y limpiar y hacer tiras la zanahoria y el apio.

- Cortar la carne en pedazos de aproximadamente 4 cm (1,57 pulgadas) de anchura.

- En un recipiente puesto al fuego, calentar parte de la mantequilla y freír en ella la cebolla, sin que llegue a dorarse.

- Rebozar la carne en harina y freír en ese mismo aceite hasta que adquiera una tonalidad dorada.

- A continuación, añadir los tomates, la zanahoria, el apio, el vino y unas pocas hojas de romero, salpimentar y dejar cocer tapado durante 1 h; echar agua si se evapora el caldo.

- Pelar y picar finamente el diente de ajo; picar las anchoas y agregar la corteza de limón rallada y el perejil picado a la carne.

- Cuando la carne esté hecha, sacar del recipiente y colocar en una fuente, con las verduras.

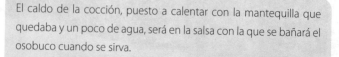

El caldo de la cocción, puesto a calentar con la mantequilla que quedaba y un poco de agua, será en la salsa con la que se bañará el osobuco cuando se sirva.

paletilla de cordero rellena

1 paletilla de cordero de 1 1/4 kg (2,6 lb)
150 g (5 oz) de jamón
3 puerros
1/4 l (9 fl oz) de aceite
1 vaso pequeño de vino blanco seco
1 vaso pequeño de agua
2 cebollas
2 tomates
4 alcachofas frescas
Sal

- Deshuesar la paletilla; abrir lo más posible y echar un poco de sal.

- Picar el jamón y los puerros de forma que quede todo muy fino y rellenar la paletilla; atar fuertemente con un bramante de cocina para que no pierda la forma.

- Pelar y picar las cebollas y los tomates. Poner estas verduras en una cazuela con parte del aceite y colocar la cazuela sobre el fuego para que la carne se haga poco a poco, dándole vueltas.

- Pelar, cortar y trocear las puntas de las alcachofas y freír, con sal, en el resto del aceite.

- Quitar el bramante de la carne; cortar la carne en rodajas, pasar su salsa por un colador y servir con las alcachofas.

pastel de carne

1/4 kg (9 oz) de carne picada
150 g (5 oz) de beicon
2 huevos
50 g (1,8 oz) de almendras
1 cl (0,3 fl oz) de coñac
2 patatas
2 panecillos
1 cebolla
1 ct de curry
1 pizca de nuez moscada

- Precalentar el horno a 250 °C (480 °F) y engrasar un molde rectangular con mantequilla.

- Hervir las patatas en un cazo con agua caliente. Empapar los panecillos en agua y prensar.

- Trocear el beicon. Pelar las patatas y la cebolla y pasar por el accesorio triturador de la batidora, con el beicon y la carne picada.

- Cascar los huevos y separar las claras de las yemas. Reservar las primeras aparte.

- Mezclar las yemas, el pan prensado, las almendras, el curry, la nuez moscada y una pizca de sal, además del beicon, la carne, las patatas y la cebolla trituradas.

- Batir las claras a punto de nieve y añadir también a la mezcla; verter la mezcla en el molde engrasado.

- Derretir un poco de mantequilla y pintar la superficie del pastel con ella antes de introducirlo en el horno; dejar en el horno 30 min.

Este pastel se puede comer frío o caliente.

pato con manzanas

1 pato pequeño de 1 1/2 kg (3,3 lb)
3 manzanas
1 botella de vino tinto
2 cebollas
2 puerros
3 zanahorias
70 g (2,4 oz) de piñones
Aceite
Sal

- Calentar aceite en un recipiente al fuego.

- Mientras tanto, limpiar y atar el pato. Salar convenientemente e introducir en el aceite caliente para que se dore.

- Pelar y cortar en trozos las manzanas. Limpiar y picar las cebollas, las zanahorias y los puerros. Echar todo con el pato.

- Dejar hacer durante 10 min y añadir el vino y 35 g (1,2 oz) de piñones, tapándolo y poniéndolo a fuego lento durante 1 h.

- Colar la salsa; volver a echar la salsa después en el recipiente del pato, con las manzanas y los piñones restantes.

- Dejar todo ello 1 h al fuego. Vigilar que no falte el caldo necesario (puede que haya que echar agua).

- Echar piñones y trozos de manzana por encima del pato.

- Colocar el pato en una fuente y regar con la salsa de la cocción. Servir.

pato con salsa de aceitunas

1 pato
1 hígado de pato
200 g (7 oz) de aceitunas verdes sin hueso
100 g (3,5 oz) de aceitunas negras sin hueso
1/8 l (4,2 fl oz) de vino blanco
1 escalonia
1 yema
1 anchoa
2 cs de mantequilla
3 cs de pan rallado

- Limpiar bien el pato y sazonar con pimienta y sal por dentro y fuera.

- Poner a precalentar el horno a 200 °C (400 °F).

- Pelar y cortar en trocitos pequeños la escalonia, la anchoa, el hígado y 100 g (3,5 oz) de aceitunas verdes.

- Mezclar el pan rallado, remojado en leche, y la yema con ello; salpimentar.

- Con esta mezcla, rellenar el pato, cosiéndolo para que no se salga.

- Freír ligeramente el pato en una cazuela con un poco de mantequilla caliente y, a continuación, introducir en la parte baja del horno, tapado, durante 1 h. Remojar con su propia grasa de vez en cuando.

- Pasado ese tiempo, extraer el pato de la cazuela. Desgrasar el jugo que haya soltado; reservar. Añadir el vino y las aceitunas que quedaban.

- Volver a meter al horno unos pocos minutos más y, finalmente, incorporar el pato de nuevo y dejar hacer con la salsa otros 5 min.

- Colocar en una fuente con la salsa.

pavo en salsa de almendras

1 pavo de 2 kg (4,4 lb)
Sal
1/4 l (9 fl oz) de aceite fino
1/2 kg (17 oz) de almendras tostadas
3 dientes de ajo
1 papeleta de azafrán en hebra
2 cebollas
3 cs de harina
El zumo de 1 limón
1/4 l (9 fl oz) de caldo de carne (de puchero, no de cubitos)

- Limpiar y cortar en trozos el pavo; salar. En una sartén honda y grande con aceite, freír los trozos de pavo hasta que estén doraditos.

- Quitar la piel de las almendras y cortar en trocitos. Pelar y cortar finas las cebollas. Majar el diente de ajo con el azafrán. Colocar en una cazuela y, en la grasa de la sartén (quitar un poco si es demasiado), freír las almendras, las cebollas y el majado de diente de ajo majado con el azafrán; incorporar la harina y el caldo de carne, dejar cocer 5 u 8 min y añadir el zumo de limón.

- Echar esta salsa sobre el pavo, sin colar, y dejar cocer un poco en ella.

- Servir en una fuente.

pechuga de pato con colinabos

4 pechugas de pato
1 kg (2,2 lb) de colinabos
2 puerros
1 cebolla
Pimienta blanca
1 ramillete de perejil
1/2 ramillete de mejorana
1 1/2 l (51 fl oz) de caldo de ave
5 cs de aceite
Sal

- Pelar y cortar en trocitos los colinabos y la cebolla.

- En un recipiente puesto al fuego, echar un poco de aceite. Cuando esté caliente, añadir los colinabos y la cebolla troceados y, finalmente, el caldo de ave. Llevar a ebullición.

- En otra sartén, calentar el resto del aceite. Salpimentar las pechugas e introducir en la sartén, friéndolas un poco por cada lado.

- Agregar las pechugas al caldo y los colinabos y dejar hervir 10 min.

- Después, sacar y dejar aparte.

- Limpiar y cortar en tiras los puerros y, echar en el caldo con la mejorana y el perejil picados. Dejar hervir 3 min.

- Presentar la sopa de colinabos en platos hondos, acompañada por las pechugas de pato fileteadas.

pechugas de pollo al jengibre

3 pechugas de pollo
200 g (7 oz) de arroz basmati
3 cs de salsa de soja
1 cs de azúcar
2 cs de vinagre
1 trozo de jengibre
1 rama de perejil
1 vaso de caldo de ave
Aceite de oliva
Sal
Pimienta

- Poner el arroz, con la misma proporción de agua que de arroz y una pizca de sal, a cocer en una cazuela. Tapar la cazuela y dejar cocer entre 10 y 12 min.

- Filetear y salpimentar las pechugas.

- Rallar el jengibre y colocarlo en un recipiente y añadir la salsa de soja y el azúcar. Introducir el pollo en el recipiente, mezclar bien y deja macerar durante 15 min.

- Escurrir el pollo y saltearlo a fuego fuerte en una sartén con un poco de aceite. Retirar el pollo y verter la salsa de la maceración, el vinagre y el vaso de caldo en la sartén. Cocinar a fuego fuerte para reducir la salsa.

- Servir el arroz en un lado de una fuente y colocar el pollo en el otro. Regar los filetes con la salsa caliente y decorar con una ramita de perejil.

pechugas de pollo en salsa de zanahorias

4 pechugas de pollo de 120 g (4,2 oz) c/u
1 dl (3,4 fl oz) de nata líquida
3 zanahorias
1/8 l (4,2 fl oz) de caldo de ave
2 cs de vermut blanco
Aceite
1/2 ct de fécula de maíz
Pimienta blanca
Sal

- Calentar aceite en una sartén. Salpimentar las pechugas y freír 5 min, hasta que se doren bien.

- Pelar y rallar las zanahorias. Echar en un cazo con el caldo de ave y poner a cocerlas hasta que hiervan.

- Reducir el caldo a la mitad, mezclar con la nata líquida, y volver a poner al fuego dejando que dé un hervor.

- Disolver la fécula con el vermut y añadir al caldo. Una vez que la salsa haya espesado, sazonar con pimienta y sal al gusto.

- Servir las pechugas de pollo en platos individuales y, sobre ellas, verter la salsa de zanahorias.

pechugas de pollo gratinadas con almendras

8 filetes de pechuga de pollo de 110 g (4 oz) c/u
80 g (2,8 oz) de almendras cortadas en tiras
100 g (3,5 oz) de emmental rallado fino
3 cs de mantequilla
2 dl (6,7 fl oz) de nata
2 dientes de ajo
1 pizca de nuez moscada recién rallada
1 ramillete de perejil picado fino
Pimienta negra recién molida y sal

- Separar cuidadosamente los pedacitos de grasa y las pieles de las pechugas.

- En una sartén, deshacer 2 cs de mantequilla y saltear los filetes de pollo en ella a fuego fuerte.

- Posteriormente, condimentar con sal y pimienta.

- Colocar las tiras de almendra en un recipiente pequeño.

- Prensar el ajo y echar con las almendras.

- Añadir el queso rallado, la nata y el perejil también en el recipiente y mezclar todo. Posteriormente, salpimentar y agregar también la nuez moscada.

- Precalentar el horno a 200 °C (400 °F).

- Engrasar un molde de suflé con 1 cs de mantequilla, y distribuir los filetes de pechuga de pollo en hilera.

- Extender la mezcla de queso y almendras por encima de las pechugas.

- Colocar el molde en la bandeja central del horno y dejar gratinar 20 min.

- Servir los filetes en el mismo molde.

perdices con ciruelas

4 perdices
Pimienta blanca en polvo
75 g (2,6 oz) de fuagrás
2 cs de miga de pan fresco
1 vaso pequeño de leche
Un poco de canela en polvo
150 g (5 oz) de ciruelas secas
1 cs de manteca de cerdo
1 vaso de cava seco
50 g (1,8 oz) de crema fresca
1 cs de mantequilla
Sal

- Limpiar y vaciar las perdices. Lavar y frotar con sal y un poco de pimienta. Hacer una pasta para el relleno con los hígados de las aves, el fuagrás y la miga de pan remojada en la leche. Pasar todo esto por la sartén con 1 cs de mantequilla y añadir sal y un poco de canela en polvo. Escaldar y deshuesar las ciruelas. Rellenar las perdices con esta pasta y con 2 ciruelas por ave. Coser las perdices para que el relleno no se salga.

- En una cazuela a fuego bajo, poner las aves con la manteca de cerdo durante 1 h. Deben cocer a fuego suave hasta que estén bien doradas. A continuación, añadir el resto de las ciruelas, el cava y la crema fresca (puede ser nata muy batida) a las perdices. Tapar la cazuela y dejar hacer a fuego moderado entre 30 y 40 min más.

- En el momento de servir, colocar en una fuente.

perdices con níscalos

4 perdices
Apio
Cebolla
Tomate
Laurel
Zanahoria
1/4 l (9 fl oz) de vino blanco seco
1 l (34 fl oz) de agua
Sal
Pimienta
200 cl (67,6 fl oz) de aceite
1/2 kg (17 oz) de níscalos

- Limpiar y sazonar las perdices. Colocar en una cazuela de barro y verter sobre ellas 200 cl (67,6 fl oz) de aceite; introducir en el horno y dejar dorar.

- Cortar el apio, la cebolla, el tomate, el laurel y la zanahoria en trozos muy pequeños. Una vez doradas las perdices, incorporar la verdura y dejar dorar al horno también durante 10 min.

- Cuando todo esté dorado, agregar vino y agua hasta cubrir las perdices. Dejar cocer a fuego lento, dándoles vuelta, de forma que cuezan más por la pechuga que por el dorso; cocer durante 1 1/2 h.

- Colar el agua de la cocción. Transcurrido este tiempo, pasar las perdices a otra cazuela y verter la salsa de cocción sobre ellas.

- Cortar las setas en pedazos irregulares. Saltear en aceite en una sartén durante 5 min; sazonar ligeramente y pasar a la cazuela de las perdices. Poner todo a cocer durante 3 min a fuego suave.

perdices escabechadas

4 perdices de entre 400 g (14 oz) y 600 g (21,2 oz) c/u
2 kg (4,4 lb) de cebollas
1/2 l (17 fl oz) de vino blanco seco
2 cs de vinagre de vino
100 cl (33,8 fl oz) de aceite de oliva (de muy escasa acidez)
1 hoja de laurel
6 granos de pimienta negra
1 cabeza de ajos pequeña y entera
Sal
Pimienta

- Desplumar, eviscerar y limpiar las aves; dejar durante 2 h en agua fresca, para que pierdan toda la sangre. Retirar del agua y escurrir. Sazonar con sal y pimienta. Bridar (atar) y colocar en una cazuela de acero inoxidable o de barro, dejándolas boca arriba.

- Cortar las cebollas en dados de 30 g (1 oz), aproximadamente. Cubrir las perdices con la cebolla, la cabeza de ajos y el laurel; dejar sumidos en el aceite, el vinagre y el vino blanco; agregar los granos de pimienta negra.

- Cocer durante 1 h, con el recipiente tapado, y dejar reposar en lugar fresco o en frigorífico. Servir tibias.

Pasada una semana, estarán en su mejor momento.

pichones en escabeche

8 pichones
3 cebollas
2 dientes de ajo
1/2 tallo de apio
1 pimiento picante
Perejil
3 hojas de laurel
Vino blanco
Aceite de oliva
Sal
Pimienta
Vinagre

- Limpiar los pichones, flamear para quitar la pelusilla, lavar por dentro y por fuera, escurrir y cortar por la mitad.

- Cortar las cebollas en rodajas. Picar el perejil y los ajos. Hacer trocitos el pimiento picante. Disponer en una cacerola una capa de cebollas en rodajas; colocar encima los pichones y cubrir con las cebollas restantes, los ajos, el pimiento picante, las hojas de laurel y el perejil.

- Aparte, echar en un bol 1 vaso de aceite, un poco de vinagre, el vino blanco, una pizca de pimienta y sal; mezclar todo bien y echar sobre los pichones; tapar el recipiente y dejar cocer a fuego lento durante aproximadamente 50 min.

- Retirar los pichones luego y disponer en una fuente. Volver a poner la cacerola al fuego y continuar la cocción hasta que el caldo esté algo espeso; después, echar sobre los pichones y servir.

pierna de cerdo estofada

1 pierna de cerdo (con hueso) de 2 1/2 kg (5,5 lb)
3 tomates
2 cebollas
3 pimientos frescos verdes
2 clavos
1 grano de pimienta negra
1 cabeza de ajos
1 hoja de laurel
2 cs de vinagre
1 taza grande de caldo de carne (puede ser de cubitos)
200 g (7 oz) de manteca de cerdo

- Sazonar bien la pierna de cerdo con sal por los dos lados. Pelar y picar muy finamente los tomates, las cebollas y los pimientos verdes. Tostar al horno la cabeza de ajos. Poner la pierna, la manteca, los tomates, las cebollas, los pimientos verdes, los clavos, la pimienta, la cabeza de ajos y la hoja de laurel en una cazuela grande.

- Colocar la cazuela al fuego y dejar hacer la carne, dándole vueltas para que se haga por todos los lados; a mitad de cocción, agregar el vinagre y el caldo de carne.

- Pasar el jugo por el pasapurés. Servir la pierna de cerdo entera, con su propio jugo.

Los ingredientes de esta receta están indicados para 7 u 8 personas.

pierna de cordero rellena

1 pierna de cordero de 1 1/2 kg (3,3 lb)
100 g (3,5 oz) de manteca de cerdo
1 cebolla mediana
1 vaso pequeño de jerez seco
2 tomates medianos
100 g (3,5 oz) de carne magra de cerdo
6 patatas medianas
2 huevos crudos
1 yema de huevo crudo
1 trufa grande
8 alcachofas medianas
2 limones
1 dl (3,4 fl oz) de aceite
400 g (14 oz) de guisantes cocidos o de lata
50 g (1,8 oz) de mantequilla
100 g (3,5 oz) de pan rallado
50 g (1,8 oz) de champiñones de lata
Nuez moscada
Pimienta blanca en polvo
1 vaso de caldo de carne
Sal

- Cortar la pierna de cordero en toda su longitud y extraer el hueso. Extraer aproximadamente 100 g (3,5 oz) de carne del interior de la misma y aplanar bien con un cuchillo. Sazonar con sal y pimienta.

- Picar la carne magra de cerdo con la retirada del cordero. Trinchar la mitad de la trufa. Cortar los champiñones en trozos. Mezclar con los huevos, el pan rallado, la mitad de la trufa y los champiñones. Sazonar con sal, pimienta y nuez moscada y unir todo bien.

- Colocar este picadillo en el interior de la pierna para rellenarla. A continuación, cerrar la pierna y atar con hilo de cocina.

- Pelar y cortar en trozos la cebolla. Preparar una fuente de horno con la manteca de cerdo y los trozos de cebolla sobre los que irá la pieza de cordero. Partir los tomates por la mitad. Introducir la fuente en el horno hasta que la carne tome color dorado y, seguidamente, añadir el jerez y los tomates. Salar y dejar hacer la carne lentamente durante 2 h. Cuando pase 1 h, agregar el vaso lleno de caldo.

- Pelar y cortar las patatas en trozos. Cocer en agua con sal. Escurrir las patatas, pasar por un tamiz, y mezclar con 25 g (0,9 oz) de mantequilla y 1 yema de huevo crudo. Sazonar con sal, pimienta y nuez moscada rallada. A continuación, echar en una manga con boquilla rizada y formar unas pequeñas pirámides encima de una placa de pastelero. Introducir estas pirámides en el horno hasta que tomen un color dorado.

- Desproveer a las alcachofas de sus hojas más duras; cortar su porción superior, aproximadamente 3 cm (1,18 pulgadas) y vaciar, dándoles la forma de una cazuelita. Hacer zumo de 1 limón. Colar. A medida que se van preparando, frotar con limón y depositar en un recipiente con 1/4 l (9 fl oz) de agua y el zumo del otro limón. Echar sal y el aceite. Cocer lentamente, tapadas, durante 25 ó 30 min.

- Pasar los guisantes por un tamiz y mezclar el resto de la mantequilla con ellos.

- Ya hecho el cordero, presentar sin el hilo de cocina y cortado en rodajas de 1 cm (0,4 pulgadas) de grosor colocadas en una fuente ovalada. Rodear la carne con las pirámides de patata, intercaladas con las alcachofas rellenas de puré de guisantes, y disponer en el centro de cada una de estas un disco de trufa.

- Colar la grasa de haber hecho la carne. Añadir un poco de agua a esta grasa, dar un ligero hervor y pasar por un colador sobre la carne. Servir muy caliente.

pintadas con cebollas tiernas

2 pintadas de 3 kg (6,6 lb) o 4 kg (8,8 lb) c/u
2 manojos de cebollas tiernas
1/2 ct de pimentón dulce
4 cs de aceite de soja
Pimienta negra recién molida y sal

- Cortar las pintadas por la mitad con unas tijeras de cocina resistentes. Después, untar por todos lados con pimienta negra, pimentón y sal.
- Precalentar el horno a 220 °C (425 °F).
- Echar el aceite de soja en una fuente para hornear y calentar sobre la placa de la cocina.
- Saltear las mitades de pintada a fuego fuerte, colocándolas posteriormente con el corte hacia abajo, unas junto a las otras.
- Meter la fuente en el centro del horno y asar las pintadas durante 10 min con la fuente bien cubierta, y otros 10 min, con ella destapada.
- Mientras tanto, limpiar y lavar las cebollas tiernas y situar al lado de las pintadas en la fuente del horno.
- Echar una pequeña cantidad de grasa de la cocción sobre las cebollas y terminar de cocer todo unido durante otros 10 min a 200 °C (400 °F).
- Precalentar los platos. Distribuir las cebollas en los platos y, junto a ellas, colocar las mitades de pintada.

Si no se dispone de una fuente de hornear del tamaño adecuado, se pueden saltear las pintadas en una sartén y colocar después en la grasera del horno.

pollo al cava

1 pollo de 1 1/2 kg (3,3 lb)
1 botella de cava
1 botella de vino
1/4 l (9 fl oz) de nata líquida
200 g (7 oz) de uvas sin pepitas
1/4 l (9 fl oz) de caldo de pollo
1 cebolla
Aceite
Sal

- En una cazuela al fuego, calentar aceite.

- Limpiar el pollo, asegurar las patas y las alas al cuerpo e introducir en el aceite.

- Picar la cebolla. Cuando esté un poco dorado, echar la cebolla y seguidamente, el vino y el cava, en la cazuela.

- A los 20 min de cocción, agregar el caldo de pollo y dejar al fuego.

- Cuando esté casi hecho, añadir los últimos ingredientes, la nata, la sal y las uvas y dejar cocer hasta que alcance su punto justo.

pollo al *curry*

1/4 kg (9 oz) de pechuga de pollo
1 cebolla
1 zanahoria
1 cubito de caldo de carne
Leche
Curry *en polvo*
Sal

- Cortar la cebolla, la zanahoria y el pollo en trozos muy pequeños. Dorar la cebolla en una sartén con aceite hasta que quede
  transparente y, entonces, añadir la zanahoria.

- Cuando este sofrito esté listo, añadir el pollo y el cubito de
  caldo. Dejar a fuego medio 10 min más y remover de vez en
  cuando.

- Corregir la sal y espolvorear el *curry*. Añadir leche poco a poco
  hasta que la mezcla quede bien ligada.

pollo al pimentón

1 pollo de algo más de 1 kg (2,2 lb)
1 cebolla pequeña
1/2 kg (17 oz) de tomates
1 dl (3,4 fl oz) de vino blanco seco
100 cl (33,8 fl oz) de aceite
Pimentón
Sal

- Cortar el pollo en cuatro cuartos. Picar la cebolla. Dorar el pollo y la cebolla en el aceite.

- Limpiar y triturar los tomates. Después de 10 min, incorporar el vino blanco y los tomates; prolongar la cocción y, en los últimos momentos, agregar la sal y el pimentón.

pollo asado al aroma

1 pollo de 1 1/4 kg (2,6 lb)
2 chalotas
40 g (1,4 oz) de margarina
1 cs de zumo de limón
1/2 vaso pequeño de ron
El zumo de 1/2 naranja
1 vaso de vino blanco

- Partir el pollo por la mitad; limpiar, vaciar y, posteriormente, colocar en una fuente de horno.

- Picar las chalotas en juliana. Derretir la mantequilla y mezclar con el ron, el vino, el zumo de naranja, el de limón y las chalotas. A continuación, salar el pollo y cubrir con la mezcla.

- Precalentar el horno a 180 °C (350 °F) 10 min antes de introducir el pollo; dejar el pollo en el horno durante 45 min.

- Cuando pase este tiempo, dar la vuelta a las dos partes para que se bañen con su propio jugo.

- Dejar dorar bien en el horno.

- Una vez asado, sacar y partir en cuatro.

- Servir con patatas redondas fritas y acompañado por una ensalada de lechuga.

pollo con almendras

1 pollo de 1 1/2 kg (3,3 lb)
50 g (1,8 oz) de almendras tostadas
1 cebolla mediana
Perejil fresco
1 taza grande de harina
1 vaso pequeño de vino blanco seco
80 g (2,8 oz) de manteca de cerdo
El equivalente de manteca en aceite
Sal

- Limpiar, secar y partir en trozos el pollo. Pasar por harina. Seguidamente, freír en una sartén al fuego, en una mezcla compuesta por la mitad de aceite y la mitad de manteca de cerdo.

- Pelar y picar mucho la cebolla. En la grasa sobrante, rehogar la cebolla y 1/2 cs de harina. Picar las almendras con el perejil en el mortero y añadir 1 taza pequeña de agua y el vaso de vino blanco. Poner el pollo en una cazuela de barro. Echar las dos mezclas anteriores encima del pollo. Sazonar con sal y dejar cocinar hasta que el ave esté muy tierna. Servir.

pollo en salsa de coco

1 pollo
100 g (3,5 oz) de copos de coco seco
100 g (3,5 oz) de mantequilla
20 g (0,7 oz) de azúcar
1 cebolla
1 guindilla roja
1/2 ct de azafrán
2 ct de curry
Pimienta negra
Sal

- Limpiar y cortar en trozos el pollo. Reservar la carne y echar los despojos en una cazuela con 1/2 l (17 fl oz) de agua y sal, poniéndolos a cocer durante 1 h. Pasado ese tiempo, colar.

- En otro recipiente puesto al fuego, derretir la mantequilla.

- Pelar y trocear la cebolla dentro del recipiente de la mantequilla caliente, dejándola dorar. Entonces, incorporar el pollo.

- Cortar la guindilla en tiras. Agregar al recipiente anterior, con el *curry* y el azúcar. Cuando la carne se haya dorado, retirar.

- En este mismo recipiente, verter 1/8 l (4,2 fl oz) del caldo resultante de la cocción de los despojos del pollo y dejar hervir durante unos minutos.

- Volver a introducir el pollo en ese caldo y dejar cocer en él durante 15 min.

- Echar los copos de coco en un poco de agua y hacerlos puré con la batidora.

- Añadir el puré de coco y el azafrán a la cazuela del pollo, salpimentar y dejar cocer todo junto otros 10 min.

- Poner los trozos de pollo y la salsa en una fuente y servir bien calientes.

pollo en salsa de soja

4 pechugas de pollo
1/2 vaso de salsa de soja
1 cebolla
4 dientes de ajo
Sal
1/2 vaso de agua
Harina

- Cortar las pechugas en tiras, pasarlas por harina y freírlas.
- Picar y rehogar los ajos y la cebolla.
- Añadir la salsa de soja y el agua.
- Sumar el pollo al conjunto y hervir durante 5 min aproximadamente.

pollo guisado

1 pollo
4 patatas medianas
1 cebolla
2 zanahorias
1 calabacín pequeño
3 dientes de ajo
1 cs de perejil picado
1 vaso de vino blanco
1 vaso de aceite
3 granos de pimienta
Sal
Aceite

- Limpiar y trocear el pollo. Calentar el aceite en una tartera y rehogar el pollo. Cortar la cebolla en trozos grandes, y las zanahorias, en cuadraditos. Cortar el calabacín en rodajas y picar el perejil. Cuando el pollo esté dorado, añadir la cebolla, los ajos, la pimienta, las zanahorias y el perejil. Dar vueltas, sazonar incorporando luego el vino blanco y dejar cocer a fuego lento.

- Pelar y cortar en forma de tacos las patatas. Freír.

- Servir el pollo en una fuente redonda, adornado con las patatas fritas.

pollo relleno

1 pollo de 1 1/2 kg (3,3 lb)
Los menudillos y la sangre del
   pollo
25 g (0,9 oz) de almendras
   tostadas
Perejil fresco
Un poco de nuez moscada
1 diente de ajo
1 cebolla
1 limón
1/4 kg (9 oz) de carne picada
   de cerdo

50 g (1,8 oz) de jamón
1 huevo crudo
Pimienta blanca en polvo
Sal
Para cocer el pollo:
1 vaso de vino blanco seco
1 cabeza de ajos
100 g (3,5 oz) de manteca de cerdo
1 hoja de laurel
2 granos de pimienta
1 palito de canela
Sal

- Limpiar y vaciar el pollo.

- Picar la carne de cerdo, el jamón, la sangre y los menudillos y unir todo en un bol grande para hacer el relleno.

- Freír y machacar las almendras. Picar el ajo, el perejil, la cebolla y el huevo duro. Rallar la nuez moscada y la piel del limón. Mezclar el relleno con las almendras, el ajo, el perejil, la cebolla y el huevo duro; añadir el huevo batido, sazonar con sal y pimienta, la ralladura de nuez moscada y la ralladura de la piel del limón. Amasar todo, rellenar el pollo con ello y después coser para que no se salga el relleno.

- Una vez cosido, atar las patas y los alones para darle forma, y untar con manteca; poner al fuego en una cacerola, rociar con el vino y, cuando se haya consumido, echar agua, la cabeza de ajos, el laurel, la pimienta, la canela y un poco de sal; dejar cocer después lentamente hasta que se consuma el agua y quede una salsa espesa.

- Colar la salsa. Trocear el pollo y servir con su relleno y la salsa colada anteriormente.

pollo *tandoori*

1 pechuga de pollo entera
El zumo de 2 limas
2 cs de miel
Salsa de soja
1 ct de cilantro molido
1 ct de jengibre molido
1 ct de cardamomo molido
4 ramitas de cidronela

- Cortar la pechuga de pollo en tiras finas. En un recipiente, hacer una salsa mezclando bien el zumo de lima con la miel, un chorrito de salsa de soja, el cilantro, el jengibre y el cardamomo molidos.

- Introducir el pollo en la mezcla, remover para empapar bien y dejar macerar en la misma 2 h aproximadamente. Transcurrido este tiempo, enrollar las pechugas con cidronela y pasar por la sartén un momento. Servir en una fuente.

pollo *teriyaki*

4 muslos de pollo deshuesados
1 cs de aceite
1 cs de cilantro fresco
Para la salsa:
100 ml (3,5 fl oz) de sake
100 ml (3,5 fl oz) de mirin
100 ml (3,5 fl oz) de salsa de soja
1 cs de azúcar
2 ct de jengibre fresco
1 cs de ajo

- Pinchar el pollo varias veces para que la salsa pueda penetrar en él. En una sartén honda y grande, calentar 1 cs de aceite a fuego medio-fuerte. Dorar el pollo con la parte de la piel hacia arriba entre 3 y 5 min. Reducir el fuego, dar la vuelta al pollo, taparlo y cocerlo durante 10 min. Después, colocarlo en una bandeja.

- Picar el jengibre y el ajo. Para preparar la salsa, mezclar todos los ingredientes hasta que se diluya el azúcar. Verterla en la sartén y llevarla a ebullición. Sin dejar de remover, dejarla hervir durante 2 ó 3 min. Poner nuevamente el pollo en la sartén y cocerlo durante 15 min aproximadamente. Darle la vuelta al pollo varias veces para que se impregne bien de la salsa.

- Cortar y cubrir el pollo con el resto de la salsa. Picar el cilantro. Espolvorear con el cilantro.

rabo de toro

3 rabos robustos
1 kg (2,2 lb) de cebollas
2 hojas de laurel
1/2 l (17 fl oz) de vino tinto
1/4 l (9 fl oz) de aceite de oliva
1/2 l (17 fl oz) de agua
Sal
Una pizca de pimienta molida
1 kg (2,2 lb) de patatas troceadas

- Cortar y salpimentar 1 rabo.
- Poner al fuego una olla con el agua y el laurel; seguidamente, en una sartén, calentar el aceite y freír el rabo que preparamos antes. Una vez frito, incorporar el agua.
- Seguidamente, filetear la cebolla y freír en el mismo aceite donde se preparó el rabo; una vez frita, agregar a la olla.
- A continuación, retirar el aceite sobrante de la sartén, incorporar el vino y poner a hervir para desprender los jugos que queden en la sartén. Incorporar a la olla a presión. Trocear y freír ligeramente las patatas. Tapar y dejar hervir aproximadamente 30 min; pasado ese tiempo, destapar la olla e incorporar las patatas fritas.
- Hervir 10 min, dejar reposar un poco y servir.

Los ingredientes de esta receta están indicados para 6 u 8 personas.

ragú de buey con beicon y champiñones

1 kg (2,2 lb) de carne de buey
   (de aguja)
100 g (3,5 oz) de beicon
1/4 kg (9 oz) de champiñones
2 cebollas grandes y 12 pequeñas
2 cl (0,7 fl oz) de coñac

1 botella de vino tinto
2 zanahorias
1 diente de ajo
1 ramillete de finas hierbas
   (perejil, laurel, tomillo...)
3 cs de mantequilla

- La receta comienza a prepararse el día anterior. Para ello, pelar el ajo y las cebollas grandes, troceando estas últimas. Cortar la carne en trozos no muy grandes. Cortar las cebollas. Echar las cebollas, el ajo, las finas hierbas y 1/2 botella de vino y los trozos de carne en el recipiente. Dejar adobar durante la noche.

- Pelar las cebollas pequeñas y cortar el beicon en cuadraditos.

- En una cazuela puesta al fuego, echar mantequilla y dorar el beicon y las cebollas.

- Después, sacar y dejar aparte.

- Sacar la carne del adobo; reservar el adobo y freír la carne en la misma cazuela del beicon y las cebollas.

- A continuación, pelar y trocear las zanahorias y añadir a la carne, con la harina y un poco de pimienta.

- Incorporar el adobo y la otra 1/2 botella de vino, tapar y dejar cocer durante 3 h o más, si es necesario.

- En una sartén con un poco de mantequilla, freír los champiñones.

- Agregar estos champiñones a la carne (dejar aún puesta al fuego), con las cebollas y el beicon que se mantenían aparte. Sazonar y cocer todo junto durante 20 min.

- Por último, echar el coñac sobre el ragú de buey y flamear.

ragú de pollo a la Marengo

1 pollo
4 huevos
4 tomates
4 rebanadas de pan de molde
150 g (5 oz) de champiñones
1 cebolla
1/8 l (4,2 fl oz) de vino blanco
Caldo de carne
4 cs de aceite de oliva
1 diente de ajo

- En un recipiente puesto a calentar con agua, escaldar los tomates durante unos segundos; luego, pelar y trocear.

- Limpiar y cortar el pollo en trozos.

- Colocar una cazuela con aceite al fuego y freír los trozos de carne en ella hasta que se doren. Salpimentar y dejar aparte.

- Pelar y cortar la cebolla y echar al aceite caliente para que se fría un poco.

- Prensar el diente de ajo y agregar a la cebolla con el tomate; dejar hacer todo junto a fuego lento durante 5 min.

- Cortar los champiñones en láminas y añadir a la cazuela, rehogándolos con las verduras durante 5 min.

- Finalmente, volver a echar los trozos de pollo, además de las aceitunas y el vino, en la misma cazuela. Salpimentar y cocer 45 min más. Si es necesario, añadir caldo extra para que no se queme.

- En una sartén, calentar un poco de mantequilla y dorar las rebanadas de pan un poco.

- En otra, echar aceite y freír los huevos.

- Servir en fuentes separadas.

riñones al jerez

Riñones de ternera joven
Jamón
1/2 vaso pequeño de jerez
Cebolla
Aceite
Perejil

- Limpiar los riñones con unas gotas de vinagre y un poco de sal.

- Poner el aceite al fuego y pasar los riñones dos veces por la sartén. Después, dejar reposar durante 1 h.

- Pasado ese tiempo, partir los riñones en pedacitos.

- Posteriormente, rehogar en el aceite con el jamón, una ramita de perejil picado y una pequeña cantidad de cebolla.

- Por último, agregar el 1/2 vaso pequeño de jerez y dar unas vueltas a todo.

- Servir recién hechos para que no se endurezcan.

rollo de carne picada

400 g (14 oz) de carne de ternera
200 g (7 oz) de beicon en lonchas
100 g (3,5 oz) de harina
3 dientes de ajo
2 cebollas
2 cs de perejil
3 rodajas de pan mojado en leche
2 huevos
Sal
Pimienta
Nuez moscada
Aceite
Cebolla

- Mojar el pan en leche. Picar la carne, la cebolla, los ajos y el perejil; mezclar con el pan mojado en leche, sazonar con sal, pimienta y nuez moscada e incorporar los huevos enteros.

- Partir 1 cebolla en rodajas. Dividir esta masa en 2 partes. Pasar por harina, formar 2 rollos y colocar en una fuente de horno, con 1 vaso de aceite y la cebolla en rodajas.

- Cubrir los rollos con el beicon y meter a horno fuerte hasta que estén dorados. Rociar con la salsa de vez en cuando.

- Servir cortado en lonchas y acompañado por una ensalada de remolacha.

Otro acompañamiento puede ser puré de patata.

rosbif

1/2 kg (17 oz) de lomo alto de añojo en una pieza
Aceite de oliva
2 vasos de agua
Sal gorda
Sal fina
Pimienta

- Quitar la grasa y las telillas a la carne. Salpimentar suavemente y bridar. Poner en una fuente de horno.

- Precalentar el horno a 220 °C (425 °F) y meter la carne en él durante 30 min.

- Sacar del horno, salpimentar de nuevo y añadir 2 vasos de agua.

- Devolver la fuente al horno durante otros 20 min. Pasado este tiempo, comprobar con una aguja si está hecha. Si no, dejar un poco más.

- Sacar la carne y reservar el caldo.

- Colocar la carne en una cazuela con sal gorda. Tapar con un paño húmedo y con la tapadera de la cazuela.

- Dejar reposar para que sude.

- 30 min antes de servir, trinchar la carne y servir caliente. Ofrecer la salsa reservada en una salsera aparte.

rosbif con pudin de Yorkshire

1 kg (2,2 lb) de rosbif con hueso
1/8 l (4,2 fl oz) de vino
4 cs de mantequilla
Pimienta negra
Sal

Para el pudin:
120 g (4,2 oz) de harina
1/2 l (17 fl oz) de leche
2 huevos
Mantequilla

- Precalentar el horno a 220 ºC (425 ºF).

- Echar las 4 cs de mantequilla en un cazo puesto al fuego para que se derritan y, con una brocha pequeña, untar todo el rosbif con ella.

- Colocar en una cazuela que pueda meterse al horno, echar pimienta por encima e introducir en el horno durante 15 min.

- Pasado ese tiempo, agregar el vino y sazonar, dejando la cazuela en el horno; bajar la temperatura a 190 ºC (375 ºF) durante 1 h.

- Para el pudin, colocar la harina y la sal en un recipiente y hacer un hueco en el centro.

- Batir bien los huevos y echar en ese hueco. Sin dejar de remover, añadir también la leche muy despacio, procurando que se forme una pasta cremosa.

- A continuación, tapar y dejar reposar 1 h.

- Engrasar un molde con mantequilla y, después de batir la pasta de nuevo, verter en el molde. Introducir en el horno durante 25 min, hasta que suba y adquiera un tono dorado.

- Cortar el rosbif en filetes y el pudin en rebanadas. Presentar el rosbif acompañado por su propia salsa de cocción y por el pudin.

saltimbocca alla romana

8 filetes de ternera
8 lonchas de jamón York
8 hojas de salvia
1/3 vaso de vino blanco
Mantequilla
Aceite de oliva
Sal
Pimienta

- Machacar los filetes para que queden tiernos. Salpimentar y espolvorear con la salvia.
- Colocar las lonchas de jamón sobre los filetes y adaptarlas a la forma de cada uno.
- Poner sobre el jamón una hoja de salvia y enrollar todo. Cerrar el rollo con un palillo.
- En una sartén, a fuego medio, dorar los rollitos en la mantequilla y un chorro pequeño de aceite. Servir.

sancocho de gallina

1 gallina
3 l (101 fl oz) de agua
2 cabezas de cebolla
2 1/4 kg (5 lb) de ñame
Cilantro
Pimienta en grano
Orégano

- Trocear la gallina y cocerla en una cacerola grande que contenga 3 l (101 fl oz) de agua. Cortar la cebolla en rodajas. Añadir la cebolla, el cilantro y la sal a la cacerola. Cocinar a fuego alto hasta que la gallina esté blanda.

- Añadir el ñame. Al ablandarse el ñame, añadir la pimienta en grano y el orégano. Bajar el fuego y retirar minutos después.

- Servir caliente.

silla de conejo
con salsa de hierbas

1 silla de conejo (parte trasera)
40 g (1,4 oz) de mantequilla
6 cs de nata líquida
3 cs de vino blanco
1 yema
1 cs de escalonia picada
2 ct de albahaca picada
1 ramita de tomillo
Pimienta negra
Sal

- Limpiar y salpimentar la silla de conejo.

- Colocar una cazuela al fuego con la mantequilla y, cuando se haya derretido, incorporar el tomillo y el conejo, tapándola y dejando que se haga durante 20 min. Si es necesario, añadir un poco de agua.

- Cuando el conejo esté hecho, sacar de la cazuela y envolver en papel de aluminio para que conserve el calor.

- En un cazo, echar el vino y la escalonia picada y llevar a ebullición, dejando evaporar en parte; entonces, añadir la nata líquida y cocer otro rato.

- A esta crema, incorporar la yema y la albahaca y mezclar con la batidora.

- Desenvolver y cortar en trozos la carne de conejo, quitando los huesos. Cubrir con la salsa recién hecha.

CARNES Y AVES

El conejo estará hecho cuando al pincharlo suelte jugo y los huesos se desprendan con facilidad.

solomillo a la pimienta

1 kg (2,2 lb) de solomillo de vaca o buey en una sola pieza
2 dientes de ajo
Pimienta blanca en polvo
Perejil fresco
1/2 cebolla
6 cebolletas tiernas
2 cs de harina
100 g (3,5 oz) de manteca de cerdo
2 cs de vinagre
Caldo de carne
Sal

- Pelar y cortar en rodajas la cebolla. Pelar las cebolletas. Poner el trozo de solomillo pasado por la harina en una cazuela al fuego, con sal, la manteca, la cebolla, las cebolletas y el vinagre. Tapar y dejar cocer a fuego bajo. Picar los ajos y trinchar el perejil. Cuando esté dorado, echar el caldo, los ajos, bastante pimienta y perejil. Procurar hacer a fuego moderado para obtener un jugo sabroso.

- Servir el solomillo cortado en rodajas.

solomillo al jugo con setas

600 g (21,2 oz) de solomillo de ternera
1/2 kg (17 oz) de setas
200 g (7 oz) de salsa española
3 ajos secos
Perejil
Mostaza
Sal
Pimienta negra
Nata
Brandy

- Sazonar el solomillo con sal, pimienta y mostaza. Saltear en una sartén e introducir en el horno durante 10 min. Una vez en el horno, flamear con el *brandy,* procurando que la carne quede poco hecha.

- A continuación, saltear 150 g (5 oz) de setas; incorporar 1 ajo, perejil, la salsa española y la nata. Triturar, consiguiendo una salsa ligera.

- Saltear las restantes setas con los ajos y perejil.

- Partir el solomillo en láminas. A continuación, decorar el plato con todos los ingredientes.

solomillo braseado

1 kg (2,2 lb) de solomillo de ternera en una sola pieza
100 g (3,5 oz) de jamón cortado en tiras
100 g (3,5 oz) de trozos de tocino
2 zanahorias
1 vaso pequeño de coñac
1/2 vaso de agua
Sal

- Mechar el solomillo de ternera con las tiras de jamón y colocar en una cacerola sobre trozos de tocino y rodajas de zanahoria, poniéndolo aproximadamente 5 min a fuego vivo. Añadir 1/2 vaso de agua, con el vaso pequeño de coñac; cubrir con más trozos de tocino y asar, tapado, a horno fuerte, durante 15 ó 20 min.

- Cortar en rodajas y servir muy caliente, con su jugo.

solomillo de cerdo con aceitunas

1 ó 2 solomillos de cerdo de entre 800 g (28 oz) y 1 kg (2,2 lb)
2 cebollas
1 zanahoria
1 tomate
100 g (3,5 oz) de manteca de cerdo
50 g (1,8 oz) de jamón
1 cs de salsa de tomate
Sal
1 taza grande de caldo (puede ser de cubitos)
150 g (5 oz) de aceitunas
1 vaso pequeño de vino blanco

- Reservar 2 cs de la manteca. Pelar y cortar en dos una de las cebollas. Pelar y cortar en trozos la zanahoria y el tomate. Salar el solomillo. Poner con la manteca, 1 de las cebollas y la zanahoria y el tomate en una cazuela. A media cocción, añadir el vino y parte del caldo.

- Freír la otra cebolla. Picar el jamón. Picar las aceitunas en trozos y rehogar en una sartén con el resto de la manteca y la otra cebolla frita. Añadir el jamón, la salsa de tomate y el resto del caldo.

- Trocear el solomillo. Regar con la salsa de aceitunas.

solomillo de liebre en salsa de arándanos encarnados

300 g (10,6 oz) de solomillo
  de liebre
4 cs de arándanos encarnados
  en fondo de caza (comprado
  preparado)
1 escalonia picada
1 pizca de cilantro molido

Pimienta negra recién molida
Sal
1 cs de nata montada
3 cs de manteca
50 g (1,8 oz) de mantequilla
  helada

- Quitar cuidadosamente las pieles de los solomillos de liebre.

- Fundir la manteca en una sartén ancha de borde alto, y saltear los solomillos de liebre por todos los lados a fuego fuerte hasta que se doren.

- Echar sal y pimienta y apartar. Reservar envueltos en papel de aluminio para conservar calientes.

- Desechar la grasa de cocción y, a continuación, mezclar el fondo de caza en la sartén, el jerez y la escalonia y reducir a 2/3.

- A continuación, introducir los arándanos y llevar todo al punto de ebullición.

- Posteriormente, cortar la mantequilla en trozos pequeños y agregar, batiéndolo todo. Después, echar la pimienta, el cilantro y la sal.

- Sumergir los solomillos de liebre en la salsa, cubrir la sartén con una tapadera y dejar cocer durante 7 u 8 min a fuego muy bajo.

- Sacar los solomillos y cortar en rodajitas de 1 cm (0,4 pulgadas) de grosor; distribuir por los cuatro platos formando un abanico.

- Incorporar la nata montada a la salsa y dejar caer sobre la carne.

solomillos de ternera rellenos

400 g (14 oz) de filetes de ternera muy delgados
125 g (4,4 oz) de carne picada (puede ser de cerdo)
50 g (1,8 oz) de tocino fresco
4 huevos crudos
100 g (3,5 oz) de manteca de cerdo
1 cebolla
1 diente de ajo
1/2 vaso de vino blanco
Caldo de carne
Perejil fresco
Pimienta blanca en polvo
4 cs de harina
Sal

- Hacer un relleno con la carne picada, el tocino, 1 clara de huevo, sal y un poco de pimienta, todo bien mezclado. Repartir este relleno entre todos los filetes, ligeramente sazonados. Enrollar, atar y rebozar en harina y huevos batidos estos filetes. Freír en la manteca de cerdo y dejar en una cacerola.

- Dorar, todo junto, en la manteca de la fritura: la cebolla, el diente de ajo y 1 1/2 cs de harina. Cuando todo esté dorado, incorporar un cucharón y medio de caldo y el vino blanco, batiendo con un tenedor para que quede bien mezclado. Dejar dar un hervor y verter sobre la carne tras pasarlo por el colador chino. Comprobar si está suficientemente sazonado; añadir un puñadito de perejil, finamente picado, y dejar hacer lentamente.

- Cuando se vaya a servir el plato, desatar los filetes y colocar en una fuente honda con su salsa.

steak tartare

400 g (14 oz) de solomillo de buey
10 g (0,35 oz) de cebolla
10 g (0,35 oz) de pepinillo
10 g (0,35 oz) de huevo duro
2 gotas de salsa Perryns
1 ct de aceite de oliva
1 ct de brandy
1/2 ct de mostaza
Pimienta negra molida
2 gotas de tabasco
1 yema de huevo
Sal

- Filetear y triturar el solomillo. Disponer la carne de manera circular en un plato, dejando un hueco en el centro. Colocar la yema de huevo en ese hueco.

- Cortar los pepinillos en láminas; picar la cebolla y el huevo duro y adornar el plato con ello. Salpimentar.

- Poner en distintas salseras el aceite, el *brandy*, la salsa Perryns, el tabasco y la mostaza, para que cada comensal lo aliñe a su gusto.

- Servir.

tahine (cordero árabe)

1 1/2 kg (3,3 lb) de paletilla de cordero
1 kg (2,2 lb) de cebollas
4 cs de aceite de oliva
Un puñado de comino en grano
1 ct de jengibre en polvo
1 ct de cilantro en grano
1/2 ct de pimienta dulce
2 g (0,07 oz) de azafrán
2 dientes de ajo
2 limones confitados
Zumo de limón
100 g (3,5 oz) de aceitunas negras

- Majar el ajo con el comino, el jengibre, el cilantro y el azafrán. Cortar en cuatro piezas cada uno de los limones confitados. Poner la carne, los limones, 2 cs de aceite de oliva y el zumo de limón en una olla. Añadir el majado anterior. Cubrir y poner al fuego mínimo durante al menos 3 h.

- Picar las cebollas. 30 min antes de que termine la cocción, echar 2 cs de aceite de oliva en otra olla, y dorar a fuego lento las cebollas. Luego, añadir las cebollas encima de la carne con las aceitunas negras y dejar otros 30 min a fuego mínimo.

ternasco con patatas

1 1/2 kg (3,3 lb) de cordero lechal
2 cs de manteca de cerdo
2 ramitas de romero
1 kg (2,2 lb) de patatas nuevas
2 copas de vino blanco
6 dientes de ajo
4 cs de aceite de oliva
2 ramitas de perejil
Sal

- Cortar gruesas las patatas y salpicarlas con 1 vaso de agua. Colocarlas sobre la superficie de una placa de horno.

- Salar el cordero, frotarlo con 2 dientes de ajo y colocarlo sobre las patatas que están en la placa. Rociar todo con la manteca del cerdo fundida y el romero.

- Precalentar el horno a bastante temperatura y meter el cordero, entero o en cuartos.

- Preparar un majado con el ajo restante, el perejil, el aceite y el vino.

- Cuando esté bien tostado por ambos lados, regarlo con el majado.

ternera asada

1 1/2 kg (3,3 lb) de redondo de ternera
Harina
1/2 l (17 fl oz) de vino tinto
3 zanahorias
1 cebolla
3 dientes de ajo
Aceite
Pimienta
Tomillo
Sal

- Calentar aceite en una cazuela al fuego.

- Atar y enharinar la pieza de carne. Introducir en la cazuela con el aceite caliente; dejar en la cazuela hasta que se haga, sacar y dejar aparte.

- Echar las zanahorias, la cebolla y los ajos partidos en trozos en ese mismo aceite. Una vez que se doren, volver a poner la carne en la cazuela, con el vino, el tomillo, la pimienta y la sal.

- Mantener al fuego durante 1 h aproximadamente, echando agua si es necesario.

- Sacar la carne y colar la salsa hasta que quede fina.

- Presentar el redondo cortado en rodajas y regado por la salsa.

ternera en fiambre

800 g (28 oz) de tapa de ternera en un solo trozo
100 g (3,5 oz) de tocino
Sal
100 g (3,5 oz) de manteca de cerdo
3 zanahorias
2 cebollas
1 vaso de vino blanco

- Mechar la carne con tiras de tocino, salar y atar con un bramante de cocina.
- Pelar y cortar en trozos las zanahorias y las cebollas. Poner la manteca en una fuente de horno, cubrir el fondo con un lecho formado por las zanahorias y las cebollas, y poner la carne sobre este lecho.
- Meter la fuente al horno y dar vuelta a la carne de vez en cuando; añadir el vino blanco.
- Cuando esté hecha y fría, quitar el bramante y cortar en rodajas.

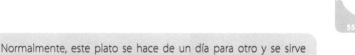

Normalmente, este plato se hace de un día para otro y se sirve como fiambre; la salsa puede aprovecharse para acompañar otros platos o para hacer una sopa.

ternera en rollo

600 g (21,2 oz) de ternera picada
50 g (1,8 oz) de jamón
50 g (1,8 oz) de tocino
1 cebolla
1 cs de perejil
2 ct de almendras
2 huevos batidos
100 g (3,5 oz) de pan rallado
1 cs de harina
1 vaso pequeño de vino blanco
Sal
Pimienta
Nuez moscada

- Picar las almendras, las carnes, el jamón, el tocino, el perejil y la cebolla.

- Sazonar con sal, pimienta y nuez moscada y agregar las almendras picadas.

- Formar un rollo y envolver dos veces, primero en huevo batido y luego en pan rallado. Rehogar en la manteca hasta que esté dorado y luego pasar a una tartera.

- Tostar la harina en la grasa sobrante, agregar el vino blanco y verter sobre la carne. Tapar y meter al horno hasta que esté completamente cocido.

- Cortar en lonchas. Servir.

ternera guisada

1 kg (2,2 lb) de carne de guisar
6 patatas
1 cebolla grande
3 tomates
1 pimiento
2 dientes de ajo
1 cs de perejil picado
1 vaso de vino blanco
1 paquete de azafrán
1 vaso de aceite
1 vaso de agua

- Picar el perejil, la cebolla y los ajos. Pelar y cortar en trozos las patatas.

- Cortar la carne en trozos. Adobar con el perejil y los ajos. Dejar en adobo 30 min.

- Salar y colocar la carne en una cazuela con aceite caliente; rehogar bien y añadir la cebolla y el vino blanco.

- Limpiar y partir el tomate. Picar el pimiento. Cuando esté un poco pasada, agregar el tomate, el pimiento, las patatas, el azafrán disuelto en agua y dejar cocer a fuego lento.

- Servir en una fuente.

ternera mechada

1 kg (2,2 lb) de carne de redondo de ternera
100 g (3,5 oz) de panceta
2 zanahorias
2 cebollas
4 dientes de ajo
1 vaso de vino
1 vaso pequeño de coñac
1 vaso de aceite
1 tomate
Miga de pan
Sal
Pimienta

- Mechar la carne con unas tiras de panceta y de zanahoria. Rehogar en el aceite y añadir las cebollas, los ajos y el tomate limpio y pelado. Sazonar con sal y pimienta.

- Regar con el coñac y, a media cocción, añadir la miga de pan machacada en el mortero; mezclar con el vino y un poco de agua si está demasiado espesa.

- Dejar cocer hasta que esté tierna y servir con puré de patatas y con la salsa pasada por el colador chino.

vitello tonnato

1 kg (2,2 lb) de redondo de ternera	*2 huevos*
1 cebolla	*50 g (1,8 oz) de alcaparras*
2 zanahorias pequeñas o 1 grande	*1 limón*
2 dientes de ajo	*Aceite de oliva*
400 ml (14 fl oz) de vino blanco seco	*Vinagre rojo*
125 g (4,4 oz) de atún	*Azúcar*
3 filetes de anchoa grandes	*Pimienta negra y sal*

- Marinar la carne con el vino durante 1 noche.

- Picar la cebolla y la zanahoria en trozos gruesos. Aplastar los dientes de ajo. Colocar la carne con su marinada, la cebolla y la zanahoria, los dientes de ajo y una pizca de sal y pimienta en una cazuela. Darle un hervor y bajar a fuego suave. Dejarlo cocer tapado 1 h aproximadamente. Dejar enfriar.

- Cocer los huevos durante 10 min. Pasar por agua fría, pelar y reservar.

- Sacar la carne y envolverla en papel de aluminio. Dejar enfriar.

- Colar el caldo de la carne y quitar las verduras. Escurrir el atún y machacar las anchoas con un tenedor. Mezclar el caldo con las yemas de los huevos, el atún, las anchoas, 2 cs de aceite, 1 cs de vinagre, el zumo del limón y una pizca de azúcar. Añadir el jugo de la carne. Triturar hasta que quede homogénea. Rectificar la sal.

- Cortar lo más fina posible la carne y extender las lonchas en una fuente. Cubrirla con la salsa y decorar con unas alcaparras.

POSTRES

alfajores

1/2 kg (17 oz) de harina
1/4 kg (9 oz) de azúcar
6 yemas de huevo
1 clara de huevo
25 g (0,9 oz) de mantequilla
1 ct de levadura en polvo
50 g (1,8 oz) de coco rallado
1 bote de mermelada al gusto
Esencia de vainilla

- Mezclar la levadura con la harina y poner sobre una superficie ligeramente enharinada, formando un montón. Echar la mantequilla, las yemas, la clara, el azúcar y la vainilla; mezclar todo bien para formar una pasta, trabajar esta pasta bien con las manos y extender después con el rodillo enharinado.

- Con un vaso pequeño, cortar la pasta en discos. Poner estos discos en una placa engrasada y meter en el horno, a temperatura media-fuerte.

- Una vez cocidos y fríos, cubrir con un poco de mermelada, unir de dos en dos y espolvorear con el coco. Servir.

almendrados de coco

200 g (7 oz) de coco rallado
400 g (14 oz) de azúcar
5 claras
1 sobre de azúcar de vainilla

- Calentar el horno a 170 °C (335 °F) y poner el papel de repostería en la bandeja.

- En un recipiente, unir las claras de huevo, el azúcar, el coco rallado y el azúcar de vainilla y poner a calentar; remover y asegurarse de que no llegue a hervir.

- Retirar del fuego y dejar reposar para que espese.

- Colocar la masa en una manga pastelera de boquilla estrellada y formar las pastas en la bandeja con ella.

- Situar la bandeja en el centro del horno a 150 °C (300 °F); dejar allí 10 min, hasta que las pastas adquieran un tono dorado.

Los ingredientes de esta receta están indicados para obtener 60 pastas.

ambrosía

300 g (10,6 oz) de bizcochos
3/4 kg (26,5 oz) de albaricoques
300 g (10,6 oz) de frambuesas
300 g (10,6 oz) de requesón
300 g (10,6 oz) de zarzamoras
200 g (7 oz) de nata
6 rodajas de pan negro
1 sobre de azúcar avainillado
4 cs de azúcar
2 cs de kirsch

- Lavar y cortar por la mitad los albaricoques. Despepitar y poner a cocer en un recipiente con agua y 2 cs de azúcar. Dejar poco tiempo al fuego.

- A continuación, apartar los albaricoques. Colar el jugo que han soltado en un cazo; echár también aquí el *kirsch* y mantener caliente.

- Desmenuzar los bizcochos en un recipiente de cristal y empapar con el jugo de albaricoques y licor.

- Batir bien la nata, el azúcar de vainilla, el requesón y las 2 cs restantes de azúcar, hasta lograr una mezcla cremosa.

- Colocar las mitades de albaricoque sobre los bizcochos y recubrir con parte de la crema recién elaborada.

- Encima de esta capa, desmigar el pan negro, tapar con otro poco de crema y, a continuación, superponer capas de zarzamoras y frambuesas con otras de crema.

Apfelstrudel

masa de hojaldre
4 manzanas golden
Un puñado de pasas sin semillas
Un puñado de nuez picada
4 nueces enteras para decorar
Azúcar glas
Huevo batido para pintar el hojaldre

- Descongelar la masa de hojaldre a temperatura ambiente.

- Precalentar el horno a 200 °C (400 °F). Trocear las manzanas, añadir el azúcar y la canela y ponerlos en el horno a temperatura máxima durante 10 min aproximadamente. Dejar enfriar y mezclar con las pasas y las nueces troceadas.

- Colocar la masa de hojaldre sobre la mesa espolvoreada con harina y extenderla hasta obtener un cuadrado de las medidas de la bandeja de horno. Colocar la mezcla en el centro longitudinalmente y envolver con la masa sobrante por arriba y por abajo. Apretar la masa por los lados. Meter en el horno durante 45 min aproximadamente.

- Espolvorear con azúcar glas y colocar las nueces enteras para decorar. Dejar enfriar y servir.

arroz con leche
al melocotón

1 bote de melocotón
200 g (7 oz) de arroz
150 g (5 oz) de azúcar
1 l (34 fl oz) de leche
Corteza de limón
Canela en rama
Canela molida

- Cocer el arroz en agua, para que se desprenda del almidón. Después, escurrir.

- Poner la leche a hervir y echar el arroz, el palo de canela, una pizca de sal, la corteza de limón y el azúcar en ella.

- Dejar cocer todo a fuego suave hasta que alcance su punto justo.

- A continuación, poner sobre una fuente plana.

- Por último, añadir los melocotones bocabajo y echar la canela fina molida por encima.

- Servir frío.

Si se desea quemar el arroz con una pala candente, se deberá espolvorear con azúcar tras colocarlo en la fuente, justo antes de introducir los melocotones.

banana split

4 plátanos
Helado de vainilla
Helado de chocolate
Helado de fresa
Nata montada
3 guindas
1 rodaja de piña
Sirope de chocolate
Sirope de fresa
Nueces con miel

- Pelar y cortar los plátanos por la mitad, longitudinalmente.
- Colocar en una fuente redonda grande en círculo.
- Poner bolas de helado de distinto sabor en hilera.
- Colocar una rodaja de piña sobre el helado de vainilla, sirope de chocolate sobre el helado de fresa y sirope de fresa sobre el helado de chocolate.
- Adornar con nata montada.
- Espolvorear las nueces por encima de la nata.
- Decorar con las 3 guindas. Servir.

barquillos con crema de queso a la lima

1/4 kg (9 oz) de harina
125 g (4,4 oz) de mantequilla
100 g (3,5 oz) de azúcar glas
2 huevos y 2 yemas
1/8 l (4,2 fl oz) de leche

1 cs de azúcar de vainilla
1 dl (3,4 fl oz) de nata líquida
1 petit suisse natural grande
Mascarpone

- En un recipiente, echar el azúcar glas, la mantequilla y el azúcar de vainilla y mezclar bien.

- A continuación, añadir los huevos y las yemas, y, finalmente, la leche, la nata líquida, el *petit suisse* y la harina, lentamente y sin dejar de remover. Reservar la masa resultante.

- Comenzar a elaborar la crema batiendo la nata con 50 g (1,8 oz) de azúcar glas.

- Por otra parte, batir las claras y el resto del azúcar glas hasta que alcancen el punto de nieve y mezclar con la nata.

- Cortar una de las limas en rodajas. Reservar. Exprimir las otras dos y rallar las cortezas.

- Mezclar el zumo y la ralladura de lima con la nata batida, el ron y el mascarpone.

- Engrasar un molde para barquillos con mantequilla; echar la masa elaborada y poner a cocer.

- Cubrir con azúcar glas y la crema de queso a la lima y adornar con las rodajas de lima que se habían reservado.

- Presentar en un plato.

Los ingredientes de esta receta están indicados para obtener 8 barquillos.

bavaroise de turrón con café

1 tableta de turrón de Jijona
150 g (5 oz) de nata montada
6 huevos
6 cs de azúcar
1 l (34 fl oz) de leche
2 ct de café soluble
8 láminas de gelatina

- Echar el turrón blando cortado en trozos, con 3 yemas y 3 cs de azúcar, en el vaso de la batidora, y batir todo junto hasta que se consiga una textura fina.

- Añadir 3 de las láminas de gelatina disueltas en agua a esta crema.

- En un recipiente puesto al fuego, preparar un caramelo con 3 cs de azúcar, la nata montada y un poco de agua.

- Una vez que el caramelo haya enfriado, verter la crema de turrón sobre él e introducir en el frigorífico. Reservar.

- Poner la leche a calentar; al mismo tiempo, batir las otras 3 yemas con el café soluble, y, finalmente, unir.

- Colocar esta mezcla en un recipiente al baño María y remover para lograr que espese. Además, agregar el resto de la gelatina disuelta en un poco de agua y dejar cocer.

- Echar esta última mezcla sobre el recipiente de la crema de turrón reservado y, a continuación, volver a meter todo en el frigorífico hasta que cuaje.

berlinesas

1/2 kg (17 oz) de harina
1/4 l (9 fl oz) de leche
30 g (1 oz) de levadura
45 g (1,6 oz) de azúcar
60 g (2,1 oz) de margarina
1 huevo

Una pizca de sal
Aceite
Mermelada de ciruelas
* o confitura de guindas*
Azúcar para recubrir

- Templar la leche, diluir en ella 1 cs de azúcar y la levadura desmenuzada. Tapar y dejar fermentar en un lugar caliente durante 10 min.

- Poner en una fuente la harina, el resto del azúcar, la margarina derretida, la sal y el huevo. Incorporar la leche y amasar con el robot de cocina, hasta que se forme una bola homogénea.

- Tapar y dejar fermentar hasta que duplique su volumen.

- Amasar con las manos y enrollar la masa. Dejar fermentar otros 5 min.

- Cortar la masa en 16 partes iguales y formar una bola con cada una de ellas. Colocar sobre una superficie enharinada y dejar reposar aproximadamente 15 min.

- Calentar el aceite y freír las bolas de cuatro en cuatro, primero tapadas, luego dar la vuelta y seguir friendo destapadas. Depositar sobre un papel absorbente.

- Introducir la mermelada o la confitura en una manga pastelera con boquilla larga.

- Hacer un pequeño agujero en cada berlinesa y rellenar con la mermelada. Pasar por azúcar.

Las berlinesas tienen mejor aspecto si se fríen en la freidora, a una temperatura de 175 ºC (335 ºF).

besitos de chocolate

3 claras
30 g (1 oz) de cacao en polvo sin azúcar
200 g (7 oz) de avellanas molidas
120 g (4,2 oz) de azúcar
30 avellanas

- Precalentar el horno a 180 °C (350 °F) y forrar la bandeja con papel de repostería.
- Batir las claras a punto de nieve con las varillas de una batidora eléctrica, dejando caer lentamente el azúcar.
- Justo cuando alcance el punto de nieve, agregar el cacao en polvo y las avellanas molidas.
- Dividir la masa de chocolate en pedacitos y, con dos cucharillas, colocar en la bandeja de hornear. Sobre cada besito, colocar una avellana.
- Hornear los besitos en la bandeja central del horno durante 20 min a 160 °C (320 °F). Retirar rápidamente del horno para evitar que se endurezcan.

Los ingredientes de esta receta están indicados para obtener 30 pastas.

bienmesabe

1/5 kg (17 oz) de almendras
750 g (26,5 oz) de azúcar
1/2 l (17 fl oz) de agua
8 yemas de huevo
1 limón rallado
Canela

- Pelar las almendras y molerlas; preparar un almíbar poniendo el agua y el azúcar y, cuando esté listo, agregar las almendras con la ralladura de limón y la canela. Dejar a fuego lento hasta que espese, sin olvidar moverlo.

- Una vez frío, batir las yemas, unirlas a la pasta, y poner de nuevo al fuego hasta que hierva.

- Servir frío.

En algunos lugares suelen poner las almendras tostadas.

bizcocho con pasas y almendras

1/4 kg (9 oz) de mantequilla
1/4 kg (9 oz) de azúcar moreno
50 g (1,8 oz) de masa de mazapán cruda
6 huevos
350 g (12,3 oz) de harina
60 g (2,1 oz) de naranja confitada
80 g (2,8 oz) de limón confitado
80 g (2,8 oz) de almendras peladas
100 g (3,5 oz) de pasas

Este tipo de bizcochos están en su mejor momento 2 días después de su elaboración. Si las condiciones son adecuadas, pueden conservarse 1 ó 2 semanas, mejor si están envueltos en papel de aluminio y guardados en un lugar fresco y seco.

- Picar las almendras peladas y cortar la naranja y el limón confitados en dados muy pequeños.

- Poner estos ingredientes y las pasas en un recipiente, regar con el ron y dejar reposar la mezcla durante 1 h, cubiertos con un paño de cocina.

- Preparar un molde de hornear desmontable de aproximadamente 18 cm (7 pulgadas) de diámetro. Untar el molde con mantequilla y forrar con papel de hornear (un círculo para la base y una tira para los bordes).

- En un recipiente, poner la mantequilla, el azúcar y la masa de mazapán y remover bien con las varillas.

- En otro recipiente, batir los huevos.

- Añadir poco a poco a la masa anterior, sin dejar de remover. Agregar también un poco de sal.

- Incorporar, mezclando de abajo arriba, la harina tamizada, la levadura y las frutas remojadas en ron.

- Remover bien con la espátula hasta que todo tenga un aspecto homogéneo.

- Poner esta masa en el molde anteriormente preparado y alisar la superficie.

- Decorar por encima con las almendras cortadas por la mitad.

- Precalentar el horno a 180 °C (350 °F). Llevar al horno y dejar cocer durante 1 h o 1 1/4 h. Probar con una aguja para ver si está hecho en el interior. Servir en una bandeja.

bizcocho de chocolate

125 g (4,4 oz) de azúcar
125 g (4,4 oz) de harina de fuerza media
4 huevos
50 g (1,8 oz) de chocolate rallado
50 g (1,8 oz) de mantequilla

- En una olla galvanizada, echar los huevos y el azúcar, poner sobre el fuego y batir la mezcla en su interior. Mezclar la harina tamizada y el chocolate y sumar a la mezcla anterior cuando esté bien esponjosa.

- Añadir la mantequilla. Pasar la masa a un molde, untado a su vez de mantequilla, y depositar el molde en el horno, a fuego moderado. Dejar cocer entre 20 y 25 min.

- Al sacar del horno, espolvorear con azúcar.

Para vigilar la cocción, hay que tener cuidado al abrir el horno: la presión del aire hace bajar el bizcocho y puede estropear el resultado.

bizcocho de crema y nata

Para el bizcocho:
4 huevos
125 g (4,4 oz) de azúcar
60 g (2,1 oz) de harina
60 g (2,1 oz) de maicena
1 ct de levadura en polvo
Coñac
Para la crema:
1 vaina de vainilla
1/2 l (17 fl oz) de leche
4 yemas de huevo

El coñac de la receta original puede sustituirse por zumo de fruta
de diferentes sabores.

- Separar las claras de las yemas. Batir las claras a punto de nieve, añadir el azúcar suavemente y seguir batiendo hasta que la mezcla no se baje y quede brillante.

- Añadir las yemas poco a poco.

- Mezclar la harina, la maicena y la levadura. Tamizar todas sobre la mezcla anterior. Batir con las varillas.

- Preparar un molde para bizcocho forrándolo con papel de hornear y precalentar el horno a 180 °C (350 °F).

- Extender la pasta en el molde y hornear durante 15 min. Después, apagar el horno y dejar reposar dentro otros 5 min. No dejar demasiado hecho.

- Volcar sobre una rejilla, retirar el papel y dejar enfriar.

- Para hacer la crema, cortar la vaina de vainilla y obtener la pulpa.

- Calentar la leche con la vainilla y una pizca de sal hasta que esté a punto de hervir.

- Batir, en una cazuela, las yemas y el azúcar hasta que queden espumosas. Añadir la harina y la maicena, y poco a poco la leche, sin dejar de remover.

- Cuando la crema esté espesa, poner la cazuela en un recipiente con agua fría y hielo. Continuar removiendo hasta que la crema esté bien fría.

- Cortar el bizcocho en tiras y la fruta escarchada en trocitos. En un molde poco profundo, colocar una capa de bizcocho, emborrachada con coñac, otra de crema y otra de fruta. La última ha de ser de bizcocho.

- Montar la nata y cubrir con ella la tarta. Dejar enfriar al menos 3 h antes de consumir.

bizcocho de naranja y limón

300 g (10,6 oz) de mantequilla
300 g (10,6 oz) de harina integral
3 limones
3 naranjas
100 g (3,5 oz) de fructosa
6 huevos
Azúcar glas

- Precalentar el horno a 200 ºC (400 ºF) y engrasar y enharinar el molde.
- Exprimir 2 naranjas y 2 limones y apartar el zumo obtenido.
- Pelar bien las frutas restantes. Cortar en rodajas.
- Poner un cazo al fuego. Derretir la mantequilla y 75 g (2,6 oz) de fructosa en él; remover continuamente.
- Cascar los huevos, separar las yemas y echar en la mezcla anterior, con la harina y el zumo que se había dejado aparte.
- Por otra parte, batir las claras y el resto de la fructosa hasta que alcancen el punto de nieve e incorporar lentamente.
- Finalmente, agregar las rodajas de fruta. Verter la crema resultante en el molde y meter en el horno 1 h.
- Desmoldar en una bandeja rectangular y espolvorear con el azúcar glas.

El bizcocho se coloca a media altura dentro del horno.
Los ingredientes de esta receta están indicados para obtener 12 porciones.

bizcochos de vino tinto

Para la masa:
120 g (4,2 oz) de harina
100 g (3,5 oz) de azúcar
3 huevos
Corteza de limón
Una pizca de sal
Para el vino:
1/4 l (9 fl oz) de vino tinto
Canela en rama
Cáscara de limón

- Calentar el vino, la canela, los clavos y la corteza de limón en una cazuela hasta que alcancen el punto de ebullición, sin llegar a hervir.

- Mantener durante 5 min a fuego medio y retirar, procurando que no se enfríe.

- Batir las yemas con la cáscara de limón rallada y el azúcar para conseguir una crema con cuerpo y espuma.

- Por otra parte, batir las claras a punto de nieve y la sal, y agregar a la crema anterior.

- Mezclar la masa resultante suavemente con las varillas; extender sobre una mesa tamizada con harina para que no se pegue.

- En otro recipiente, trocear la mantequilla y poner a 180 °C (350 °F).

- Una vez que esté lista para freír, cortar pequeños pedazos de masa e introducir en el recipiente de la mantequilla durante aproximadamente 4 min, procurando que se hagan por igual.

- Eliminar el exceso de grasa colocándolos sobre papel.

- Finalmente, colocar en una fuente y regar con el vino caliente.

- Servir de inmediato, pues una vez que han reposado adquieren una textura excesivamente blanda.

bolas de melón frías

1 melón de aproximadamente 1 1/2 kg (3,3 lb)
100 g (3,5 oz) de azúcar
1/8 l (4,2 fl oz) de agua
2 naranjas
1 limón
2 láminas de gelatina
2 cs de licor de naranja

- Cortar el melón en trozos y quitar las pepitas. Después, con un vaciador esférico, sacar cuantas bolas de melón sea posible y reservar; colocar el resto de la fruta en un recipiente.

- Exprimir las naranjas y echar el zumo, con el azúcar, en el recipiente antes mencionado. Pasar todo por la batidora hasta que esté bien deshecho.

- Pelar el limón haciendo tiras finas con la cáscara, y sacar el jugo. Poner el jugo a calentar en un recipiente al fuego.

- Pasar por agua la gelatina y, a continuación, disolver en el zumo de limón. Añadir también el licor de naranja y el puré obtenido anteriormente.

- Finalmente, agregar las bolas de melón a la mezcla y meter en el frigorífico. Servir frío.

bolas de ron

200 g (7 oz) de bizcocho de soletilla
100 g (3,5 oz) de chocolate semiamargo
50 g (1,8 oz) de mantequilla blanda
1 cs de mermelada
6 cl (2 fl oz) de ron
100 g (3,5 oz) de confites de chocolate

- Mezclar la mantequilla, la mermelada, el ron y los bizcochos desmenuzados en un recipiente.
- Colocar 60 g (2,1 oz) de chocolate en un cazo al baño María y, cuando esté bien derretido, añadir a la masa anterior sin dejar de remover.
- Moldear la masa de modo que forme un cilindro estrecho y cortar en 50 trozos. Dar una forma redondeada a cada uno de ellos.
- Fundir los otros 40 g (1,4 oz) de chocolate al baño María. Introducir las bolas en él.
- Colocar los confites de chocolate en un recipiente y revestir las bolas con ellos.
- Situar las bolas en una rejilla y dejar secar el chocolate.

Los ingredientes de esta receta están indicados para obtener 50 bolas.

bollos de leche y huevo

14 l (473 fl oz) de leche templada
60 g (2,1 oz) de mantequilla blanda
40 g (1,4 oz) levadura
1 huevo
100 g (3,5 oz) de azúcar
1/2 kg (17 oz) de harina
La cáscara rallada de 1 limón
Una pizca de sal

- Desleír la levadura en la leche, acompañada por 1 ct de azúcar, y dejar fermentar 15 min.

- Batir el resto del azúcar, la mantequilla, la sal, el huevo y la cáscara de limón hasta alcanzar el punto de espuma y después, mezclar con la leche con levadura. Tamizar y amasar la harina durante 10 min.

- Tapar la masa y dejar lavar en un sitio cálido durante 45 min.

- Engrasar un molde con mantequilla. Tras trabajar de nuevo la masa, extraer 15 trozos de igual tamaño de ella. Con las manos cubiertas de harina, fabricar unas bolas, colocar en el molde y dejar en reposo 15 min más.

- Precalentar el horno a 200 °C (400 °F).

- Derretir una pequeña cantidad de mantequilla y pintar los bollos con ella.

- Dejar cocer los bollos en el centro del horno durante 30 min.

Los ingredientes de esta receta están indicados para obtener 15 bollos.

bollos duros

1/4 kg (9 oz) de manteca de vaca
6 huevos
1/4 kg (9 oz) de azúcar
1/2 kg (17 oz) de harina
1 ct de canela
1 ct de esencia de anís

- Mezclar la manteca, el azúcar y los huevos, batir y añadir la canela y la esencia de anís.

- Incorporar la harina hasta formar una pasta como la de los polvorones.

- Formar bollitos y meter a horno fuerte.

brazo de gitano de almendra

Para la masa:
125 g (4,4 oz) de harina
100 g (3,5 oz) de azúcar glas
5 huevos
Para el relleno:
375 g (13,2 oz) de almendras
150 g (5 oz) de cabello de ángel
2 huevos
La ralladura de 1 limón

- Para hacer la masa, batir las claras de huevo a punto de nieve. Añadir a continuación el azúcar, la harina y las yemas de huevo, y hacer una mezcla homogénea. Extender sobre un papel de horno para cocerla. Azucarar un papel. Una vez cocida la mezcla, despegar volteándola sobre el papel azucarado.

- Para elaborar el relleno, mezclar en una cazuela de barro la almendra, los huevos, la ralladura de 1 limón y un chorrito de agua; cocer a fuego muy lento sin parar de remover con una cuchara de palo.

- Una vez terminado el relleno, extender sobre la masa y, a continuación, enrollar sobre sí misma; finalmente, decorar con una pala de quemar y azúcar glas.

brazo de gitano de nata

6 huevos
150 g (5 oz) de harina
125 g (4,4 oz) de azúcar
100 g (3,5 oz) de azúcar para el almíbar
1/2 l (17 fl oz) de agua
1/2 vaso pequeño de coñac
1/2 l (17 fl oz) de crema pastelera
1 tocinillo de cielo
1/2 l (17 fl oz) de nata montada
9 cerezas confitadas, o en aguardiente
Canela

- Para preparar el bizcocho, separar las claras de las yemas y batir las claras a punto de nieve. Luego, agregar el azúcar (125 g o 4,4 oz) sin dejar de batir.

- Una vez mezcladas, incorporar las yemas y, por último, la harina tamizada, mezclándola con la mano y sin mover mucho el resto de la masa.

- Precalentar el horno. Echar sobre un papel y meter a horno muy fuerte.

- Hacer un almíbar con el agua, el azúcar (100 g o 3,5 oz) y el coñac. Dejar enfriar un poco y despegar del papel. Emborrachar con el almíbar anterior.

- Rellenar de crema pastelera y de tocinillo de cielo cortado en tiras a lo largo y enrollar de forma que el tocinillo quede en el centro.

- Poner la nata en una manga pastelera, cubrir y adornar con rosetas de nata con una guinda colocada en el centro. Espolvorear con canela molida y reservar en el frigorífico hasta el momento de servir.

brioches

4 huevos
120 g (4,2 oz) de mantequilla
 blanda
20 g (0,7 oz) de levadura
60 g (2,1 oz) de azúcar

450 g (16 oz) de harina
100 ml (3,5 fl oz) de leche
 templada
Leche condensada
Una pizca de sal

- Diluir la levadura y 1 ct de azúcar en la leche, y dejar reposar en un sitio cálido durante 15 min.

- Batir el resto de azúcar, la sal, los huevos y la mantequilla hasta alcanzar el punto de espuma. Añadir a la leche con levadura y tamizar la harina encima. Amasar todo el conjunto durante 5 min.

- Introducir la masa en el frigorífico en un recipiente tapado y mantener 2 h.

- Engrasar los moldes y volver a trabajar la masa, repartiéndola en 20 trozos idénticos. Quitar la 1/4 parte de cada uno de estos trozos para formar una bola pequeña que tape el resto de la masa. Moldear como una bola más grande.

- Seguidamente, colocar en los moldes y mantener tapados a temperatura ambiente durante 1 h para que esponje la masa.

- Precalentar el horno a 200 °C (400 °F).

- Pintar la superficie de cada *brioche* con leche condensada.

- Colocar todos los moldes en la bandeja central del horno y dejar cocer durante 20 min.

Los ingredientes de esta receta están indicados para cocinar en 20 moldes cuadrados de 2 x 20 cm (0,78 x 8 pulgadas).

brocheta de piña

8 rodajas de piña
4 ct de canela
4 ct de azúcar

- Mezclar la canela y el azúcar.
- Cortar las rodajas de piña en trozos no muy grandes. Pinchar estos trozos en la brocheta.
- Pasar la piña por la mezcla elaborada inicialmente, hasta que esté bien cubierta de la misma.
- Precalentar el horno a 180 °C (350 °F).
- Envolver la brocheta con papel de aluminio e introducir en el horno 10 min.
- Una vez fuera, quitar el papel y servir.

brownies

225 g (8 oz) de azúcar
175 g (6,2 oz) de chocolate
125 g (4,4 oz) de harina
125 g (4,4 oz) de margarina
75 g (2,6 oz) de nueces picadas
75 g (2,6 oz) de avellanas picadas
2 huevos
1 sobre de azúcar de vainilla
Nougat de avellana

- En un recipiente al fuego, colocar la margarina y el chocolate troceado, removiendo hasta que se derritan.

- Cuando hayan enfriado, agregar el azúcar, los huevos, la sal y el azúcar de vainilla, y batir con la batidora. Por último, añadir la harina tamizada y las avellanas y nueces picadas, removiendo hasta que mezclen bien.

- Precalentar el horno y engrasar el molde.

- Extender la masa por el molde e introducir en el horno a 200 °C (400 °F) durante 40 min aproximadamente.

- Trocear la masa cocida aún caliente en cuadrados.

- En un recipiente puesto al baño María, derretir el *nougat* de avellana y extender sobre cada cuadrado.

- Finalmente, adornar los *brownies* con medias nueces.

Los ingredientes de esta receta están indicados para cocinar en un molde cuadrado de 23 x 23 cm (9,1 x 9,1 pulgadas).

buñuelos de manzana

100 g (3,5 oz) de azúcar
1 dado de levadura
300 g (10,6 oz) de manzanas
  ácidas
1/8 l (4,2 fl oz) de leche

2 huevos
75 g (2,6 oz) de margarina
1/2 kg (17 oz) de harina
50 g (1,8 oz) de pasas de Corinto
75 g (2,6 oz) de naranja confitada

- Para elaborar la primera masa, echar azúcar y harina en una fuente. En el centro, formar un hoyo.

- Mientras se revuelve, mezclar la mitad de la leche con la levadura desmenuzada y verter en el hoyo. Cubrir con una tapadera y dejar esponjar en un sitio cálido durante 15 min.

- Derretir la margarina en el resto de la leche y añadir a la masa con los huevos batidos. Amasar la mezcla con las varillas de una batidora, hasta formar una bola de superficie lisa.

- Dejar fermentar esta bola en un lugar cálido para conseguir que doble su volumen.

- Pelar y partir las manzanas formando dados. Picar la naranja confitada en trocitos finos y añadir a la masa con los dados de manzana, las pasas de Corinto, trabajándola con las manos.

- Dejar esponjar la mezcla durante otros 15 min.

- En una freidora, calentar el aceite a 175 ºC (375 ºF).

- Con dos cucharas, extraer buñuelos de pequeño tamaño de la masa y freír durante 4 min aproximadamente hasta que se doren en el aceite caliente. Dar la vuelta a los buñuelos y, posteriormente, extraer del aceite, dejar escurrir y pasar por el azúcar.

buñuelos de viento

75 g (2,6 oz) de harina
2 huevos
1 dl (3,4 fl oz) de leche
1/2 dl (1,7 fl oz) de agua
25 g (0,9 oz) de mantequilla
25 g (0,9 oz) de azúcar

3 g (0,10 oz) de sal
1 cs de coñac o ron
La cáscara de 1 limón
1/2 ct de levadura en polvo
1/2 l (17 fl oz) de aceite
3 cs de azúcar fino

- Echar la leche, el agua, la mantequilla, la sal, el azúcar y el coñac en un cazo y agregar un trozo de la piel del limón.

- Poner al fuego y, cuando rompa a hervir, verter de golpe la harina, removiendo con la espátula hasta que la masa se despegue de las paredes del cazo y se concentre en la espátula; retirar del fuego y dejar enfriar.

- Una vez fría la masa, agregar 1 huevo y trabajar con la espátula. Cuando la masa lo absorba, echar el otro y proceder de igual forma.

- Una vez incorporados los huevos, añadir la levadura, mezclar todo bien, y formar los buñuelos del siguiente modo: tomar una bolita de pasta del tamaño de una nuez muy pequeña, redondear entre dos cucharas y freír en una sartén con abundante aceite no muy caliente (no deben echarse más de 4 ó 5 buñuelos para que no se enfríe el aceite).

- Cuando hayan aumentado su tamaño al doble y se den la vuelta ellos solos, subir un poco más el fuego para que tomen un bonito color dorado. Entonces, poner en un escurridor de fritos para que suelten un poco la grasa y servir espolvoreados con azúcar fino.

Los ingredientes de esta receta están indicados para obtener 16 unidades.

cabello de ángel

1 calabaza mediana
1 cidra
1 rama de canela
1 cs de sal
Azúcar

- Quitar todas las pepitas a la calabaza. Retirar la corteza y partir la pulpa en 8 trozos.

- Echar en agua hirviendo con sal y dejar cocer 1 h aproximadamente, hasta comprobar que se pueden separar fácilmente los hilos.

- Tomar con la espumadera y echar en agua fría, separar los hilos con las manos, escurrir y pesar.

- Poner la misma cantidad de cidra que de azúcar y la canela, y dejar que dé un hervor, removiendo con una espátula de palo para que no se pegue.

- Dejar reposar y volver a hervir 5 min; dejar reposar otra vez y hervir nuevamente unos minutos. Dejar hasta el día siguiente y repetir la misma operación.

- Cuando esté bien cocido, dejar enfriar y envasar.

De una calabaza mediana se obtienen aproximadamente 2 kg (4,4 lb) de cabello de ángel.

canutillos de Bilbao

Pasta de hojaldre
Crema pastelera
Azúcar glas

- Estirar bien la pasta de hojaldre hasta que quede muy fina. Enrollar sobre unos tubitos metálicos, procurando no cerrar los extremos.

- Colocar sobre una placa de horno y hornear a temperatura media hasta que estén doraditos.

- Sacar del horno y dejar enfriar un poco. Separar los canutillos de los tubos con cuidado, rellenar con la crema pastelera, espolvorear con azúcar glas y servir aún calientes.

cañas con merengue

1/2 kg (17 oz) de masa de hojaldre
4 claras de huevo
8 gotas de zumo de limón
2 cs de azúcar
100 g (3,5 oz) de azúcar molido
1 cs rasa de crémor tártaro
Esencia de limón

- Para hacer las cañas, formar una lámina con la masa de hojaldre, cortar en tiras de 10 cm (4 pulgadas), pintar el borde con huevo batido y enrollar en cañas de aproximadamente 2 cm (0,78 pulgadas) de grosor.

- Colocar en una placa de pastelería y meter 30 min a horno fuerte-moderado. Cuando estén bien doradas, retirar del horno, dejar enfriar un poco y quitar la caña.

- Rellenar con merengue, chantillí o crema y servir.

- Para hacer el merengue, poner las claras con las gotas de limón y batir a punto de nieve. Cuando tomen cuerpo, echar 2 cs de azúcar poco a poco y, al alcanzar punto de merengue, agregar el azúcar molido mezclado con el crémor tártaro y perfumar con 2 gotas de esencia de limón.

Para hacer el merengue, mezclaremos el azúcar con el crémor tártaro únicamente si se va a conservar algún tiempo.

carlota de moca

**Para un molde de carlota de 20 cm (8 pulgadas)
y 1 l (34 fl oz) de masa:**

125 g (4,4 oz) de harina
125 g (4,4 oz) de azúcar
Una pizca de sal
50 g (1,8 oz) de fécula
2 huevos
2 cs de bizcocho desmenuzado
1/2 ct de levadura

Para el relleno:

1 sobre de azúcar de vainilla
250 g (9 oz) de nata batida
5 láminas de gelatina blanda
100 g (3,5 oz) de azúcar
Una pizca de sal
2 ct de cacao
4 cs de café instantáneo

Para el recubrimiento:

250 g (9 oz) de nata batida
1 ct de cacao
50 g (1,8 oz) de chocolate de cubierta amargo

- Separar los huevos. Batir las yemas con el azúcar y 1 cs de agua caliente hasta que espesen. Añadir la sal a las claras y batir a punto de nieve; posteriormente, agregar a la crema de las yemas.

- Mezclar la harina con el bizcocho desmenuzado, la levadura y la fécula; tamizar encima y agregar a la masa de las claras y yemas batidas.

- Introducir la masa resultante en una manga pastelera con la boquilla redonda.

- Recubrir la bandeja del horno con papel de repostería y extender bizcochos de un dedo de longitud sobre ella.

- Precalentar el horno y cocer el pastel a 200 ó 225 °C (400 ó 435 °F) durante 8 ó 10 min. Quitar el papel rápidamente y dejar reposar hasta que se enfríe.

- Para elaborar el relleno, ablandar la gelatina y separar los huevos. Después, batir las yemas, el cacao, la sal, el azúcar de vainilla y el azúcar normal hasta que alcancen el punto de crema.

- Calentar el café con 4 cs de agua. Escurrir la gelatina y añadir a la mezcla hasta que se disuelva. Posteriormente, agregar todo a la crema y dejar enfriar. Cuando la crema se haya gelatinizado, montar la nata y añadir de abajo arriba.

- Partir 3 bizcochos por la mitad. Colocar los bizcochos en forma de estrella sobre el fondo del molde. Recubrir con un poco de crema. Cubrir el borde del molde con bizcochos de cuchara. Hundir la parte inferior de los bizcochos en la crema y continuar rellenando con la crema sobrante. Dejar reposar la tarta durante 2 h.

- Fundir y extender el chocolate sobre una superficie dura; cuando se haya solidificado, formar virutas anchas con él.

- Posteriormente, volcar la carlota.

- Montar la nata, introduciéndola en una manga pastelera de boquilla estrellada.

- Finalmente, decorar la tarta con la nata y las virutas de chocolate, y, sobre ella, espolvorear el cacao.

castañas con leche

1 kg (2,2 lb) de castañas
1 l (34 fl oz) de leche
Un manojo de hinojos
Azúcar
Canela
Sal

- Cocer las castañas peladas unos minutos. Retirar del cazo y quitar la segunda piel a las castañas.

- Poner al fuego en un cazo con agua, sal e hinojo y, a media cocción, retirar, dejar enfriar un poco y escurrir.

- Verter leche caliente encima y dejar cocer hasta que estén tiernas, pero no demasiado, pues conviene que se conserven enteras.

- Una vez cocidas, volcar en una fuente y espolvorear con azúcar.

Les va muy bien la canela o el chocolate rallado.

cerezas en aguardiente

2 kg (4,4 lb) de cerezas
3/4 kg (26,5 oz) de azúcar
3 palos de canela en rama
Aguardiente de caña

- Lavar las cerezas y quitar los rabos. Colocar en frascos con unas cucharadas de azúcar y una rama de canela (depende del tamaño). Una vez llenos, cubrir de aguardiente, cerrar y dejar una larga temporada hasta que estén de color marrón y el aguardiente haya tomado el sabor característico.

Para poner en aguardiente, las mejores cerezas son las claras y carnosas, que se dan en las Rías Baixas, aunque las negras y las coloradas sirven también. Las picotas no son apropiadas como ingrediente para este postre.

ciruelas en almíbar

1 kg (2,2 lb) de ciruelas
2 1/2 kg (5,5 lb) de azúcar

- Poner a cocer las ciruelas en una cazuela con agua para que se ablanden. Cuando estén tiernas, escurrir y echar en agua fría.

- Aclarar el azúcar con agua y dejar hervir un poco. Apartar del fuego y, cuando esté templado, verter sobre las ciruelas.

- Dejar las ciruelas en el almíbar aproximadamente 4 h. Escurrir, calentar el jarabe de nuevo y verter sobre la fruta.

- Repetir esta operación hasta que las ciruelas estén bastante cubiertas. Entonces, escurrir y poner a secar o colocar en tarros de cristal y cubrir con el almíbar.

coca con piñones

800 g (28 oz) de harina de clase extra
1 taza grande de aceite fino
1 taza grande de azúcar
Un poco más de azúcar
Raspadura de limón
Vainilla en polvo
4 huevos
1 taza pequeña de leche fría
1 ct de levadura en polvo
50 g (1,8 oz) de piñones sin cáscara
1 cs de aceite

- Separar las yemas de las claras de los huevos y batir las yemas con el azúcar. Aparte, freír el aceite con una cáscara del limón, y reservar.

- Echar el aceite lentamente sobre las yemas y el azúcar, sin dejar de remover; después, de igual manera, incorporar la leche, un poco de raspadura de limón, un poco de vainilla y la harina, en pequeñas cantidades. Dar por terminado cuando esté como una mayonesa espesa. Batir las claras a punto de nieve y añadir a la vez que la levadura. Unir todo y echar en un molde de hornear especial para cocas untado con 1 cs de aceite. Cubrir el dulce con los piñones y el azúcar suelto e introducir el molde en el horno a temperatura fuerte con calor por arriba y por abajo.

- Sacar del horno cuando esté doradita y, además, al pincharla con una aguja larga, salga limpia. Extraer del molde cuando esté ya muy fría.

Se puede adornar o rellenar con frutas confitadas.

compota de manzana

3 manzanas
2 peras
4 higos

- Poner un poco de agua en un recipiente al fuego.
- Pelar, descorazonar y trocear las manzanas y las peras. Echar con los higos, en el agua caliente. Dejar al fuego hasta que se hagan bien.
- Servir templada.

compota de Navidad

3 manzanas
3 peras
4 orejones
4 ciruelas secas
12 pasas
1 vaso pequeño de vino tinto
1/2 rama de canela
Azúcar

- Picar las manzanas y peras en un recipiente; añadir el resto de los ingredientes.
- Cubrir todo con agua y poner a fuego lento hasta que se haga.
- Retirar del fuego y dejar reposar durante unos instantes antes de servir.

compota de peras

1 kg (2,2 lb) de peras
700 g (24,6 oz) de azúcar
La ralladura de 1 limón
1 vaso pequeño de vino blanco
1/4 l (9 fl oz) de agua
Canela en polvo

- Pelar las peras. Despepitar y cortar en gajos. Colocar en una tartera del tamaño adecuado.

- Hacer un almíbar con el azúcar y el agua y echar sobre las peras.

- Añadir las ralladuras de limón y el vino blanco y dejar cocer a fuego lento durante 30 min.

- Servir en compotera, espolvoreada con canela.

corona de chocolate

1/8 l (4,2 fl oz) de leche templada
1 huevo
20 g (0,7 oz) de levadura prensada
350 g (12,3 oz) de harina
40 g (1,4 oz) de mantequilla
60 g (2,1 oz) de azúcar
150 g (5 oz) de chocolate
200 g (7 oz) de pasas
1 cs de azúcar de vainilla

- Diluir la levadura con un poco del azúcar y la leche y dejar en reposo. Añadir el huevo batido con el azúcar y la sal.

- Por último, agregar el azúcar de vainilla, la mantequilla, las pasas y la harina tamizada. Amasar y dejar reposar 1 h para que fermente.

- Engrasar el molde, volver a trabajar la masa y verter en este. Dejar reposar durante 30 min.

- Precalentar el horno a 200 °C (400 °F).

- Cocer la corona en el centro del horno durante 30 min.

- Bañar la corona con chocolate derretido.

Los ingredientes de esta receta están indicados para cocinar en un molde de 22 cm (8,7 pulgadas) de diámetro.

cortes de crema de yogur

1/2 ct de levadura
150 g (5 oz) de harina
1 huevo
80 g (2,8 oz) de almendras molidas
Sal

230 g (8,1 oz) de azúcar
150 g (5 oz) de margarina
450 g (16 oz) de yogur
300 g (10,6 oz) de frambuesas
  congeladas

- Con la batidora o el robot, amasar la harina con la levadura, las almendras, el huevo, la sal, el azúcar y la margarina hasta conseguir una masa lisa. Con ella, formar una bola, envolver la bola en papel de aluminio y dejar reposar durante 1 h.

- Entre el papel de aluminio, extender la masa hasta que alcance el tamaño de la bandeja, recubriéndola a la vez que se deja un borde alto.

- Precalentar el horno a 200 °C (400 °F) y cocer la masa 25 min.

- Descongelar las frambuesas.

- Mezclar el azúcar, el yogur, la sal, el zumo y la ralladura de limón y el licor de frambuesa sin dejar de remover.

- Ablandar la gelatina en agua fría. Escurrir y fundir a fuego suave e incorporar posteriormente al yogur. Montar la nata y agregar a la mezcla anterior de abajo arriba.

- Repartir 2/3 de las frambuesas sobre el fondo de la tarta, y, por encima de ellas, aplicar la crema uniformemente.

- Decorar con las frambuesas que han sobrado.

- Elaborar un jarabe con el baño para tartas y el zumo de frambuesa. Adornar la tarta con él. Hacer porciones y servir.

Los ingredientes de esta receta están indicados para cocinar en una bandeja de horno de 26 x 26 cm (10,2 x 10,2 pulgadas).

crema borracha

1/2 l (17 fl oz) de vino blanco del Rosal
1 limón
2 ramas de canela
16 yemas de huevo
16 cs de azúcar

- Batir muy bien las yemas y el vino con la espátula o con la batidora hasta que liguen.
- Verter en moldes pequeños de flan, cubiertos de caramelo o con un poquito de agua en el fondo, y cocer al baño María.

crema catalana

1/2 l (17 fl oz) de leche
125 g (4,4 oz) de azúcar
4 yemas
1 cáscara de limón
20 g (0,7 oz) de almidón
Una rama de canela
40 g (1,4 oz) de azúcar para quemar

- Separar 1 taza de leche para disolver el almidón.

- Poner el resto en una cazuela al fuego, con la cáscara de limón y la rama de canela. Cuando llegue a ebullición, apartar del fuego.

- En un recipiente, batir las yemas y el azúcar hasta que alcancen una textura esponjosa.

- Sobre esta crema, verter la leche y poner todo junto a calentar, batiendo constantemente.

- Finalmente, agregar el almidón y seguir removiendo hasta que espese bien.

- Retirar del fuego antes de que hierva.

- Sacar la rama de canela y la cáscara de limón de la crema y echar la crema en cazuelitas de barro individuales.

- Calentar la pala de quemar al rojo vivo.

- En cada cazuelita, echar un poco de azúcar y quemar con la pala caliente, formando una tela de caramelo sobre la crema.

La parte blanca de la cáscara de limón suele amargar, por lo tanto, hay que procurar quitarla lo mejor posible.

crema chantillí

El zumo de 1/2 limón
Sal

6 cs de nata líquida batida
(sin azúcar)

- Mezclar la nata batida y una pizca de sal.
- Unir la mezcla anterior al zumo de 1/2 limón y batir.

crema de aguacates con miel

2 aguacates maduros
2 yemas de huevo
2 claras de huevo
1/2 ramito de melisa de limón

4 cs de miel
El zumo de 1/2 limón
1/4 kg (9 oz) de requesón desnatado
Una pizca de sal

- Batir las yemas con la miel en un recipiente, hasta que alcancen el punto de espuma. Posteriormente, agregar el requesón desnatado con una cuchara.
- Partir por la mitad y longitudinalmente los aguacates. Despojarlos del hueso y sacar la pulpa con una cuchara.
- Con una batidora, triturar los aguacates con el zumo de limón e incorporar a la masa de requesón con huevo y miel.
- Añadir la sal a las claras y montar a punto de nieve, mezclándolas después con la masa de aguacate y miel cuidadosamente.
- Lavar la melisa de limón. Quitar las hojas, reservando las que tengan mejor aspecto. Cortar las restantes en tiras de escaso grosor y agregar a la crema.
- Servir la crema de aguacate en platos de postre y adornar con las hojas de melisa de limón sobrantes.
- Servir al momento.

crema de café con cerezas

200 g (7 oz) de nata
100 g (3,5 oz) de requesón
200 g (7 oz) de cerezas ácidas sin hueso
6 cs de café soluble
80 g (2,8 oz) de chocolate puro
3 cs de azúcar
Virutas de chocolate

- Trocear el chocolate y dejar al fuego en un recipiente colocado a calentar al baño María con 2 cs de agua hasta que se deshaga. Después, poner a enfriar.
- Disolver el café soluble en un poco de agua y mezclar con el requesón y el azúcar.
- Batir la nata. Unir la nata al chocolate derretido y a la mezcla anterior, removiendo continuamente para conseguir una crema fina.
- Finalmente, incorporar las cerezas y verter en copas de postre.
- Presentar las copas en la mesa decoradas con las virutas de chocolate.

Se pueden usar cerezas en almíbar en lugar de ácidas.

crema de castañas

1/2 kg (17 oz) de castañas
1/2 l (17 fl oz) de nata montada
4 claras de huevo
4 cs de azúcar
1/4 kg (9 oz) de chocolate
4 cs de agua
2 cs de aguardiente de hierbas o de coñac
4 cs de leche

- Pelar y cocer las castañas. Hacer con ellas un puré mezclándolas con la leche. Batir las claras a punto de nieve y mezclar con el azúcar. Añadir 1/4 l (9 fl oz) de nata montada. Incorporar todo con mucho cuidado para que no se baje.

- Pasar a una fuente redonda. Dar forma de montículo y meter en el frigorífico para que se endurezca.

- Rallar y poner al baño María el chocolate con el agua y el aguardiente. Cuando se haya formado una pasta, verter sobre la crema de castañas y adornar el borde de la fuente con el resto de la nata montada.

crema de grosellas

1/2 kg (17 oz) de grosellas
150 g (5 oz) de nata líquida
150 g (5 oz) de azúcar
4 ramitas de menta

- Colocar un recipiente con el azúcar a calentar.

- Lavar bien las grosellas. Echar en el recipiente del azúcar, mezclar y retirar del fuego cuando hayan formado una masa algo espesa.

- A continuación, pasar por el colador para dejar las pepitas en él.

- En un recipiente, batir la nata líquida e incorporar a la masa de grosellas.

- Introducir durante un buen rato en el frigorífico.

- Servir en copas de postre, muy fría y adornada con las ramitas de menta.

Se recomienda usar grosellas un poco verdes y ácidas.

crema de limón

El zumo de 3 limones
50 g (1,8 oz) de mantequilla
3 huevos
La ralladura de 2 limones
230 g (8,1 oz) de azúcar

- Derretir la mantequilla sin permitir que hierva.
- Añadir la ralladura y el zumo de los 2 limones, y a continuación, el azúcar y los huevos bien batidos.
- Poner la mezcla en un cazo al baño María.
- Remover para que la crema espese.
- Una vez retirada del fuego, servir en copas.

Otra sugerencia de presentación es poner una guinda y un barquillo en el centro de la copa.

crema de miel y yogur

100 g (3,5 oz) de miel
3 yogures naturales
8 cs de leche condensada
100 g (3,5 oz) de nueces picadas

- En un recipiente puesto a fuego suave, echar la miel y la leche condensada, dejándolas hacerse durante 5 min. A continuación, retirar y dejar enfriar.

- Agregar aproximadamente 80 g (2,8 oz) de nueces picadas y los yogures a esta crema y mezclar bien, dejando el preparado en el frigorífico.

- Servir en copas de postre individuales, adornadas con las nueces picadas restantes.

crema de vainilla con fresas

400 g (14 oz) de fresas
1/4 l (9 fl oz) de leche
1 yema
4 ct de vainilla
2 dl (6,7 fl oz) de nata líquida
2 cs de maicena
2 cs de azúcar
Sal

- Diluir la maicena en un poco de leche y, después, batir con la yema, el azúcar y una pizca de sal.

- En un cazo al fuego, calentar el resto de la leche y unir a la mezcla anterior; remover sin parar y dejar hervir.

- A continuación, poner a enfriar, si es necesario con hielo, y con cuidado de que no se forme nata.

- Batir la nata y la vainilla con las varillas de la batidora y separar 1/3 para reservar en el frigorífico.

- Mezclar el resto de la nata batida con la crema que se había puesto a enfriar.

- Lavar y limpiar las fresas. Cortar en trozos. Apartar unas pocas enteras para decorar.

- Mezclar las fresas cortadas con la crema y colocar en una fuente; decorar la fuente con la nata batida que se encontraba en el frigorífico y con las fresas enteras anteriormente reservadas.

crema pastelera

1/3 l (11,3 fl oz) de leche
3 huevos crudos
100 g (3,5 oz) de azúcar
50 g (1,8 oz) de harina extra
50 g (1,8 oz) de mantequilla (opcional)
Vainilla o canela en polvo

- En un recipiente, fuera del calor del fuego, batir las yemas de los huevos con el azúcar y la harina y añadir un poco de vainilla o un poco de canela.

- Disolver con la leche fría y remover bien hasta que no quede ningún grumo; poner el cazo al fuego y dejar hasta que haya hervido 2 ó 3 min, siempre batiendo, durante el tiempo de cocción, con el batidor o con cuchara de madera. Aunque no es imprescindible, al retirar la crema del fuego, añadir los 50 g (1,8 oz) de mantequilla en trocitos. Remover hasta que quede totalmente incorporada.

Esta crema es adecuada para rellenos, pero también se come sola, simplemente con bizcochos sobre ella o espolvoreada con canela en polvo.

crepes con pasas

6 huevos
1/4 kg (9 oz) de harina
1/2 l (17 fl oz) de leche
100 g (3,5 oz) de pasas
1 cs de azúcar de vainilla
Mantequilla
Azúcar glas
Una pizca de sal

- Cascar los huevos y separar las yemas de las claras.

- En un recipiente, batir la leche, las yemas, la sal y el azúcar de vainilla.

- Cuando esté bien mezclado, añadir lentamente la harina hasta lograr una pasta uniforme.

- Dejar las pasas en remojo un rato.

- Precalentar el horno a 200 °C (400 °F).

- Batir las claras a punto de nieve. Agregar las claras y las pasas a la pasta anterior; mezclar todo bien.

- Engrasar una cazuela resistente al horno con mantequilla y echar la pasta en ella.

- Meter en el horno 20 min.

- Una vez fuera, poner al fuego y dar la vuelta a la crep para que se haga por el otro lado, hasta que se dore.

- Espolvorear con el azúcar glas y, cuando esta se haya deshecho, retirar del fuego.

crepes imperiales

3/8 l (12,6 fl oz) de leche
200 g (7 oz) de harina
125 g (4,4 oz) de nata
5 huevos
4 cs de mantequilla
75 g (2,6 oz) de pasas
1 vaso pequeño de ron
Azúcar de vainilla
Ralladura de limón
Azúcar glas

- Echar el ron sobre las pasas y dejar aparte.
- Preparar la masa con la leche, la harina, la nata, la ralladura de limón, la sal y el azúcar de vainilla. Dejar reposar 20 min.
- Agregar las yemas, con la mantequilla derretida y las pasas, a la masa.
- Batir las claras a punto de nieve y añadir a la masa cuidadosamente, con las varillas.
- En una sartén, calentar una buena cantidad de manteca y agregar la mitad de la masa, hasta que esta cuaje en los bordes.
- Voltear y repetir la operación por el lado contrario, aproximadamente 3 min.
- Trocear con dos tenedores y añadir azúcar glas.
- Continuar elaborando la crep, sin dejar de remover, hasta lograr que brille.
- Conservar caliente en el horno.
- Seguir el mismo procedimiento con la otra mitad de la masa.
- Servir acompañado de azúcar glas.

cruasanes de plátano

1/4 kg (9 oz) de pasta de hojaldre (pasta fresca refrigerada)
6 cs de mermelada de naranja
1 plátano grande o 2 pequeños
Harina para extender
Yema de huevo

- Precalentar el horno a 200 °C (400 °F).

- Echar harina sobre la superficie de trabajo y extender la pasta de hojaldre.

- Cortar la pasta en 6 cuadrados de aproximadamente 10 cm (4 pulgadas) de lado.

- Sobre cada cuadrado, poner 1 ct de mermelada de naranja.

- Pelar y cortar en láminas el plátano; colocar una pequeña cantidad de ellas sobre la parte central de cada pieza de pasta.

- Enrollar cada una de estas piezas partiendo de una punta hasta formar un cruasán, apretando bien los lados e inclinándolos hacia delante.

- Pasar la placa del horno bajo el grifo de agua fría, y, sobre ella, distribuir los cruasanes de plátano.

- Pintarlos con huevo batido, antes de ponerlos a cocer en la parte central del horno durante 12 ó 15 min.

Los cruasanes resultan todavía más deliciosos si se conservan tibios. Los plátanos se pueden sustituir por ciruelas pasas deshuesadas y troceadas, bañadas durante 10 min en 4 cl (1,3 fl oz) de aguardiente de ciruelas.

cuajada con miel

1 l (34 fl oz) de leche
1 ct de cuajo
8 cs de miel
Sal

- En un cazo puesto al fuego, echar la leche con una pizca de sal. En cuanto comience a hervir, retirar y dejar enfriar un poco.

- Añadir el cuajo y verter en vasos individuales; dejar hasta que se cuaje.

- Servir en esos mismos vasos, con una capa de miel por encima.

dulce de higos

4 kg (8,8 lb) de higos
3 ramas de canela
4 kg (8,8 lb) de azúcar

- Pinchar cada higo 2 veces con un tenedor de dientes muy punzantes y dejar en agua 24 h. Cambiar el agua varias veces. Colocar en un recipiente de barro y con unas tapaderas o unos platos sobre los higos, pues tienden a subir a la superficie y conviene que estén cubiertos por el agua.

- Escurrir del agua del remojo, colocar en una tartera grande, cubrir de agua y dar un hervor. Tirar parte del agua y dejar cubiertos solo hasta la mitad; añadir el azúcar y la canela y dar otro hervor. Dejar en reposo hasta el día siguiente para que vayan absorbiendo el almíbar.

- Pasadas 24 h, cocer de nuevo, teniendo cuidado de revolverlos para que no se peguen, y dejar en reposo. Repetir esta operación 3 días más hasta que al cocerlos ya no formen espuma, tengan todos un color verde y no estén amarillentos por algún lado, como ocurre en las primeras cocciones.

- Enfriar y envasar en tarros pequeños, pues se conservan mucho mejor (sirven los de cristal de mermelada). Cubrir totalmente por el almíbar. Dejar algún trozo de canela, pues les va muy bien.

Seleccionar higos verdes y duros pero ya desarrollados y que todavía suelten leche.
También se pueden secar al aire y quedan como escarchados.

dulce de leche

2 l (68 fl oz) de leche
2 kg (4,4 lb) de azúcar
1 rama de canela
Galletas

- Dejar cocer a fuego lento la leche mezclada con el azúcar y la canela, como si fuera un almíbar.
- Cuando adquiera consistencia y tome un color tostado, retirar del fuego, dejar enfriar y servir adornado con galletas.

Si se quiere, puede espesarse con un poco de maicena disuelta en leche.

dulce de limón

1/4 kg (9 oz) de limones
1/2 kg (17 oz) de azúcar
50 g (1,8 oz) de mantequilla
6 huevos

- Rallar y exprimir los limones.
- Batir los huevos y añadir el azúcar, el zumo y las ralladuras de los limones. Una vez bien mezclado todo, incorporar la mantequilla y cocer al baño María hasta que el azúcar esté bien disuelto, moviendo constantemente para el mismo lado con espátula o cuchara de madera.
- Retirar y dejar enfriar.

Conservar en el frigorífico.
Puede tomarse como postre o como mermelada en desayunos y meriendas. Si se quiere más consistente, le agregaremos 2 hojas de cola de pescado previamente remojadas, antes de ponerlo al fuego.

dulce de manzana

1 kg (2,2 lb) de manzanas
1/2 kg (17 oz) de azúcar
1 rama de canela

- Lavar las manzanas. Quitar los corazones. Cortar las manzanas en trozos pequeños y colocar en un recipiente con un poquito de agua en el fondo y la canela. Poner al fuego hasta que estén blandas.

- Pasar por el pasapurés y luego por la batidora, añadir el azúcar y dejar cocer removiendo constantemente hasta que se solidifique la masa.

- Verter en moldes y cubrir primero con una gasa dejándolo al aire hasta que se endurezca. Colocar luego un papel de celofán, una vez retirada la gasa, y tapar la lata; cubrir con papel de pergamino y atar con hilo de bramante.

dulce de membrillo

1 kg (2,2 lb) de membrillos
3/4 kg (26,5 oz) de azúcar

- Pelar y pesar los membrillos.
- Colocar la carne de los membrillos en una tartera con el fondo cubierto de agua. Acercar la tartera al fuego y cocer.
- Cuando los membrillos estén tiernos, pasar por la batidora. Añadir el azúcar, poner la pasta al fuego y, desde que rompe a hervir, dejar cocer entre 25 y 30 min, removiendo constantemente para que no se pegue.
- Enfriar y colocar en moldes cubiertos con una gasa. Dejar al aire unos tres días para que se endurezca. Cubrir con papel de pergamino o de celofán y cerrar las latas o atar con hilo de bramante para impedir el paso del aire.

Se puede hacer el dulce cociendo los membrillos enteros, después de limpiarlos bien con un paño para quitarles la pelusa. Una vez cocidos, se pelan o se le separan los corazones, siguiendo luego el mismo procedimiento para hacer el dulce.

Las cortezas y semillas son las partes del membrillo más ricas en pectinas, por eso no las retiramos al preparar el dulce de membrillo.

dulce de tomate

4 kg (8,8 lb) de tomates maduros
4 kg (8,8 lb) de azúcar
1/2 limón
Canela en rama o vainilla

- Escaldar los tomates en agua caliente. Echar luego en agua fría y pelar. Si tienen muchas semillas, retirar con una cucharita y poner de nuevo en agua fría.

- En una cazuela, colocar el azúcar y un poco de agua. Acercar al fuego y, cuando rompa a hervir, añadir los tomates troceados, la parte blanca de la corteza del limón y la canela o la vainilla.

- Cocer a fuego lento 3 h aproximadamente moviendo de vez en cuando con la espátula para que no se agarre. Cuando el almíbar haya adquirido punto de hebra, retirar, dejar enfriar y envasar en tarros de cristal bien cerrados.

ensaimadas pequeñas con relleno de nueces

300 g (10,6 oz) de pasta de levadura fresca
  (pasta fresca para extender)
Mantequilla
100 g (3,5 oz) de nueces confitadas en trozos
4 cs de zumo de limón
100 g (3,5 oz) de azúcar glas

- Con la batidora, moler los trozos de nuez muy finitos.

- Precalentar el horno a 200 °C (400 °F).

- Echar harina en la superficie de trabajo y, sobre ella, extender la masa de levadura hasta formar un rectángulo.

- Echar las nueces molidas sobre la pasta.

- Enrollar la masa a partir del lado más largo y, posteriormente, cortar en rodajas de 1,5 cm (0,06 pulgadas).

- Untar la placa del horno con mantequilla y, sobre ella, distribuir las ensaimadas.

- Dorar en la parte central del horno durante 10 ó 12 min.

- Para elaborar el baño, echar el azúcar glas y el zumo de limón en una taza pequeña, y pintar las pequeñas ensaimadas con esta mezcla, valiéndose de un pincel.

espuma de naranja

4 yemas de huevo
60 g (2,1 oz) de azúcar
25 g (0,9 oz) de Grand Marnier
1/4 l (9 fl oz) de zumo de naranja
La ralladura de las naranjas
3 hojas de gelatina
1/2 kg (17 oz) de nata montada

- Con un rallador, quitar solo la parte exterior de la naranja sin llegar a la corteza blanca; exprimir las naranjas. Poner las hojas de gelatina en remojo con agua fría.

- Durante apenas 1 min, cocer el zumo de naranja con la raspadura; dejar en infusión 15 min aproximadamente, pasar por un colador a una cacerola de acero y añadir el azúcar y las yemas; poner al fuego para hacer una crema y, sin que llegue a hervir (pues se cortarían las yemas), retirar; acto seguido, agregar las hojas de gelatina; dejar enfriar y, antes de que empiece a cuajar la gelatina, agregar el licor de naranja y la nata que previamente tendremos montada.

- Depositar en un molde rectangular y dejar en el frigorífico al menos 12 h.

estrellas de canela

400 g (14 oz) de almendra molida
200 g (7 oz) de azúcar glas
3 claras
1 sobre de azúcar de vainilla
Canela en polvo

- Batir las claras a punto de nieve. Añadir el azúcar de vainilla y el azúcar glas. Reservar parte de esta mezcla en un lugar frío.

- Unir el resto de las claras con 300 g (10,6 oz) de almendra molida y con la canela. Tapar y dejar reposar durante 30 min.

- Precalentar el horno a 150 °C (300 °F) y forrar la bandeja con el papel de repostería.

- Espolvorear los otros 100 g (3,5 oz) de almendra sobre una superficie lisa y extender la masa sobre la misma.

- Cortar la masa con un cortapastas estrellado y situar las pastas en la bandeja del horno.

- Sobre ellas, poner un poco de la mezcla de claras a punto de nieve y azúcar que se tenía reservada.

- Introducir las estrellas en el horno a 130 °C (265 °F) y dejar durante 25 min.

Los ingredientes de esta receta están indicados para obtener 60 pastas.

filloas de anís

3 huevos
1/2 vaso pequeño de anís
12 cs de harina
1/2 vaso de agua
Leche
Manteca de vaca
Miel

- Mezclar los huevos con el anís, agregar la harina poco a poco y formar una pasta; aligerar esta pasta, primero con agua y luego con la leche que admita, hasta obtener una consistencia suave, pero que se adhiera a la cuchara. Probar el punto al extenderla en la sartén, pues debe quedar muy fina.

- Poner una sartén a calentar, untar con manteca derretida y echar la pasta de la filloa; cuando la filloa esté cuajada, dar la vuelta con los dedos. Engrasar la sartén para cada filloa.

- Para presentar, rociar con miel o espolvorear con azúcar y canela.

En vez del anís, podemos usar agua de azahar o zumo de naranja.

flan casero

4 huevos
5 cs de azúcar
1/2 l (17 fl oz) de leche
La ralladura de 1/2 limón
Para el caramelo de la flanera:
3 cs de azúcar
2 cs de agua

- Echar el azúcar y el agua en la flanera. Poner a fuego vivo y, cuando empiece a dorarse (entre 4 y 6 min), extender por el molde y dejar enfriar bien.

- Calentar el horno a fuego medio. Poner los huevos en un bol y batir enérgicamente hasta que estén espumosos; añadir entonces la ralladura de limón.

- Aparte, en un cazo, echar la leche con el azúcar; cuando empiece a hervir, verter poco a poco, en el bol de los huevos, sin dejar de remover. Bien mezclado todo, verter en el molde caramelizado. Poner al baño María dentro de otro recipiente con agua caliente que llegue hasta el nivel de la crema.

- Introducir en el horno con calor moderado durante 40 min, aproximadamente, hasta que esté bien firme.

- Dejar enfriar dentro del agua y desmoldar pasando un cuchillo alrededor de la flanera.

Al principio, tapar la flanera; después, cuando el flan esté casi cuajado, retirar la tapa.
Comprobar el punto de cocción pinchándolo con una aguja, que deberá salir seca.

flan de arroz con leche

1 taza grande de arroz
2 tazas grandes de leche
1 ct de canela en polvo
150 g (5 oz) de azúcar
1 limón
2 cs de azúcar
2 huevos
1/2 taza grande de agua
2 claras de huevo

- Poner a hervir el arroz con la leche y un poquito de agua en una cacerola y añadir la ralladura de la piel del limón y los 150 g (5 oz) de azúcar.

- Cuando el arroz esté cocido, apartar del fuego, dejar enfriar y agregar los huevos y el resto del azúcar. Mezclar todo bien y echar en una flanera previamente untada de caramelo.

- Cocer al baño María y, cuando esté cuajado, retirar del fuego y dejar enfriar un poco antes de desmoldar.

- Ya en la fuente, adornar con las claras batidas, canela y azúcar.

flan de chocolate

1 l (34 fl oz) de leche
4 huevos y 2 yemas
200 g (7 oz) de chocolate
Azúcar
Nata montada
1 palito de vainilla

- En una cazuela puesta al fuego, llevar a ebullición la leche con el palito de vainilla (quitar el palito luego).

- A continuación, echar el chocolate en trozos y remover hasta que se deshaga totalmente.

- Preparar un molde de flan con azúcar caramelizado en el fondo.

- Batir los huevos con 6 cs de azúcar y echar en el chocolate con leche, mezclándolo todo bien.

- Precalentar el horno a 180 °C (350 °F).

- Poner la cazuela de la mezcla en un recipiente al baño María y meter en el horno; dejar allí 30 min, hasta que se haga del todo.

- Seguidamente, sacar y volcar en un plato, con el caramelo por encima y acompañado por la nata montada.

flan de coco

4 huevos
50 g (1,8 oz) de coco rallado
1 bote de leche condensada
Igual cantidad de leche
Nata montada
Azúcar

- En un recipiente, mezclar la leche, los huevos, el coco y la leche condensada con la batidora.

- Caramelizar el azúcar al fuego y echar en un molde de flan.

- Verter la mezcla en el molde caramelizado e introducir en el microondas durante 8 min aproximadamente o hasta que esté hecho.

- Después, sacar del molde y colocar en un plato, con el caramelo por encima y adornado con nata.

flores

150 g (5 oz) de harina
2 dl (6,7 fl oz) de leche templada o fría
1 huevo
1 ct de azúcar
1 vaso pequeño de anís o coñac

1 ct de levadura en polvo
Sal
Azúcar glas
Canela
Aceite

- Poner la harina en una vasija formando un círculo en el centro; echar la sal, el azúcar, el licor y el huevo en él, mezclar con 1 1/2 dl (5 fl oz) de leche y dejar reposar.

- Poner aceite en una sartén hasta la mitad, calentar un molde en el aceite y meter en la masa, teniendo cuidado de que no rebose los bordes del molde, pues en este caso no se puede desprender.

- Cuando esté dorada, retirar, separar del molde y dejar escurrir. Para hacer otra flor, volver a calentar el molde y repetir la misma operación. Si la masa espesa, aligerar con leche.

- En el momento de servir, colocar en una fuente y espolvorear con azúcar glas y canela o rociar con miel.

La pasta puede hacerse también en la batidora y con zumo de limón en lugar del licor. Ha de estar lo más suave posible para que se agarre bien en el molde y luego se desprenda con facilidad. Aunque las primeras salgan un poco gruesas, es mejor aligerar la pasta una vez que el molde está templado, pues las primeras son más difíciles de hacer, sobre todo, si no se tiene mucha práctica.

fresas con nata

1/2 kg (17 oz) de fresas
3 naranjas grandes con zumo
300 g (10,6 oz) de nata
1 vaso muy pequeño de kirsch
50 g (1,8 oz) de azúcar glas
4 ct de mermelada de albaricoque

- Partir las naranjas por la mitad. Vaciar de su pulpa sin romper la cáscara, así obtenemos 6 cazuelitas.

- Limpiar las fresas y apartar 36 de las más bonitas.

- Mezclar las restantes con el *kirsch,* la mermelada y 1 cs de zumo de naranja. Con ello, llenar las cazuelitas; cubrir las cazuelitas con una pirámide de nata batida con el azúcar glas.

- Servir muy frías.

frisuelos montañeses

1/2 l (17 fl oz) de leche
150 g (5 oz) de azúcar
125 g (4,4 oz) de harina

4 huevos
5 g (0,17 oz) de sal

- Batir en primer lugar los huevos, agregando luego unas cucharadas de harina, leche y azúcar con la sal indicada. Echar la harina poco a poco, de forma que la pasta vaya tomando un cuerpo espeso, como mayonesa.

- A continuación, tomar porciones con una cuchara sopera y echar en una sartén con un poco de aceite no muy caliente. Freír.

- Colocar los frisuelos resultantes en un plato y bañar en miel.

galletas de nata

1 taza de nata
1 taza de azúcar
2 cs de ralladura de limón

1 ct de canela
Harina (la que admita)

- Mezclar la nata, el azúcar, la ralladura de limón y la canela e incorporar harina hasta que forme una masa que no se pegue a las manos.

- Estirar la masa con un rodillo hasta dejar una lámina de 0,5 cm (0,02 pulgadas) de grosor. Cortar con un vaso o con el cortapastas y colocar las galletas en una placa de horno espolvoreada con harina.

- Meter a horno moderado hasta que tomen un color dorado durante 10 ó 15 min. Retirar, dejar enfriar y servir.

gelatina de ciruelas

3/4 kg (26,5 oz) de ciruelas
5 cs de azúcar
1/8 l (4,2 fl oz) de agua
1/8 l (4,2 fl oz) de vino tinto
2 cs de maicena
1/2 rama de canela
Corteza de limón

- Lavar las ciruelas. Quitar el hueso y trocear las ciruelas.

- En un cazo al fuego, poner el vino, el agua, la corteza de limón, el azúcar y la canela.

- Cuando den un primer hervor, añadir las ciruelas troceadas y, todo junto, volver a llevar a ebullición.

- Desleír la maicena en agua. Agregar la maicena desleída y dejar hervir de nuevo.

- Sacar la rama de canela y la corteza de limón de la mezcla. Echar la mezcla en un recipiente e introducir en el frigorífico para que cuaje.

- Una vez cuajada, servir.

Pueden conservarse durante muchos días en latas o en tarros de cristal o de plástico cerrados.

gofres

1/8 l (4,2 fl oz) de leche
20 g (0,7 oz) de levadura
70 g (2,4 oz) de azúcar
200 g (7 oz) de nata
2 huevos
2 cs de azúcar de vainilla
60 g (2,1 oz) de mantequilla
350 g (12,3 oz) de harina
Azúcar glas
Sal

- Diluir la levadura en la leche templada y añadir 1 ct de azúcar. Dejar reposar en un lugar caliente durante 15 min.

- Batir un poco la nata.

- Batir los huevos con una pizca de sal, el resto del azúcar y el azúcar de vainilla a punto de espuma.

- Unir los huevos, la nata y la leche con levadura. Agregar la mantequilla y la harina tamizada y amasar bien.

- Dejar la masa bien tapada en un lugar caliente durante 45 min para que fermente.

- Calentar y engrasar la barquillera.

- Poner 1 cs de masa de cada vez en la barquillera y extender. Tapar y dejar hacer el gofre hasta que esté dorado.

- Dejar enfriar ligeramente sobre una rejilla. Separar los gofres con un cuchillo y cortar los bordes.

- Espolvorear con azúcar glas.

Los ingredientes de esta receta están indicados para hacer 12 gofres.

góndola de plátano Baltasar

4 plátanos
1/4 l (9 fl oz) de nata
Bolas de helado de vainilla
50 g (1,8 oz) de chocolate
3 cs de agua caliente

- Colocar los plátanos sobre la plancha con un cortecito longitudinal por el interior del plátano. Dejar hasta que estén negros por fuera y hechos por dentro.

- Poner cada uno en un plato con el corte hacia arriba; con un tenedor, hacer hueco en la pulpa para poner una bola de helado de vainilla en cada uno y decorar con la nata montada.

- Fundir el chocolate y añadir el agua caliente. Echar por encima. Dar forma de barca al conjunto.

gratén de ciruelas

600 g (21,2 oz) de ciruelas negras maduras
150 g (5 oz) de crème fraîche
4 cl (1,3 fl oz) de aguardiente de ciruela
3 huevos

Mantequilla
1 cs de maicena
1 ct de canela molida
5 cs de azúcar

- Lavar y partir las ciruelas por la mitad. Despojar del hueso.

- Con la mantequilla, engrasar un molde termorresistente y distribuir las mitades de las ciruelas en forma de tejas en su fondo.

- Posteriormente, rociar con el aguardiente de ciruela y agregar la canela molida.

- Precalentar el horno a 250 °C (480 °F).

- Separar las claras y las yemas de los 3 huevos. Juntar las yemas con el azúcar en un recipiente y batir hasta conseguir una crema de color amarillo pálido.

- Después, añadir la maicena.

- Montar las claras hasta que alcancen el punto de nieve.

- En primer lugar, incorporar la *crème fraîche* a la crema de yemas y, seguidamente, realizar el mismo procedimiento con las claras montadas.

- Repartir la masa resultante de esta mezcla de manera uniforme sobre las ciruelas.

- Meter en la guía central del horno durante 15 min, hasta que se dore.

Las ciruelas pueden sustituirse por melocotones, manzanas, albaricoques, bayas, peras o nectarinas. Se pueden mezclar avellanas molidas o almendras con la masa de gratinar.

helado de avellanas

50 g (1,8 oz) de avellanas peladas
75 g (2,6 oz) de azúcar
50 g (1,8 oz) de turrón de Jijona
1/4 l (9 fl oz) de leche
1 huevo y 2 yemas
1/4 de rama de vainilla
1/8 l (4,2 fl oz) de nata líquida

- Limpiar y moler las avellanas. Asegurarse de retirar todos los restos de pieles.

- En un recipiente puesto al baño María, mezclar con la batidora las yemas, el huevo, la rama de vainilla cortada a lo largo y bien raspada y 40 g (1,4 oz) de azúcar.

- En una cazuela al fuego, llevar a ebullición la leche, el resto del azúcar, la nata y el turrón troceado, removiendo hasta que este se deshaga.

- Verter la crema de turrón sobre el recipiente puesto al baño María y mezclar todo con las varillas de la batidora. Finalmente, añadir las avellanas molidas.

- Mantener al baño María, aunque ahora retirado del fuego y enfriado con cubitos de hielo.

- Echar la crema, ya fría, en un recipiente metálico; introducir el recipiente en el congelador y dejar hasta que cuaje.

- Servir en copas con algunas avellanas por encima.

helado de frambuesas con pistacho

1/2 kg (17 oz) de frambuesas
6 dl (20,3 fl oz) de nata líquida
100 g (3,5 oz) de azúcar
25 g (0,9 oz) de pistachos
1 cs de azúcar de vainilla
1 ct de zumo de limón

- Lavar y limpiar las frambuesas. Colocar en un recipiente con el azúcar. Machacar con un tenedor, tapar y dejar en el frigorífico 2 h.

- Separar 4 dl (13,5 fl oz) de la nata, batir bien y reservar.

- Sacar las frambuesas del frigorífico. Hacer puré las frambuesas; mezclar con el zumo de limón y la nata montada.

- Seguidamente, echar en un recipiente de metal, tapar con papel de aluminio y meter en el congelador 3 h.

- Aparte, montar el resto de la nata con el azúcar de vainilla. Depositar esta mezcla en una manga pastelera de boquilla rizada.

- Pelar y picar los pistachos.

- Hacer bolas el helado y servir en copas de postre, con los pistachos picados por encima, y adornado por pequeños rosetones de nata montada.

helado de frutas del bosque o frutas variadas

100 g (3,5 oz) de moras congeladas
100 g (3,5 oz) de fresas congeladas
100 g (3,5 oz) de arándanos congelados
100 g (3,5 oz) de grosellas rojas congeladas
75 g (2,6 oz) de azúcar glas
2 dl (6,7 fl oz) de vino blanco
3 cs de marrasquino

- Mezclar el vino y el azúcar glas con la ayuda de la batidora.

- Reservar unas pocas frutas congeladas para adornar y echar el resto en el recipiente anterior, batiéndolas hasta que se forme una crema homogénea.

- Colocar un molde de metal en el congelador.

- Agregar el marrasquino a la crema de frutas del bosque y echar en el molde del congelador, tapado con papel de aluminio, e introducir en el mismo 1 h.

- Presentar en copas individuales, con forma de bolas y recubierto por las frutas heladas que se habían reservado.

helado de mango

2 mangos
100 g (3,5 oz) de azúcar glas
2 limones

- Exprimir los limones y reservar el zumo.

- Pelar y cortar en trocitos los mangos; mezclar con el zumo de limón y el azúcar hasta formar una pasta uniforme. A continuación, dejar reposar un buen rato para que el azúcar se disuelva totalmente.

- Verter en un recipiente metálico y meter en el congelador durante 1 h.

- Pasado ese tiempo, sacar y remover con la batidora. Introducir de nuevo a congelar y repetir la operación 1 h más tarde.

- Una vez que se haya helado, dejar ablandar un poco y hacer bolas de helado.

- Servir en copas individuales.

helado de yogur y limón

300 g (10,6 oz) de yogur natural
3 huevos
1/8 l (4,2 fl oz) de nata líquida
100 g (3,5 oz) de azúcar
2 limones

- Exprimir el zumo de los limones y rallar una de las cortezas.

- En un recipiente, batir las yemas con el azúcar y agregar el zumo, la ralladura de limón y el yogur.

- Montar la nata hasta que esté bien espesa.

- Por último, batir las claras a punto de nieve y mezclar con la nata montada y la crema elaborada en primer lugar. Echar en un recipiente de metal, tapar y meter en el congelador 2 h.

- Formar bolas de helado y servir en copas individuales.

leche frita

1/2 l (17 fl oz) de leche
6 cs de maicena
7 cs de azúcar
1 rama de canela
1 corteza de limón
4 huevos
Harina para rebozar
Canela en polvo
Azúcar tamizada
Aceite

- Reservar de la leche el equivalente a una taza pequeña. En un cazo, poner a hervir la leche que no hemos reservado, con la corteza de limón y la rama de canela, durante 10 min.

- Retirar la rama de canela y la corteza de limón, añadir el azúcar y remover bien.

- En la leche reservada, diluir la maicena y mezclarla con el resto de la leche. Dejar cocer a fuego lento, removiendo constantemente.

- Retirar del fuego, añadir 3 yemas de huevo, mezclar bien y extender la pasta obtenida en una fuente. Dejar enfriar.

- Una vez fría, cortar en cuadraditos, rebozar estos cuadraditos en harina y huevo batido, y freír en abundante aceite caliente.

- Cuando estén fríos, espolvorearlos con canela y azúcar tamizada.

mousse de limón

1 limón grande
3 claras de huevo
50 g (1,8 oz) de azúcar
1 cs de azúcar glas
40 g (1,4 oz) de maicena
2 vasos de leche

- Lavar y pelar el limón. Cortar la cáscara en tacos pequeños. Poner 1 1/2 vaso de agua en una cazuela y cocer las tiras de limón. Reservarlas.

- Montar las claras a punto de nieve, añadir el azúcar glas y dejar todo en el frigorífico. Mezclar la maicena, el azúcar y la leche y batirlo en otro cazo durante 10 min. Después de 2 ó 3 min, echar el agua aromatizada con la piel de limón, y el zumo de 1/2 limón.

- A continuación, agregar las claras a punto de nieve y batir todo.

- Finalmente, adornar con las cáscaras del limón y poner a enfriar en el frigorífico.

- Servir frío.

natillas

200 g (7 oz) de azúcar
1 l (34 fl oz) de leche
3 huevos
40 g (1,4 oz) de maicena
1/2 corteza de limón
1 rama de canela
4 ct de canela en polvo

- Cocer la leche, 100 g (3,5 oz) de azúcar, la corteza de limón y la canela en rama. Mezclar 100 g (3,5 oz) de azúcar con las yemas del huevo y la maicena.

- Dejar que hierva la leche durante 1 min, sin dejar de remover. Permitir que hierva brevemente hasta templar la canela y el limón dentro de la leche y retirar la cazuela del fuego.

- A continuación, sacar la rama de canela y la cáscara de limón y añadir la mezcla de las yemas de huevo, azúcar y maicena a la leche templada. Remover y mezclar bien.

- Rápidamente, poner a hervir la cazuela, dando vueltas para evitar que se pegue. Dejar que espese en el fuego. Batir para que quede homogénea.

- Verter en moldes individuales y dejar enfriar en el frigorífico tapados con papel *film*.

- En el momento de servir, espolvorear con la canela en polvo.

profiteroles

Para la masa:
30 g (1 oz) de mantequilla
75 g (2,6 oz) de harina
2 huevos
Una pizca de sal

Una pizca de levadura en polvo
1/8 l (4,2 fl oz) de agua
Para el relleno:
125 g (4,4 oz) de nata
1/2 sobre de azúcar de vainilla

- Para hacer la masa, poner a hervir el agua con la sal y la mantequilla. En cuanto se derrita la mantequilla, retirar del fuego.

- Echar la harina de golpe y remover con fuerza. Poner de nuevo al fuego y remover hasta que la masa se desprenda del fondo y forme bola.

- Cambiar la pasta a un bol grande y añadir 1 huevo. Dejar que se enfríe hasta que quede templada. Añadir el otro huevo y la levadura. Mezclar bien.

- Precalentar el horno a 180 °C (350 °F). Engrasar una placa de horno con mantequilla y espolvorearla con harina.

- Llenar una manga pastelera con la masa y formar unas bolas del tamaño de una nuez con ella sobre la placa.

- Salpicar la placa con unas gotas de agua fría y poner en la parte baja del horno durante 35 min.

- Sacar del horno, desprender con cuidado y dejar enfriar sobre una rejilla.

- Batir la nata con el espesante y el azúcar de vainilla. Llenar una manga pastelera con boquilla puntiaguda y rellenar los profiteroles con ella.

- Para la salsa, desmenuzar los chocolates y disolverlos al baño María. Añadir la mantequilla en trocitos. Batir la nata y mezclarla con el café instantáneo. Juntarla con el chocolate.

- Colocar los profiteroles en copas altas de postre y rociarlos con la salsa justo antes de servir.

tarta de queso

1 tarrina de queso para untar
3 yogures naturales
3 huevos
3 cs de harina
10 cs de azúcar
Mermelada de frambuesa
Mantequilla

- Precalentar el horno a 200 °C (400 °F).

- Mezclar la tarrina de queso, los yogures naturales, los huevos, la harina y el azúcar en un bol y batir todo hasta eliminar los grumos.

- Untar un molde redondo con mantequilla y poner la mezcla anterior. Introducir la tarta en el horno y bajar la temperatura a 170 °C (335 °F).

- Dejar cocer entre 20 y 25 min. Luego, comprobar si está lista pinchándola con un palillo. Si sale limpio, apagar el horno y dejar la tarta otros 2 min dentro.

- Seguidamente, dejar enfriar un rato a temperatura ambiente. Posteriormente, colocarla en el frigorífico.

- Antes de servirla, decorarla con mermelada de frambuesa.

tarta *tatin*

1 kg (2,2 lb) de manzanas
    (reinetas o golden)
150 g (5 oz) de mantequilla

250 g (9 oz) de azúcar
1 rollo de masa de hojaldre
Zumo de limón

- Precalentar el horno a 180 °C (350° F).

- Pelar las manzanas; cortarlas en cuartos, quitarles el corazón con las semillas, rociarlas con zumo de limón y reservar.

- Poner la mantequilla en un molde de horno e introducirlo en él. Cuando esta comience a hervir, cubrirla con 150 g (5 oz) de azúcar, de modo uniforme. Colocar las manzanas en el molde, con su parte exterior hacia abajo, solapando unas y otras. Distribuir 100 g (3,5 oz) de azúcar por encima de ellas y cocinar hasta obtener un color caramelo oscuro. En el momento en que se obtenga ese color, apagar.

- Colocar la pasta con cuidado sobre el molde caliente, excediendo el molde por los bordes uniformemente (a razón de 1 cm o 0,4 pulgadas aproximadamente). Sellar los bordes. Perforar con un tenedor en varios sitios para evitar que se hinche.

- Meter el molde en el horno y hornear durante 30 min. Después, encender el grill y dorarla durante 8 min más.

- Sacar el molde del horno y voltear el contenido de inmediato sobre una bandeja. Con una cuchara, recoger el caramelo y distribuir por encima de las manzanas. Servir.

Para las cantidades indicadas, recomendamos un molde de borde alto de 24 cm (9,4 pulgadas) de diámetro.
La bandeja sobre la que volcaremos la tarta ha de ser más grande que la tarta y un poco profunda, para contener el caramelo que caerá del molde.

tiramisú

1/4 kg (9 oz) de mascarpone
50 g (1,8 oz) de azúcar
2 yemas de huevo
16 bizcochos de soletilla
200 ml (7 oz fl) de café exprés
Cacao en polvo

- Batir las yemas hasta lograr una consistencia espumosa y espolvorear el azúcar sobre ellas, sin dejar de batir hasta eliminar todos los grumos.
- Agregar el mascarpone poco a poco y seguir batiendo para que la masa quede cremosa.
- En un molde, colocar 8 bizcochos bañados en café completamente frío (para que no se ablanden demasiado).
- Sobre esta base, echar la mitad de la crema de mascarpone.
- Repetir los dos pasos anteriores de modo idéntico con la otra mitad de los bizcochos, el café y la crema.
- Espolvorear con el cacao e introducir en el frigorífico durante un mínimo de 8 h.

tocino de cielo

350 g (12,3 oz) de azúcar
12 yemas
1/4 l (9 fl oz) de agua
Azúcar para caramelizar

- Poner un cazo al fuego. Echar el azúcar en un cazo con el agua y preparar un almíbar.
- Batir las yemas y mezclar con el almíbar.
- En un molde, caramelizar un poco de azúcar y dejar que se enfríe.
- Poner el molde en un recipiente al baño María y verter la mezcla de las yemas y el almíbar sobre él. Dejar al fuego durante 20 min.
- Cuando esté hecho, volcar desde molde a una fuente.

torrijas

1 barra de pan del día anterior
Leche
1 vaso pequeño de vino blanco
3 ó 4 huevos
200 g (7 oz) de azúcar
1/4 l (9 fl oz) de agua
Canela molida

- Cortar el pan del día anterior en rebanadas de aproximadamente 2 cm (0,78 pulgadas).

- Preparar una mezcla con la leche, el azúcar y la canela y mojar las rebanadas en ella.

- Batir los huevos e impregnar el pan con ellos.

- Posteriormente, freír en aceite muy caliente, teniendo cuidado de que se doren por ambos lados.

- Sacar de la sartén, escurrir y colocar sobre una fuente.

- A continuación, elaborar un almíbar con 1/4 l (9 fl oz) de agua, 1 vaso pequeño de vino blanco y 200 g (7 oz) de azúcar.

- Bañar las torrijas en ese almíbar.

- Por último, espolvorear canela molida y azúcar glas sobre ellas.

zabaione

160 g (5,6 oz) de yema de huevo
160 g (5,6 oz) de azúcar
8 cs de vino de Marsala
2 cs de coñac

- Colocar las yemas y el azúcar en una cazuela y poner al fuego y batirlos hasta que blanqueen un poco.

- Al mismo tiempo, calentar agua a una temperatura superior a 60 °C (140 °F), pero sin llegar a 65 °C (150 °F). Pasar la olla al baño María y continuar batiendo hasta que aumente de volumen y esté más blanco.

- Continuar batiendo y agregar el vino de Marsala y el coñac. Apagar el fuego y mantener caliente en el baño María, revolviéndolo con frecuencia.

- Servir caliente en copas individuales. Adornar con hojas de menta.

ÍNDICE

albaricoque	*chabacano*
azúcar glas	*azúcar glass*
batata	*camote*
berza	*col*
cacahuete	*cacahuate*
cachelos	*papas cocidas*
café exprés	*café express*
carne picada	*carne molida*
chantillí	*chantilly*
chipirón	*calamar pequeño*
cidra	*chilacayote*
frigorífico	*refrigerador*
gamba	*camarón*
guisante	*chícharo*
hueso de caña	*tuétano*
judías verdes	*alubias verdes*
kétchup	*cátsup o salsa de tomate*
loncha	*rebanada*
majar	*machacar*
mandioca	*yoca*
melocotón	*durazno*
nata montada	*nata batida*
pan rallado	*pan molido*
patata	*papa*
pipas de girasol	*semillas de girasol*
pistacho	*pistache*
pochar	*sancochar*
pomelo	*toronja*
puerro	*poro*
rehogar	*sofreír*
robot de cocina	*procesador de alimentos*
sal gorda	*sal de grano*
sésamo	*ajonjolí*
soja	*soya*
tamizar	*cernir*
zumo	*jugo*

GLOSARIO DE TÉRMINOS CULINARIOS

Ajinomoto o glutamato monosódico: condimento chino que no contiene sal.

Alioli: pasta de ajos machacados a la que se le va añadiendo aceite hasta lograr una emulsión o salsa espesa parecida a la mayonesa. De gran tradición en las cocinas catalana y valenciana.

Bogavante: crustáceo, muy similar a la langosta, que puede alcanzar 60 cm de largo.

Butifarra: embutido de origen catalán elaborado con magro y grasa de cerdo y pimienta. Se fabrica cruda y cocida y con numerosos ingredientes.

Carabinero: crustáceo parecido al langostino rojo.

Centollo: crustáceo que pertenece a la familia de los cangrejos.

Chucrut: col blanca fermentada con agua y sal.

Colinabo: col de hojas sueltas, de carne amarillenta y sabor agradable.

Coquina o telina: molusco de la familia de las almejas.

Cuajo: enzima existente en el estómago de los rumiantes en el periodo de la lactancia capaz de coagular la caseína de la leche para producir quesos, requesones y cuajadas. El mismo resultado se consigue con algunos cuajos vegetales y también se emplean ciertos cuajos microbianos.

Endibia: cogollo de sabor amargo de una variedad lisa de escarola mantenida blanca a base de cultivarla acaballada, sin contacto con la luz.

Escalonia: pariente de la cebolla, con un sabor dulce y suave.

Estragón: planta usada como condimento tanto fresco como seco o en polvo. Muy olorosa y de sabor ligeramente avinagrado.

Fuagrás: hígado de oca, ganso o pato.

Garrofó: leguminosa muy especial para la preparación de paellas, parecida a las alubias.

Grelo: brote del nabo, su apariencia es la de un tallo más o menos grueso. De agradable sabor amargo.

Guinda: fruta similar a la cereza, de sabor agridulce.

Hueso de caña: procedente de la pata de cerdo, se usa para dar sabor al caldo.

Kokotxa: parte inferior de la barbilla de la merluza.

Lamprea: pez serpentiforme con boca en forma de ventosa.

Miso: condimento, su consistencia es la de una pasta fermentada.

Nécora: cangrejo de mediano tamaño, muy apreciado en la gastronomía.

Níscalos: seta comestible de la familia de las rusuláceas, de sombrerillo de color marrón anaranjado.

Ñora: variedad de pequeño pimiento picante redondeado y del que se consume su pulpa, una vez rehidratado, dado que se comercializa seco.

Pan de payés: pan blanco especial de la zona de Cataluña.

Percebe: crustáceo de la familia de los policípedos que vive en el Atlántico formando grupos, fijado en las rocas muy batidas por el mar mediante un pedúnculo carnoso.

Perifollo: planta herbácea, de la famlia de las Umbelíferas. Muy parecida al perejil.

Petit suisse: queso fresco industrial de leche de vaca pasteurizada reforzado con crema y normalmente presentado en pequeños formatos.

Salsa de satay: salsa de cacahuate.

Sepiones de playa: Variedade de sepia de pequeño tamaño.

Tocinillo de cielo: postre elaborado con yema de huevo caramelizada y azúcar.

Trufa: hongo ascomiceto del orden de los tuberales, llamada también "perla de la cocina".

Vieira: molusco bivalvo, del que se consume su carne blanca y el coral que contiene.

Zorza: picadillo de carne de cerdo adobada.

TABLAS DE EQUIVALENCIAS MÁS USUALES

| PESO | | | CAPACIDAD (LÍQUIDOS) | | |
Sistema métrico (gramo)	Sistema anglosajón (onza)		Mililitros	Onzas fluidas	Otros
30 g	1 onza (oz)		5 ml		1 cucharadita
55 g	2 oz		15 ml		1 cucharada
85 g	3 oz		30 ml	1 fl oz	2 cucharadas
110 g	4 oz ($1/4$ lb)		56 ml	2 fl oz	
140 g	5 oz		100 ml	$3^{1}/2$ fl oz	
170 g	6 oz		150 ml	5 fl oz	1/4 pinta (1 gill)
200 g	7 oz		190 ml	$6^{1}/2$ fl oz	1/3 pinta
225 g	8 oz ($1/2$ lb)		200 ml	7 fl oz	
255 g	9 oz		250 ml	9 fl oz	
285 g	10 oz		290 ml	10 fl oz	1/2 pinta
310 g	11 oz		400 ml	14 fl oz	
340 g	12 oz ($3/4$ lb)		425 ml	15 fl oz	3/4 pinta
400 g	14 oz		455 ml	16 fl oz	1 pinta EE UU
425 g	15 oz		500 ml	17 fl oz	
450 g	16 oz (1 lb)		570 ml	20 fl oz	1 pinta
900 g	2 lb		1 litro	35 fl oz	1 3/4 pinta
1 kg	$2^{1}/4$ lb				
1,8 kg	4 lb				

| LONGITUD | |
Pulgadas	Centímetros
1 pulgada	2,54 cm
5 pulgadas	12,70 cm
10 pulgadas	25,40 cm
15 pulgadas	38,10 cm
20 pulgadas	50,80 cm

ABREVIATURAS

g = gramo
kg = kilogramo
oz = onza
lb = libra
l = litro
dl = decilitro
ml = mililitro
cm = centímetro
fl oz = onza fluida
pulg. = pulgada
ºF = Fahrenheit
cs = cucharada sopera
ct = cucharadita